동과 서 사이에서:

우크라이나의 국가발전전략과 대외정책

한국외국어대학교 러시아연구소
HK연구사업단 학술연구총서 10

동과 서 사이에서:
우크라이나의 국가발전전략과 대외정책

홍완석 · 홍석우 · 윤성학 · 박정호

전문성과 실용성을 겸비한
우크라이나 지역학 연구서를 만나다!

한국외국어대학교 출판부

머리말

1991년 12월 소련의 해체와 함께 탈 소비에트 공간에서 15개의 새로운 독립국가가 출현했다. 이때 우크라이나는 민족적 염원인 주권을 회복하고 독립된 국제관계 행위주체로 유럽의 지도위에 새롭게 등장하게 된다. 독립한지 20여 년이 지났지만 우크라이나는 아직도 우리 국민들에게 중앙아시아의 우즈베키스탄과 혼동될 정도로 그리 친숙한 국가는 아니다. 실제로 우리는 우크라이나가 탈 소비에트 공간에서 탄생한 그저 평범한 신생 주권국가 정도로만 인식한다. 그러나 우크라이나가 지닌 잠재적, 현실적 국력의 현주소를 제대로 이해할 경우, 이 나라에 대한 평가는 완전히 달라진다.

먼저 우크라이나는 강대국으로서 기본적으로 갖추어야 할 3박자, 즉 인구, 영토, 자원 모두를 구비하고 있다. 약 4,600만 명의 우크라이나 인구(2010년 기준)는 독일, 영국, 프랑스, 이태리에 이어 유럽에서 다섯 번째 위치를 차지한다. 그러나 영토 면적에 있어서만큼은 이들 국가를 압도한다. 한반도의 약 3배에 이르는 우크라이나의 공간 규모(603,700㎢)는 프랑스보다 크고 독일보다 넓다. 게다가 우크라이나 땅은 세계에서 가장 기름진 옥토의 대명사 '체르노젬'(흑토대)으로 뒤덮여 있어 유럽의 '식량 창고', '빵 바구니'로 불린다. 뿐만 아니라 유럽 최대의 영토 대국인 우크라이나는 전 세계 지하광물의 5%가 부존된 천혜의 자원 부국으로 평가된다. 그것도 멘델레프(D. I. Mendeleev)의 원소 주기율표에 나오는 100여 개의 자원이 거의 모두 매장되어 있는 광물 천국이다.

놀라운 사실은 우크라이나가 "바늘에서 항공모함, 인공위성까지" 못 만드는 게 없는 산업기술대국이라는 점이다. 특히 철강, 항공, 우주, 조선, 핵발전 분야에서의 기술력만큼은 세계 최첨단 선두 그룹을 형성하고 있는데, 이는 소연방시절 우크라이나가 군산복합체의 중추신경으로서 주요 전략산업을 담당했기에 가능했다.

우크라이나는 현재 세계 철강생산량의 10%를 차지하는 철강대국이고, 일본과 러시아에 이어 세계 3위의 철강 수출국 반열에 있다. 또한 항공기를 자체적으로 설계 제작할 수 있는 세계 8대 국가 중의 하나로서, 항공기 제조회사인 안토노프(Antonov) 사는 화물 및 특수항공기 설계에서 세계적 명성을 자랑한다. 우크라이나의 높은 과학기술 수준은 무엇보다도 우주분야에서 확인할 수 있다. 우크라이나는 전 세계에서 우주선을 자체적으로 설계, 제작, 발사할 수 있는 몇 안 되는 나라 가운데 하나이다. 지금은 러시아 소유인 우주선 '미르'호(號)도 사실은 우크라이나에서 제작된 것이다. 현재 세계 상업위성 시장의 8%를 점유하고 있고, 우크라이나 국내에 우주선 및 발사대 설계연구센터가 7개, 우주선 제조 기업이 12개나 될 정도로 항공우주기술 강국이다.

2012년은 한국과 우크라이나가 외교관계를 수립한지 20주년이 되는 해이다. 1992년 2월 수교 이래 지난 20년 동안 양국은 UN을 위시한 각종 국제무대에서 우호관계를 유지해 왔고 다양한 분야에서 교류와 협력 사업을 지속적으로 진행해 오고 있다. 그렇지만 한국과 우크라이나의 국제적 위상과 발전 잠재력에 비추어볼 때, 수교 20년 동안 양국 간 실질적 협력이 기대 수준에 크게 못 미쳤다는 게 전문가들의 대체적인 중론이다. 그 이유는 양국간 지리적 원격성, 역사적 상호작용의 부재, 낮은 수준의 상호 인지 등 다양한 수준에서 설명이 가능하지만 무엇보다 우크라이나의 존재 가치가 러시아라는 거인의 그늘에 가려진 채, 한국사회에서 별다른 관심과 반향을 불러일으키지 못했기 때문이다.

비록 물리적으로 원거리에 위치해 있지만 한국에게 우크라이나는 전략적으로 매우 중요하게 관리해야 할 국가군에 속한다. 한반도 주변 4강처럼 한국과 상시적이고 직접적인 이해관계를 공유하고 있지는 않지만, 아직 발현되지 않은 우크라이나의 내재적 가치를 간파해 우호적 협력작용을 강화할 경우 정치, 경제, 외교, 군사, 과학기술, 문화, 심지어 민족적 측면에서 한국의 국익 증대에 크게 기여할 수 있다는 게 필자의 소견이다.

실제로 우크라이나는 한국에게 개방된 4,600만 인구의 신흥 '상품시장'으로서 중요할 뿐만 아니라, CIS 및 동유럽 나아가 EU시장 진출 '교두보'로서, 차세대 동력산업 발굴을 위한 첨단 기초과학 원천기술 '제공국'으로서, 한국의 항공우주기술 강국으로의 도약을 앞당기는 '협력자'로서, 한국의 새로운 해외농업 '식량기지'로서, 국제무대에서 한국의 외교적 행위를 지지해주는 '후원자'로서, 북핵문제 해법의 우크라이나 모델 '사례'로서, 3만여 재(在) 우크라이나 거주 고려인 동포들의 안정적인 삶을 마련해주는 '보장자'로서, 키예프 발레로 대표되는 고급 선진 문화예술 '유입처'로서 매우 다양한 가치를 지닌다.

2012년 수교 20주년을 맞이해 우리 정부는 러시아의 시야에 가려진 우크라이나의 잠재력을 능동적으로 재조명하는 가운데 우크라이나의 국가적 중요성을 명료히 인식하고, 이에 바탕해 한국의 국익 증대에 기여하는 효율적인 대 우크라이나 정책 방향을 모색해야할 전환기적 시점에 서 있다. 말하자면 우크라이나를 한국의 국력 신장을 위한 중요한 전략적 자산으로 인식하고 우호적인 협력 파트너로 활용하기 위한 다양한 정책방안이 요구되는데, 본 저서는 이와 같은 문제의식에 기초해 기획되었다.

한국외대 러시아연구소는 2007년 한국연구재단이 공모한 기초학문연구지원 사업에 "'동'과 '서' 사이에서: 슬라브 형제국 우크라이나와 벨라루스의 국가발전전략"이라는 주제로 응모하여 선정되었다. 본 저술은 2007년부터 2009년까지 기초학문연구지원 사업 2년 과제로 진행된 연구 작업의 종합적 결과물이다. '동'(러시아)과 '서'(미국 및 EU) 사이에 위치한 우크라이나가 독립이후 민족의 생존·번영·발전을 위해 추구하는 국가전략을 분석하기 위해 외교안보, 정치, 경제, 사회문화 등 4명의 분야별 전문가들이 공동 연구팀을 구성하여 학제적 연구를 진행했다. 그 동안 국내외 세미나 및 학술대회, 해외현지조사, 현지 전문가 면담 등을 통해 얻어진 다양한 연구 성과물들을 종합적으로 정리하여 본 책에 담았다.

이 책은 한·우크라이나 수교 20주년에 즈음해 양국관계 발전의 실질적인 방안을 제시하고 있다는 점에서 다분히 시의적(時宜的)이고 정책 지시적 성격을 갖는다. 결함과 공백이 적지 않은 본서가 어느 정도 동학제현들의 공감을 얻을지 미지수이다. 다만 본 저술이 기존의 구미 편향적 시각이 아닌 우리의 시각과 방법론에 기초해 우크라이나에 대한 학술적 조명을 시도했다는 점에서, 또 특정 해외지역 연구 분야의 편중성에서 벗어나 지역학 연구의 균형적, 생산적 지평을 확장시킨다는 점에서, 러시아에 비해 상대적으로 소외된 우크라이나에 대한 독자적인 지식정보체계를 구축함으로써 정책 산출을 위한 중요한 기초 자료를 제공한다는 점에서 이 책의 출간 의미를 찾고 싶다. 4인 공동연구자의 생각과 논거가 한-우크라이나 관계의 창조적 발전에 조금이라도 기여한다면 더 이상 바람은 없을 것이다.

끝으로 사회적, 학술적 수요가 많지 않은 본 저술이 세상의 빛을 볼 수 있도록 기회를 주신 한국외대 출판부 탁경구 팀장님과 관계자 여러분께 감사를 드린다. 초심을 잃지 않고 이 책이 출간되기까지 최선의 노력을 다한 공동연구원 한국외대 우크라이나학과 홍석우 교수, 대외경제정책연구원 윤성학 연구위원, 러시아연구소 박정호 연구교수에게도 심심한 사의를 표한다. 특히 마지막까지 긴장의 끈을 풀지 않고 편집 작업을 꼼꼼하게 마무리한 박정호 연구교수께 특별한 감사를 표한다. 이 책이 독자들에게 중요한 지식창고가 되길 바라고, 아울러 동학제현들의 애정 어린 질정을 부탁한다.

대표필자
한국외대 러시아연구소장
홍 완 석

목차

7. 우크라이나의 체제전환과 경제발전

8. 우크라이나 정체성의 재건
— 신화, 민족사, 민족의 건설

9. 기독교 수용 1020주년 행사를 통해 본 우크라이나 종교정체성의 재건

1

총론: 21세기 우크라이나 재발견

홍 완 석

I. 서 론

2012년 2월은 한국이 우크라이나(Ukraine)와 국교를 수립한 지 만 20주년이 되는 해이다. 주지하듯, 우크라이나는 1991년 12월 21일 소연방의 공식적인 소멸을 공표한 소위 '알마아타 선언'에 따라 민족적 염원인 주권을 회복하고 독립된 국제관계 행위 주체로 유럽의 지도 위에 새롭게 등장하게 된다. 동년 12월 30일 우리정부는 신속히 우크라이나의 독립을 승인하였는데, 당시 한국이 국제사회에서 우크라이나의 주권을 가장 먼저 인정한 국가 중의 하나였다는 사실은 양국 간 우호관계 증진에 각별한 의미를 갖는다.[1] 곧이어 한국은 1992년 2월 우크라이나와 대사급 외교관계를 수립하였고, 그해 12월에 수도 키예

1 "[기고] 레즈닉 주한 우크라이나 대사," 『매일경제』, 2001년 8월 23일.

프에 주(駐) 우크라이나 한국대사관을 개설하였다. 이후 양국은 정치, 경제, 외교, 군사, 사회, 문화 등 다양한 분야에서 물적·인적 교류를 늘려가면서 꾸준히 우호적 협력을 계속하고 있다.[2]

수교한 지 이미 20년이 경과했음에도 불구하고 우크라이나는 아직도 우리 국민들에게 중앙아시아의 우즈베키스탄과 혼동될 정도로[3] 그리 친숙한 국가는 아니다. 우크라이나의 생경함은 한국과 멀리 떨어져 있는 지리적 원격성, 역사적 상호작용의 부재, 낮은 수준의 인적·물적 교류 등에서 그 원인을 찾을 수 있지만, 무엇보다도 이 나라가 오랜 기간 러시아 제국의 그늘에 가려져 왔음에 기인한바 크다.

사실 우크라이나는 5천년 이상의 유구한 역사를 간직한 '오래된' 신생국이다. 고대 러시아 역사의 '발원지'이기도 한 우크라이나는 1654년 이래[4] 350여 년 동안 제정러시아와 소비에트 제국의 강요된 지배하에 있었다. 러시아로부터 예속적 동화를 강요받아왔던 우크라이나는 틈만 나면 민족자결의 의지를 불태웠고, 마침내 1991년 12월 소연방이 붕괴됨에 따라 독립국가로 주권을 회복하게 된다.

---

2 우크라이나 독립 선언 당시 우리정부가 취한 즉각적인 주권 승인과 외교관계 수립 그리고 키예프에 상주 공관의 개설은 국제무대에서 우크라이나가 한국의 외교적 행위를 적극 지지하게 하는데 크게 기여하였다.

3 "한국·우크라이나 비자면제 추진,"『조선일보』, 2006년 4월 3일.

4 같은 동슬라브 민족인 러시아와 우크라이나는 13세기 초 몽고의 침입에 대항하는 과정에서 역사적, 민족적 분화과정을 겪는다. 러시아는 몽고 타타르에 대해 조공과 속방 관계의 사대외교를 전개하면서 명맥을 유지한 반면, 우크라이나는 폴란드와 동맹을 맺고 몽고에 완강히 저항했다. 이후 러시아와 우크라이나는 상이한 역사적 발전 경로를 걸었고, 이 과정에서 서로 다른 민족적 정체성이 형성되었다. 17세기 중엽까지 폴란드 치하에 있었던 우크라이나는 폴란드의 정치적, 경제적, 종교적, 문화적 박해가 심해지자 1648년 보그단 흐멜니츠키(Б. Хмельцкий: 1595-1657)가 중심이 되어 탈 폴란드화 독립 해방전쟁(1648-54)을 전개했고, 마침내 1654년 모스크바와 '뻬레야슬라프'(переяслав) 협정을 체결하여 러시아와의 자발적인 재통합을 선언했다.

우리는 우크라이나가 탈 소비에트 공간에서 새롭게 등장한 그저 평범한 신생 주권국가 정도로만 인식한다. 그러나 우크라이나가 지닌 국가적 잠재력을 제대로 이해할 경우, 이 나라에 대한 평가는 완전히 달라진다. 우크라이나의 잠재적 국력은 텍스트에서 보다 구체적으로 기술(記述)하겠지만, 미국과 러시아가 서로 경쟁적으로 우크라이나에 대해 기울이고 있는 높은 수준의 외교적 관심을 통해 우선적으로 확인할 수 있다. 예컨대 주(駐) 우크라이나 미국 대사관 직원이 무려 700명이나 되고[5], 러시아의 최고위급 인사인 빅토르 체르노미르딘(В. Черномырдин) 전(前) 총리가 2001년 5월부터 2009년 6월까지 주(駐) 우크라이나 대사로 재직했으며, 2004년 우크라이나 대선 당시 미·러가 자국에 우호적인 후보를 당선시키기 위해 배후에서 선거를 치밀하게 기획하고 개입했다는 사실은 워싱턴과 모스크바의 대외정책에서 우크라이나가 차지하는 전략적 비중을 상징적으로 반영한다.

비록 물리적으로 원거리에 위치해 있지만 한국에게도 우크라이나는 전략적으로 매우 중요하게 관리해야 할 국가군에 속한다. 한반도 주변 4강처럼 한국과 상시적이고 직접적인 이해관계를 공유하고 있지는 않지만, 아직 발현(發顯)되지 않은 우크라이나의 내재적 가치를 간파해 우호적 협력 작용을 강화할 경우 정치, 경제, 외교, 군사, 과학기술, 문화, 심지어 민족적 측면에서 한국의 국익 증대에 크게 기여할 수 있다는 게 필자의 소견이다.

실제로 우크라이나는 한국에게 개방된 4,600만 인구의 신흥 '상품시장'으로서 중요할 뿐만 아니라, CIS 및 동유럽 나아가 EU시장 진출

5 이장규, "기회의 땅으로 달려가라," 『이코노미스트』 통권866호 (2006), p. 23.

'교두보'로서, 차세대 동력산업 발굴을 위한 첨단 기초과학 원천기술 '제공국'으로서, 한국의 항공우주기술 강국으로의 도약을 앞당기는 '협력자'로서, 국제무대에서 한국의 외교적 행위를 지지해주는 '후원자'로서, 북핵문제 해법의 우크라이나 모델 '사례'로서, 3만여 재(在) 우크라이나 거주 고려인 동포들의 안정적인 삶을 마련해주는 '보장자'로서, 키예프 발레로 대표되는 고급 선진 문화예술 '유입처'로서 매우 다양한 가치를 지닌다.

이 글의 목적은 러시아의 시야에 가려진 우크라이나의 잠재력을 능동적으로 재조명하는 가운데 우크라이나의 국가적 중요성을 명료히 인식하고, 이에 기초해 한국의 국익 증대에 기여하는 효율적인 대 우크라이나 정책 방향을 모색하는데 있다. 이를 위해 다음과 같은 내용에 분석의 초점을 맞추었다. 우선 제2장에서는 유라시아 공간에서 우크라이나가 차지하는 지정학적 위상과 아직 노현(露顯)되지 않은 국가적 저력을 객관적인 사실에 기초해 규명할 것이다. 다음 제3장에서는 우크라이나가 한국에게 부여하는 다중적인 가치를 창조적 국익 확대라는 맥락에서 입체적으로 조명해 볼 것이다. 제4장 결론에서는 앞장의 분석을 토대로 우크라이나를 한국의 국력 신장을 위한 중요한 전략적 자산으로 인식하고 우호적인 협력 파트너로 활용하는데 요구되는 몇 가지 정책방안을 제시할 것이다.

본 연구는 한·우크라이나 수교 20주년에 즈음해 양국관계 발전의 실질적인 방안을 제시하고 있다는 점에 다분히 시의적(時宜的)이고 정책 지시적 성격을 갖는다. 뿐만 아니라 우크라이나에 대한 학술적 조명이 구미 편향적 시각이 아닌 우리의 시각과 방법론에 기초한다는 점에서, 또 특정 해외지역 연구 분야의 편중성에서 벗어나 지역학

연구의 균형적, 생산적 지평을 확장시킨다는 점에서, 러시아에 비해 상대적으로 소외된 우크라이나에 대한 독자적인 지식정보체계를 구축함으로써 정책 산출을 위한 중요한 기초 자료로 활용할 수 있다는 점에서 본 연구의 학술적, 현실적 의의(意義)를 찾을 수 있다.

II. 우크라이나 해부(解剖)

1. 우크라이나의 지정학적 비중

우크라이나가 한국에게 제공해주는 다양한 중요성을 이해하기 위해서는 먼저 이 국가의 지정학적 위치와 잠재적, 현실적 국력의 현주소를 우선적으로 살펴보고 출발함이 옳다. 지리적으로 우크라이나는 동과 서(유럽과 아시아), 남과 북(발트해와 흑해)으로 이어지는 지정학적 십자로에 자리 잡고 있다. 서쪽으로는 몰도바와 루마니아, 북서쪽으로는 폴란드, 슬로바키아 및 헝가리, 북쪽으로는 벨라루스, 북동쪽으로는 러시아연방과 접해 있고, 영토의 남단에는 돌출된 크림반도가 흑해와 아조프해 사이를 가르고 있다.

사통팔달로 향하는 지정학적 십자로에 위치해 있기 때문에 우크라이나는 역사적으로 유라시아대륙의 패권 장악을 위한 권력투쟁의 주요 무대였다. 실제로 우크라이나는 유럽인에게는 동방진출을 위한 '길목'이었고, 아시아 유목민에겐 유럽을 향한 '통로'였으며, 러시아인에겐 바다를 향한 '출구'였다. 그래서 우크라이나는 13세기 몽고 침입이후부터 소연방이 해체될 때까지 오랜 기간 동안 주변강대국의

분할 지배를 받아왔다. 우크라이나의 이러한 지리적 현실과 역사적 조건은 오늘날에도 세계적 권력보유자들, 특히 냉전의 관성이 여전히 작동되고 있는 미국과 러시아에게 유용하게 적용되고 있고, 동시에 이들에게 상호 제로섬적인 지정학적 목표를 제시한다.[6]

미국의 대표적 전략가 브레진스키(Z. Brzezinski)는 우크라이나를 유라시아대륙을 안정적으로 관리하고 러시아 제국의 부활을 원천봉쇄하는데 있어 중요한 지정학적 '추축'(樞軸)국가로 분류한다.[7] 그는 모스크바에 의해 주도되는 독립국가연합(CIS) 통합 노력이 제국주의적 본성을 지니고 있다고 판단하고 미국 중심의 세계지배체제 구축을 공고히 하기 위해서는 우크라이나를 러시아로부터 철저히 격리시켜야 한다고 강조한다. 미국으로 대표되는 서방에게 우크라이나의 포

---

6 홍완석, "탈 소비에트 공간에서 러시아·우크라이나 관계와 유라시아 정치경제안보질서," 『국제지역연구』제11권 (1)호 (2007), p. 388.

7 Z. Brzezinski, 『거대한 체스판』, 김명섭(역) (서울: 삼인, 2000), p. 128.

섭은 NATO의 세력권 확장과 EU의 공간적 범위 확대를 보장해줄 뿐만 아니라, 막대한 에너지자원의 보고(寶庫) 카스피해 연안지역에 대한 접근을 용이하게 해준다.

우크라이나의 지정학적 중요성에 대한 크렘린 전략가들의 인식 또한 미국의 그것과 정확히 비례한다. 그것은 과거 레닌이 "우크라이나를 잃으면 우리는 머리를 잃는다"(если мы потеряем Украину, то потеряем голову)[8]라는 언술 속에 명확히 함축되어 있다. 레닌의 지적처럼 오늘날 우크라이나는 러시아의 국익 수호와 영토적 안전보장 그리고 위대한 강대국 러시아의 재건을 좌우하는 생사여탈적인 위치를 차지한다. 모스크바의 입장에서 우크라이나의 러시아 세력권 이탈은 나토의 동진 확장, CIS 분열 가속화, 흑해연안 지역에 대한 독점적 지배권 종식, 카스피해 유전지대의 경제이익 침탈 등 다중적(多重的) 국익침식과 안보위협을 제기한다. 요컨대 러시아에게 우크라이나는 나토의 동진팽창을 차단하는 '방역선'이자 중·동부 유럽지역에 대한 영향력 확장의 '징검다리'이며, 흑해와 CIS지역에 대한 헤게모니 장악의 필수불가결한 '전제조건'인 것이다.

결론적으로 서유럽과 러시아를 잇는 전략적 요충지에 자리한 우크라이나는 그 지정학적 위치로 말미암아 탈 소비에트 공간에서 미·러가 엮어내는 세력방정식에서 관건적 위치에 있다. 유라시아를 안정적으로 관리하고 통제하기 위해서 우크라이나는 결코 포기하거나 양보할 수 없는 지정학적 '경혈'인 것이다. 그래서 미국과 러시아는 상호 경쟁적으로 우크라이나를 자신의 세력권으로 편입시키기 위해 '당

8 "В «оранжевой революции» выиграл Путин." http://www.ua-reporter.com/news/3616 (검색일: 2007. 4. 18).

근'과 '채찍' 전략을 혼용하면서 깊은 이해관계를 투영하고 있다. 이 점은 이른바 오렌지 혁명으로 표현된 2004년 12월 우크라이나 대선이 과거의 냉전을 연상시킬 정도로 미·러의 치열한 대리전 양상으로 진행되었다는 사실에서 단적으로 확인할 수 있다.[9]

2. 우크라이나의 잠재적·현실적 국력

워싱턴과 모스크바가 우크라이나에 대해 이처럼 지대한 전략적 비중을 두고 외교력을 집중하는 이유는 이 나라가 단지 유라시아의 교차로에 위치해 있다는 지정학적 가치 때문만은 아니다. 이보다 더 중요한 이유는 탈 소비에트 공간에서 우크라이나가 포지(抱持)한 잠재적 국가 역량과 깊은 관련이 있다. 사실 우크라이나는 세계가 주목하는 '작은 거인(mini giant)'으로 평가하기에 부족함이 없다. 강대국으로서 기본적으로 갖추어야 할 3박자, 즉 인구, 영토, 자원을 구비하고 있고 여기에 높은 과학 기술력까지 갖추고 있기 때문이다.

2010년 기준 우크라이나의 인구는 약 4,600만 명으로[10] 독일, 프랑스, 영국, 이태리, 스페인에 이어 유럽에서 여섯 번째 위치를 차지한다. 그러나 영토 면적에 있어서만큼은 이들 국가를 훨씬 능가한다. 한

---

9 Anna Badkhen, "2004 Ukraine opposition leader's bold claim of election victory... Hundreds of thousands in Kiev protest vote count," *The San Francisco Chronicle*, November 24, 2004.

10 오늘날 우크라이나는 심각한 인구감소 문제에 직면해 있다. 1991년 독립당시 우크라이나의 인구는 약 5,200만 명이었으나, 2010년에는 약 4,600만 명으로 줄어 20년 동안 무려 6백만 명의 인구가 감소하였다. 우크라이나의 인구 감소는 출산율의 저하, 영아사망율의 증가, 대규모 해외 이주 등에서 그 원인을 찾을 수 있다.

〈표 1〉 유럽의 국가별 인구 및 영토규모 순위

순위	국가	인구(2011년)	영토면적(순위)
1	Germany	81,799,600 명	357,021 ㎢ (5)
2	France	65,350,000 명	547,030 ㎢ (2)
3	United Kingdom	62,262,000 명	244,820 ㎢ (8)
4	Italy	60,813,326 명	301,230 ㎢ (9)
5	Spain	47,190,493 명	504,781 ㎢ (3)
6	Ukraine	46,710,816 명	603,700 ㎢ (1)

출처 : https://www.cia.gov/cia/publications/factbook/rankorder/2119rank.html

반도의 약 3배에 이르는 공간 규모(603,700㎢)는 프랑스보다 크고 독일보다 넓다. 세계 육지 면적의 1/8과 11시간의 광활한 시·공간대(時空間帶)를 차지하고, 동쪽 끝 '블라디보스톡'에서 해가 뜨면 동시에 서쪽 끝 '상트페테르부르크'에서 해가 지는 나라 러시아에 비할 바는 못 되지만, 러시아가 유럽과 아시아에 걸쳐 있는 유라시아 국가이기에 우크라이나가 사실상 유럽 최대의 영토 대국이다.[11]

더욱이 '외화내빈'(外華內貧)한 러시아 영토와는 달리 우크라이나 국토는 비옥한 토양으로 뒤덮여 있다. 세계에서 가장 기름진 옥토의 대명사 '체르노젬'(흑토대) 덕분에 우크라이나는 과거 소연방 전체 농산물 생산량의 50% 이상을 담당했던 농업기지였다. 대부분의 영토가 평지로 구성되어 전 국토의 80% 이상에서 경작이 가능하고 전통적으로 밀의 곡창지대인 까닭에 오늘날에도 우크라이나는 유럽의 '식량 창고', '빵 바구니'(Breadbasket of Europe)로 불린다.[12]

---

11 홍완석, "슬라브권의 이단아 레오니드 쿠츠마". 송기도 편, 『권력과 리더십 6』(서울: 인물과 사상사, 2000), p. 106.

12 Ukraine, Economy. http://www.countriesquest.com/europe/ukraine/economy.htm (검색일: 2007. 4. 10).

뿐만 아니라 우크라이나는 전 세계 지하광물의 5%가 부존된 천혜의 자원 부국으로 평가된다. 그것도 멘델레프(D. I. Mendeleev)의 원소주기율표에 나오는 100여개의 자원이 거의 모두 매장되어 있는 광물 천국이다.[13] 이 가운데 철광석, 석탄, 망간, 티타늄, 니켈, 흑연 등은 세계적인 매장량을 자랑한다. 티타늄, 형석, 베릴륨, 리튬, 중정석, 인회석 등 희소광물도 풍부히 묻혀 있다. 우크라이나가 세계적인 자원 부국이지만 정작 경제 활동과 산업생산에 중요한 에너지 자원만은 빈곤하다. 물론 원유 및 천연가스 자원이 부존되어 생산은 하고 있지만 국내 소비를 충당하기에는 태부족이어서 현재 전체 에너지 소비량 가운데 약 70% 정도를 러시아로부터 국제시세보다 저렴한 가격에 수입하고 있다.[14]

우크라이나의 진정한 잠재력은 문맹률 제로의 높은 교육수준과 양질의 노동력에 기초한 탄탄한 기간산업 제조기반에 있다. 우크라이나는 현재 세계 철강 생산량의 10%를 차지하는 철강대국이고, 일본과 러시아에 이어 세계 3위의 철강 수출국 반열에 올라있다. 산업혁명 이래 철이 '산업의 쌀'로써 한 나라의 국력을 측정하는 대표적인 지표라는 점을 감안할 때, 전체 수출액 가운데 철강 수출이 40%를 차지한다는 사실에서 우크라이나의 국가적 잠재력을 충분히 간파할 수 있다. 여기서 한 가지 주목할 사실은 우크라이나가 단지 세계적인 철강 제조국가에 그치지 않고 높은 기초과학 기술력을 토대로 "바늘에서 항공모함, 인공위성까지" 못 만드는 게 없는 산업기술 대국이라는

---

13 오영일, "2010 러시아·CIS 시장 이렇게 변한다," 『LG 주간경제』통권918호 (2007), p. 12.

14 우크라이나는 2004년 기준 에너지 총수요 가운데 원유는 19%(약 420만톤), 천연가스는 26.5%(201억㎥)를 국내 생산으로 충당하고 있다.

점이다.

오늘날 우크라이나는 항공, 우주, 조선, 원자력 발전 등의 분야에서도 세계 최고의 기술력을 보유하고 있는데, 이는 소연방시절 우크라이나가 군산복합체의 중추신경으로서 주요 전략산업을 담당했기에 가능했다. 항공기의 경우 우크라이나는 자체적으로 설계 제작이 가능한 세계 8개 국가 중의 하나로서, 항공 산업에 종사하는 기업이 70여 개, 전문 인력이 8만여 명에 달한다. 키예프 인근에 소재하는 항공기 설계 및 성능시험 회사인 안토노프(Antonov)사는 화물기 및 특수항공기 설계에서 세계적 명성을 갖고 있다.[15] 예컨대 An-225 수송기는 세계에서 가장 큰 비행기로 이륙 최대중량이 무려 600t에 달할 정도이고, 따라서 우주왕복선이나 열차까지 싣고 다닌다.

우크라이나의 높은 과학기술 수준은 무엇보다도 우주분야에서 확인할 수 있다. 우크라이나는 전 세계에서 우주선을 자체적으로 설계, 제작, 발사할 수 있는 몇 안 되는 나라 가운데 하나이다. 지금은 러시아 소유인 우주선 '미르'호(號)도 사실은 우크라이나에서 제작된 것이다. 현재 세계 상업위성 시장의 8%를 점유하고 있고, 우크라이나 국내에 우주선 및 발사대 설계연구센터가 7개, 우주선 제조 기업이 12개나 될 정도로 항공우주기술 강국이다.[16]

조선 분야도 고도의 기술력과 함께 국제경쟁력을 갖추고 있다. 9개의 조선소에서 화물 수송선을 비롯한 대형 선박, 중대형 트롤어선, 초고속 여객선, 유류 운송선 등 다양한 형태의 선박을 건조하고 있다.

---

15 *The Science Times*. http://www.sciencetimes.co.kr/data/article/16000/0000015260.jsp (검색일: 2007. 4. 27).

16 우크라이나 경제개황. http://www.mofat.go.kr/ek/ek_a003/ek_uaua/ek_a03/ek_b10/1173372_ 11213.html (검색일: 2007. 4. 15).

우크라이나 조선 산업의 차별화된 강점으로 항공모함, 잠수함, 순양함 등 특수함 제작 분야에서 뛰어난 건조능력을 발휘하고 높은 비교우위를 갖고 있다는 점이다. 흑해 연안 초르노모르스키 조선소(Chernomorsky Shipbuilding Yard Plant)는 유럽 최대 생산 규모를 자랑하고, 과거 소련 해군이 보유하고 있는 다수의 항공모함을 제작했다.

이밖에도 우크라이나는 30만 대군에 러시아로부터 흑해함대 전력의 1/4과 전략 및 전술 핵미사일 제조 기술을 고스란히 물려받아 강한 근육질의 군사력을 구비하고 있기도 하다.[17]

Ⅲ. 우크라이나가 한국에 부여하는 다중적 함의

앞장에서 우크라이나의 해부(解剖)를 통해 이 나라가 유라시아의 세력판도를 좌우하는 중요한 전략적 요충지이기도 하지만, 세계적 강대국뿐만 아니라 주변국들로부터 관심을 끌어들이기에 충분한 국가적 잠재력을 구비하고 있다는 점을 확인했다. 우크라이나의 재발견, 즉 우크라이나의 인구, 영토, 자원, 높은 수준의 과학기술력, 탄탄한 제조업 기반 등을 새롭게 조명해 볼 때 이 나라는 다양한 측면에서 한국에게도 매우 중요한 존재로 다가온다. 그렇다면 우크라이나가 한국에 제공해주는 다중적인 가치는 무엇이고 그것은 구체적으로 어떠한 논리에 근거한 것인가?

17 Adrian Karatnycky, "The Ukrainian Factor," *Foreign Affairs,* Vol 71, No. 3 (Summer 1992), p. 91.

1. 경제 통상적 측면

먼저 우크라이나가 한국에 주는 최우선적 의미는 경제·통상적 측면으로서, 한국 경제에 새로운 기회를 제공하는 '블루오션'(blue ocean) 시장으로서의 가치이다. 1991년 12월 독립이후 우크라이나는 시장경제체제를 도입하는 가운데 의욕적으로 경제재건에 국가적 총력을 기울였지만, 급진 개혁의 충격요법(shock therapy) 후유증에 시달리고 일련의 정치·사회적 내홍(內訌)에 발목이 잡혀 우크라이나 경제는 깊은 침체의 수렁에서 헤어나지 못했다. 1993년 한때 연간 인플레이션은 1만%에 달했고, 경제성장률은 마이너스 14%를 기록했으며, 산업생산은 급격한 감소세를 보였다. 1998년에는 국제통화기금(IMF)의 구제금융 지원이 보류되는 사태까지 발생했다. 그 결과 국가화폐인 '흐리브나'가 폭락세를 보이면서 우크라이나는 '모라토리엄'(moratorium; 대외채무 상환유예) 선언 일보직전까지 내몰렸다.

하지만 <표 2>에서 알 수 있듯이, 2000년부터 2008년 세계금융위기가 발생하기 이전까지 우크라이나의 경제상황은 과거와는 사뭇 달랐다. 그 기간 동안 우크라이나는 풍부한 자원과 높은 시장 잠재력을 바탕으로 급성장하는 신흥시장, 소위 '이머징 마켓'(emerging market)으로 주목받았기 때문이다.[18]

2000년 이후 8년 연속 구가하고 있는 고도 경제성장이 소비를 진작

18 우크라이나의 경제성장은 90년대 중반에 도입한 경제안정화정책(stabilization programme), 1998년 이후 대폭적인 환율 평가절하에 따른 수출경쟁력 회복, 러시아로부터의 가스통관료 수입확대, 쿠츠마 대통령의 강력한 개혁정책 등에 힘입은 바 크다. 이지아, "국별 리포트 - 우크라이나,"『수은 해외경제』1월호 (2005), p. 102~108.

〈표 2〉 우크라이나의 주요 거시경제 지표

항목	2001	2002	2003	2004	2005	2006	2007	2008
GDP (십억$)	38.0	42.3	50.1	64.8	86.1	107.7	142.7	180.1
실질GDP성장률 (%)	8.9	5.2	9.5	12.1	2.7	7.3	7.9	1.9
인플레이션 (%)	6.1	0.6	8.2	12.3	10.3	11.6	12.8	25.2
실업률 (%)	3.7	3.6	3.6	3.6	3.1	2.5	6.3	6.3
산업생산증가율 (%)	14.2	7.0	15.8	12.5	3.1	6.2	10.3	-3.8
소비자물가상승률 (%)	11.9	0.7	5.2	9.0	13.5	9.1	12.8	25.2
수출 (백만$)	16,265	17,928	23,080	32,673	34,287	31,332	49,248	67,002
수입 (백만$)	15,775	16,149	23,020	28,996	32,141	35,977	60,670	85,534
FDI (백만$)	531	783	1,320	1,549	8,021	5,604	9,891	10,693
외환보유고 (백만$)	2,955	3,885	486	9,525	19,394	18,696	31,100	31,500

출처 : 우크라이나 통계청 (State Statistics Committee : www.ukrstat.gov.ua)

시키면서 우크라이나 내수 시장은 유래 없는 호황을 맞이하였고, 높은 구매력을[19] 갖춘 4,600만 인구의 우크라이나 시장, 특히 소비재 시장은 한국에게 황금시장 그 자체라 해도 과언이 아니다.[20] 그 이유는 한국 상품의 시장 진입이 상대적으로 용이한 우크라이나의 왜곡된 산업구조와 관련이 있다. 우크라이나는 과거 소련 시절 공화국별 분업체계에 따라 중화학공업, 군수산업 및 농업 분야에 투자를 집중했기 때문에 소비재 산업이 대단히 취약하다. 자동차, TV, 에어컨, 냉장고 등 내구재 및 가전제품을 생산은 하고 있지만 서방기업 제품과 비

19 2005년 미국 중앙정보국에 따르면 우크라이나의 구매력(PPP) 평가 기준 1인당 GDP는 7,200달러에 이른다. 우크라이나 지하경제가 40~50%라는 점을 감안하면 실질 구매력은 훨씬 더 높다.

20 2008년 하반기 세계금융위기의 여파로 우크라이나의 경제도 큰 타격을 받게 되었다. 그 결과 2009년 우크라이나는 마이너스 15%에 달하는 엄청난 수준의 실질 경제의 하락을 경험하게 되었다. 하지만, 2010년부터 우크라이나 경제는 다시 플러스 성장으로 돌아섰으며, 현재까지 소폭이나마 경제의 회복 추세가 지속되고 있다.

교해 디자인이나 성능 면에서 경쟁력이 한참 뒤떨어진다. 따라서 우크라이나는 구조적으로 소비재 수입품에 대한 의존도가 매우 높을 수밖에 없다. 그런 현상이 오랫동안 지속되어 이제 수입품에 대한 거부반응도 매우 적은 편이다.

1991년 독립 이후 막 개방된 우크라이나 시장의 이런 특성을 우리 국내기업들은 잘 분석해서 공격적인 마케팅을 펼쳤다. 그 결과 현재 우크라이나 시장에서 한국산 제품들이 코리아 브랜드 돌풍을 일으키면서 시장 점유율을 넓혀가고 있다. 실제로 한국산 첨단 가전 및 IT 제품, 무선 통신기기, 자동차 등이 최고의 브랜드 인지도와 함께 시장 점유율 1위를 차지하고 있고, 매년 눈부신 수출 증가세를 보이고 있다. 휴대폰과 정보 가전(CD롬/DVD롬 드라이브, 전자레인지, 청소기, 냉장고, 세탁기 등)의 경우, 우크라이나 시장에서 삼성전자와 LG전자 등 한국기업이 85% 이상의 점유율을 차지한다.

우크라이나 국가가 한국에 주는 또 하나의 중요한 경제적 의미는 양국 간 산업구조가 상호 보완적이어서 비교우위 분야에서 협력할 경우, 경제적 번영의 시너지 효과를 창출해낼 수 있다는 점이다. 한국과 우크라이나 간 10대 교역상품을 살펴보면 서로 겹치는 품목이 거의 없다. 한국은 우크라이나에 핸드폰, 자동차, 가전제품, 합성수지, 섬유제품 등 주로 소비재를 수출하고 있다. 반대로 우크라이나로부터는 강판제품, 합금철, 암모니아수, 안료, 비스코스사 등 주로 철강과 정밀화학 제품, 광물성 연료를 수입하고 있다. 이는 한·우크라이나 두 나라 사이의 산업이 거의 완벽하게 상호 보완적인 구조를 가지고 있음을 말해준다.

이점에 주목하여 경쟁력 확보가 가능한 비교우위 분야를 잘 결합시킬 경우 양국 모두의 국익과 경제발전에 기여하는 상승효과를 낼 수 있다고 본다. 핵에너지와 IT 분야를 하나의 사례로 제시할 수 있다. 한국은 안정성 있는 세계 최고수준의 핵 원자로 제조기술을 확보하고 있고, 우크라이나는 우라늄, 티타늄, 마그네슘 등 핵에너지 발전에 필요한 다량의 천연자원을 보유하고 있기 때문에 이 분야에서의 협력강화는 상호 경제적 이득을 보장해준다.[21]

IT분야에서도 상호보완적 협력 이익을 창출할 수 있다. 한국은 IT 산업에서 컴퓨터 제조와 인터넷 통신망 구축, 시스템 통합 등 하드웨어 분야의 세계적인 강국이다. 반면 우크라이나는 소프트웨어 개발이나 IT 서비스, 특히 고객의 주문에 따른 솔루션이나 특수목적의 소프트웨어(애니메이션, 3D 게임, 뱅킹시스템 등) 개발에 강점을 지니고 있다.[22] 따라서 우크라이나는 최근 저렴하고 우수하며 풍부한 두뇌인력을 바탕으로 인도를 능가하는 정보기술(IT) 소프트웨어(SW) 아웃소싱의 새로운 '메카'로 부상하고 있다. 이렇듯 한국과 우크라이나는 IT분야에서 서로 보완적인 측면이 있으며 양국의 장점이 결합된 협업체제를 구축할 경우 세계시장에서 강력한 가격 및 제품 경쟁력을 확보할 수 있다.

이밖에도, 고도 경제성장의 자연스런 결과로서 주택 및 아파트 건설 붐이 조성되었고, 석유화학 플랜트 및 기계장비 발주가 증가했으며, 공항, 항만, 도로, 철도 등 소위 사회간접자본시설(SOC) 확충에 대한 예산이 늘어나면서 우크라이나는 한국에게 중동(中東)을 대신하

21 "엠버시&앰배서더, 유리 무쉬까 주한 우크라이나 대사," 『한국일보』, 2007년 4월 30일.

22 "우크라이나의 IT시장," 『디지털 타임스』, 2005년 10월 10일.

는 새로운 건설 및 플랜트 시장으로도 부상하고 있다. 뿐만 아니라 우크라이나는 흑해 경제권의 '중심지'이자 동유럽 시장의 '관문'이면서 CIS 시장 진출의 '교두보'라는 지경학적 가치도 보유하고 있다. 이처럼 대규모 시장성과 지경학적 조건을 갖춘 우크라이나는 한국경제의 새로운 활로를 열어주는 '기회의 땅'으로 부상하고 있는 중이다.

2. 과학기술적 측면

우크라이나는 한국에게 새롭게 떠오르는 신흥시장으로서의 가치도 있지만, 이보다 더 중요한 의미는 차세대 동력산업 발굴을 위한 첨단 기초과학 원천기술 '제공국'으로서, 한국의 항공우주기술 강국으로의 도약을 앞당기는 이상적인 '파트너'로서의 가치이다. 우크라이나는 우리나라와 경제구조 뿐만 아니라 과학기술적인 측면에서도 상호 보완적이다.

지난 20여 년간 한국 경제를 이끌어왔던 견인차는 반도체 산업을 기반으로 한 IT 산업의 성장이었다. 문제는 향후 한국 경제를 선도할 차세대 또는 차 차세대 동력산업 발굴에 애로를 겪고 있다는 점이다. 그 이유는 국내 과학기술의 기초체력이 허약하고, 그 대안으로서 모색되는 선진국으로부터의 기술 도입 또한 용이하지 않기 때문이다. 이런 상황에서 13명의 노벨상 수상자를 배출할 정도로 기초과학기술 수준이 탄탄하고[23], 상대적으로 원천기술 이전에 관대한 우크라이나는 한국이 특별한 관심을 가지고 전략적으로 접근해야 할 중요한 협력 대상임에 틀림없다.

23 오영일(2007), p. 12.

우리나라의 반도체, 정보통신, 원자력분야 기술은 선진국 수준에 근접하고 있으나, 기초과학, 우주항공, 재료, 정밀화학, 광기술 등의 분야는 선진국과 격차가 크다. 그 갭(gap)을 메우기 위해서는 막대한 투자와 시간이 필요하다. 그러나 적절한 파트너를 찾을 경우 이를 크게 절약할 수 있는데, 우리나라와 과학기술적 상보성을 갖고 있는 우크라이나가 좋은 협력 대상이다.

우크라이나는 기초과학 특히 레이저, 광학, 용접, 재료화학, 태양전지, 핵심소재(바이오·화학 센서, LED, LCD) 등의 분야에서 큰 강점을 갖고 있다. 뿐만 아니라 심해 300m 용접기술, 우주용접기술, 코팅과 표면처리기술, 주사바늘을 찌르지 않고 체내 헤모글로빈 숫자를 파악할 수 있는 기술 등 독보적으로 우수한 원천기술을 다량 보유하고 있다.[24] 문제는 우크라이나가 이런 훌륭한 원천 기술들을 상용화하고 실용화하는 데는 상대적으로 취약하다는 점이다. 반면 한국은 순수과학이나 원천기술은 뒤떨어져 있을지 모르지만, 공정 가공기술, 응용기술, 실용화기술은 세계 최고 수준이라고 말할 수 있다. 차세대 동력산업을 발굴 육성하는 과정에서 우크라이나의 원천 과학기술과 한국의 뛰어난 응용 및 상용화 기술을 접목시킨다면 국내 주력 상품의 고부가 가치화는 물론이고 산업의 신 성장 동력의 창출을 이루어 낼 수 있다고 본다.

우크라이나가 보유한 우주항공분야에서의 첨단 과학 기술력과 세계적 경쟁력도 주목하지 않을 수 없다. 흔히 우주산업은 국력의 '바로미터'로 간주된다. 현재 독자적으로 우주개발을 할 수 있는 나라는 우

---

24 이상재, "항공우주기술 미국 '격추'할 수준," 『이코노미스트』 통권866호 (2006), p. 60.

크라이나를 포함해 세계적으로 8개 나라에 불과하다. 따라서 우리가 만든 인공위성을, 우리가 개발한 로켓으로 발사한다는 것은 우리나라의 종합적인 과학기술 수준이 세계 10위권에 진입한다는 뜻이다.[25]

한국이 명실상부한 우주기술 강국으로 도약하기 위해서는 '위성체'와 '발사체' 두 가지 제조기술 역량을 겸비해야 한다. 우리 정부는 1980년대 말부터 '우리별 1호' 위성 제작 착수를 시작으로 우주기술 개발에 심혈을 기울여온 결과 위성체 만큼은 자체 개발제작에 성공했다. 그러나 우주개발 프로젝트의 핵심이라 할 수 있는 '발사체' 기술(로켓 기술) 확보는 선진국, 특히 미국의 기술이전 거부와 방해로 애로를 겪어왔다.[26]

이런 상황에서 상대적으로 첨단 우주기술의 해외유출에 크게 제한을 두지 않고, 동시에 우주분야에서 풍부한 경험과 노하우를 보유한 우크라이나와의 기술 협력 및 교류가 요구되었는데, 우리정부의 이런 필요성과 인공위성 제작에 한국의 높은 IT기술을 습득 접목시키려는 우크라이나의 이해가 맞물리면서 발사체 기술 확보가 가능하게 되었다. 2006년 12월 유센코(Victor Yushchenko) 대통령의 서울 방문 시 인공위성 발사체 기술 도입과 로켓 제조 부품 제공 등을 골자로 한 '우

25 "우주를 향한 도전," 『제일경제신문』, 2005년 2월 14일.

26 한국은 2004년 9월 노무현 대통령의 모스크바 방문 시 러시아와 최초로 "우주항공기술협력협정"을 맺고, 러시아로부터 로켓발사 기술과 고흥의 나로 우주기지 건설 및 발사대 설치 기술을 이전받기로 확약 받았으나, 러시아는 기술 이전을 지연시키고 있는데, 여기에는 러시아의 발사체 기술이 한국에 이전되는 것을 막으려는 미국의 영향력이 개입되었다. 미국은 러시아의 로켓기술이 한국에 이전될 경우 한국의 대량살상무기 개발을 부추겨 동북아의 안정을 해칠 것이라는 명분을 내세워 크레믈린을 설득한 것으로 알려졌다. 보다 자세한 내용에 대해서는 다음 자료를 참고. 허만섭, "미국, 대량살상무기 개발 우려해 러시아 로켓기술 한국 이전 막았다," 『신동아』, 통권 566호(2006년 11월호), pp. 82~92.

주기술협력협정'이 체결된 것이다. 러시아에 이어 두 번째로 체결한 이 협정은 세계 최고 수준의 우크라이나 우주기술을 적극 흡수할 수 있는 제도적 기반을 마련했다는 점에서 한국의 독자적인 우주시대 개막을 앞당기는데 크게 기여할 것으로 전망된다. 아울러 우크라이나의 첨단 우주기술과 한국의 효율적인 산업적 시스템이 유기적으로 결합될 경우 양국 모두의 우주기술 진보는 물론이고 세계 상업위성 시장 판도마저 뒤바꾸어놓을 수 있을지도 모른다.

우크라이나는 우주산업뿐만 아니라 항공산업에서도 한국의 기술 경쟁력을 강화시켜줄 수 있는 최상의 '파트너'라 할 수 있다. 1990년대 중반부터 한국은 항공산업 발전과 시장성을 고려해 100인승 이하의 차세대 중소형 민간항공기 개발을 꾸준히 모색해 왔다. 이를 구체화하기 위해 최근 우리정부(산자부, 과기부, 건교부 등)는 한국항공우주산업(KAI)과 태스크포스팀(TFT)을 구성하였고, 2007년 말부터 90~100인승 중형 민항기 개발에 본격 착수할 계획을 발표했는데, 이 분야에서 협력적 파트너십을 구축할 경우 80년 역사의 축적된 우크라이나의 항공기 제작 기술이 한국의 민항기 개발에 크게 기여할 수 있다.

3. 정치 외교적 측면

우크라이나가 정치 외교적으로 한국에 제공해주는 의미도 결코 적지 않다. 첫째는 국제무대에서 한국의 국익옹호와 외교적 행위를 지지하는 긴밀한 '협력자'로서의 우크라이나이다. 대외정책에서 한국이 시급히 해결해야 할 국가적 과제 중의 하나는 외교의 다변화라 할 수 있다. 과거 냉전기 한국 외교는 대북정책의 연장선상에서 한반도를 에워싼 주변 4강과의 관계에 초점이 맞춰져 왔다. 이는 피할 수 없는 현실에서 나타난 결과라는 점을 인정할 수밖에 없지만, 범세계적 경제통합과 상호의존이 증대되고 있는 시점에서 한국의 외교 전략도 이제 전 세계를 아우르는 보다 큰 시각에서 모색되어야 할 필요가 있다.[27] 스스로 한반도 문제를 주도하고 우리의 국익을 능동적으로 확보하며 세계무역 10대국의 위상에 걸맞는 국제적 영향력을 확대하기 위해서라면 더더욱 그렇다.

다양한 국제기구에서의 논의 또는 표결을 통해 이미 확정되었거나 확정을 기다리는 일련의 한국의 국익들, 이를테면 대북정책을 포함하여 한반도 문제, 반기문 외무장관의 유엔사무총장 당선, 한국의 OSJD(국제철도협력기구) 가입, 2011 대구 세계육상선수권 대회 개최, 2012 여수세계박람회 개최, 2018 평창 동계올림픽 개최, 위안부 문제, 동해 표기 문제 등에서 한국의 입장을 옹호하고 외교적 행위를 지지해주는 우호세력의 확보가 필요한데, 이런 점에서 우크라이나와의 관계 증진은 중요한 정치 외교적 의미를 갖는다.

둘째는 북핵문제 해결 방식으로서 우크라이나 모델이다. 북한의 핵문제 해결방식으로 우크라이나와 리비아의 사례가 자주 거론된다. 우크라이나 방식은 '핵 포기'와 '안전보장·경제협력'을 동시에 이행한다는 것이 핵심 사항이다. 반면 리비아 방식은 '선(先) 핵 포기'라는 점에서 차별화된다.

1991년 구소련의 해체와 함께 1천 900기의 전략 핵무기를 보유하

27 이재승, "대 브릭스 외교, 왜 중요한가?" 『코리아플러스』 3월호 (2005), p. 23.

게 된 우크라이나는 핵 비확산 문제에 러시아와 철저히 이해관계를 일치시켰던 미국의 중재 하에 수년간 미·우·러 3자 협상을 벌였고, 그 결과 이들 핵무기를 러시아에 자진 양도하여 폐기하기로 합의했다. 당시 우크라이나 의회와 군부 일각에서는 러시아의 위협으로부터 국가안보를 지키기 위해 핵을 계속 보유해야 한다는 주장도 강하게 제기됐으나, "선(先) 국제법적 구속력 있는 우크라이나 안전보장과 경제지원, 후(後) 우크라이나 핵무기의 러시아 양도"로 요약되는 미국의 성공적인 협상 중재로 우크라이나의 비핵화를 실현할 수 있었다.

물론 우크라이나와 북한이 안고 있는 핵 문제의 성격은 근본적으로 다르다. 핵무기를 구소련으로부터 고스란히 물려받음으로써 핵보유국이 되었던 우크라이나와는 달리 북한은 핵무기를 자체적으로 개발하려는 의지가 있다는 점에서 그렇다. 그러나 협상과정에서 나타난 우크라이나와 북한의 요구사항이(안전보장과 경제적 보상) 동일하다는 점에서 북핵 문제 해법의 참고 케이스로 우리 정부에게 시사하는 바가 크다.[28]

셋째는 러시아에 대한 외교적 지렛대로서 우크라이나의 가치이다. 우크라이나는 자원, 인구, 영토면적, 경제규모를 고려할 때 탈 소비에트 공간에서 형성된 국가들 가운데 러시아에 이어 두 번째 위치를 차지한다. 또 우크라이나는 러시아와 동일한 동슬라브족으로서 인종적 사촌지간이고, 정치체제, 경제구조, 과학기술력, 사회적 환경, 문화적 특징 등을 유심히 관찰해 보면 많은 점에서 러시아와 '닮은 꼴' 국가이다. 말하자면 러시아의 '아류'(亞流) 또는 '미니 러시아'라 해도 과

28 홍완석, "북핵문제에 대한 러시아의 입장과 역할," 『한국과 국제정치』 제19권 (2)호 (2003), p. 175.

언이 아니다. 그럼에도 불구하고 소련의 와해 이후 러시아와 우크라이나는 상호 우호적 협력 작용보다는 분열적 갈등을 더 자주 노정해 왔다.

이점에 착목하여 우리정부는 러시아로부터 확보하고자 하는 특정 분야의 국익실현이 여의치 못할 경우, 거의 동일한 자원과 능력을 구비하고 있는 우크라이나를 통해 이를 관철시킬 수 있다고 본다. 한국은 러시아에 대한 정치 외교적 레버리지로서 우크라이나를 적극 활용할 수 있다는 것이다. 예컨대 러시아를 대신해 우크라이나로부터 전략자원의 확보, 항공모함과 같은 특수선박의 제작, 국내 방위산업 경쟁력 강화를 위한 첨단 군사기술 도입, 우주산업 발전을 위한 로켓 발사체 기술 확보 등을 적절한 사례로 제시할 수 있다.

4. 민족적 측면

마지막으로 우크라이나가 한국에 주는 중요한 의미는 이 나라에 3만여 고려인 동포들이 거주하고 있다는 사실이다. 2001년 기준으로 공식 집계된 우크라이나 국적의 고려인은 13,000여명으로, 여기에 소비에트 시대 때부터 계절 농업을 목적으로 또는 더 나은 삶을 위해 우즈베키스탄이나 카자흐스탄 등 중앙아시아 지역에서 흘러들어간 고려인들을 포함하면 약 3만 명에 이를 것으로 추산된다.[29] 이 가운데 현재 우크라이나에는 2,000~3,000명의 이주 고려인이 무국적 상태로 교육 및 의료 혜택을 받지 못한 채 비참한 생활을 하고 있어 큰 사회문제가 되고 있다. 이 '국적 없는 고려인' 문제 해결을 위해서는 정부

29 이상재(2006), p. 102.

차원의 대책과 함께 우크라이나 정부의 협조가 필요한데, 그런 측면에서 우크라이나는 3만여 재(在) 고려인 동포들의 안정적 삶을 마련해주는 '보장자'로서의 중요성이 있다.

이밖에 발레, 음악, 오페라 등 슬라브 문화의 정수(精髓)를 간직한 우크라이나는 한국의 문화를 풍요롭게 하는 선진 문화예술 '유입처'로서의 의미도 있다.

Ⅳ. 결론: 한국의 대 우크라이나 정책 방향

위에서 논증한 바처럼, 우크라이나가 비록 물리적으로 원거리에 위치해 있지만, 한국의 총체적 국력과 경제적 번영을 크게 배가시켜주는 매우 중요한 국가라는 사실을 새삼 인식할 수 있다. 이는 우크라이나와의 우호관계를 가일층 강화하는 외교적 노력이 필요함을 각인시켜주기에 충분하다.

따라서 이 시점에서 우리정부는 우크라이나의 존재가 한국에게 제공해주는 다중적인 가치를 명료하게 인식하는 가운데 양국관계의 발전적 도약을 위한 새로운 대 우크라이나 정책의 모색이 필요하다. 이런 문제의식에 기초해 우크라이나를 한국의 국익증대를 위한 우호적 협력세력으로 유도하고, 나아가 21세기 한·우크라이나 간 관계발전 심화와 미래지향적 관계 정립에 요구되는 몇 가지 정책 방안을 제시해 보면 다음과 같다.

첫째는 한·우크라이나 간 기본조약의 체결이다. 1992년 2월 수교 이후 한국과 우크라이나 사이에는 양국관계 발전의 법적 기초가 되는 기본조약 체결이 아직 이루어지지 않고 있다. 물론 모든 국가와 기본조약을 반드시 체결해야 되는 것은 아니지만, 한국의 국가발전에 있어 우크라이나의 중요성을 인정한다면 이를 긍정적으로 고려해 보는 것도 국익에 도움이 될 것으로 판단된다. 한국과 우크라이나가 향후 상호 안정적이고 견실한 관계증진을 위해서는 무엇보다도 체계적인 법적 기반마련이 중요하고, 따라서 양국 간 기본관계에 관한 조약의 조속한 체결이 요구된다 하겠다.

둘째는 한국 최고 지도자의 우크라이나 방문이다. 지금까지 한국 대통령의 유럽순방 외교 동선에서 우크라이나는 항상 제외되어 있었다. 반면 수교이후 지난 20년 동안 우크라이나의 최고 지도자는 두 차례, 즉 1996년 12월 쿠츠마(Leonid Kuchma) 대통령과 2006년 12월 유센코(Victor Yushchenko) 대통령이 한국을 방문한 바 있다. 유센코 대통령의 한국 방문의 경우, 한국과의 외교관계 강화를 위한 정책적 차원에서 여타 주변 아시아 국가들의 순방과 연계하지 않은 단독 방한이었다는 사실에 주목할 필요가 있다. 이와 달리 한국의 대통령이 우크라이나를 단 한 번도 방문한 적이 없다는 사실은 그만큼 국내 정책 결정자들 사이에 이 나라의 잠재적 국력과 현실적 중요성에 대한 인식이 크게 부족하다는 점을 단적으로 예증해 준다. 한·우크라이나 양국관계가 실질적으로 한 단계 '업그레이드'(upgrade)되고 발전적 도약을 이루기 위해서는 가급적 빠른 시일 내에 한국 대통령의 우크라이나 방문이 필요할 것으로 보인다.

셋째는 2006년 12월(18~19) 유센코 대통령의 한국방문 시 발표한 '서울공동성명'의 철저한 이행이다. 노무현·유센코 서울정상회담에서 한·우크라이나 양국은 처음으로 15개항의 공동성명을 채택하고 정치, 경제, 외교, 안보, 문화 등 다양한 영역에서의 동반자적 관계발전 심화를 위한 장기적인 협력 토대를 마련했다. 여기에는 북핵문제 등 국제적, 지역적 현안에 대한 공통된 인식과 입장의 확인에서부터 교역의 확대, 과학기술분야 특히 항공우주 및 방산·군수 분야에서의 협력, 문화·교육 교류, 직항로 개설, 비자 발급절차 간소화, 우크라이나 내 무국적 고려인 문제 해결, 체르노빌 원전 피해 복구 지원 등 광범위한 분야에서의 구체적인 협력 방안이 명시되어 있다.[30]

문제는 서울공동성명이 자동적으로 한·우크라이나 양국관계의 공고화를 보장해 주지는 않는다는 점이다. 공동선언이라는 국가 간 공약(公約)이 외교적 수사(修辭) 차원의 '공약'(空約)에 머무르지 않게 하기 위해서는 무엇보다도 양국 정상의 합의사항을 충실히 이행하는 정부적 차원의 정책적 노력이 필요하다. 특히 서울공동선언에는 한국의 국익에 매우 중요한 일련의 합의들, 이를테면 항공우주 및 방산·군수 분야에서의 협력, 직항로 개설, 우크라이나 내 무국적 고려인 문제 해결 등이 적시되어 있다는 점을 고려할 때 서울공동선언의 실행을 관철시키기 위한 우리정부의 적극적 의지가 요구된다. 그런 맥락에서 향후 한국 대통령이 우크라이나를 방문할 때, 양국 간 합의사항의 구체적 이행을 제도적으로 뒷받침하는 소위 '액션플랜'(action plan)을 작성해 볼 가치가 있다고 판단된다.

넷째는 대 우크라이나 교역 및 투자의 확대이다. 동유럽에 비해 저렴하면서도 양질의 인력과 기술을 보유하고 있는 우크라이나는 EU

---

30 2006년 12월 한·우크라이나 정상 간에 체결된 15개항의 공동성명 전문 내용은 다음 외교통상부 사이트를 참조. http://www.mofat.go.kr/mofat/ICSFiles/afieldfile/2007/01/09/JOINTSTATEMENT ukrainekorean.hwp. (검색일: 2007. 5. 21).

시장 및 인접 러시아 시장까지 겨냥할 수 있는 좋은 생산기지이다. 또한 서구의 기업들이 인구 4,600만의 우크라이나 시장을 직접 공략하기 위해 투자진출을 확대하고 있음을 감안할 때 우리기업들도 이제 단순 상품수출에서 벗어나 현지투자를 통한 중장기 진출 방안을 모색할 필요가 있다.[31]

우리정부는 시장규모와 성장 잠재력을 고려하여 터키와 나이지리아, 남아공처럼 대륙별로 전략거점 국가를 선정하고, 이들 나라에 교역과 투자를 확대하는 소위 선택과 집중의 해외시장 공략 전략을 구사하고 있다. 우크라이나도 이 국가가 보유한 방대한 천연자원, 인구 및 영토규모, 경제적 성장 잠재력과 주변 경제권(흑해경제권)에 미치는 파급효과 그리고 유라시아에서 차지하는 지정학적 위상을 종합적으로 감안해 볼 때, 동유럽의 전략적 거점국가로 선정되기에 충분하다.

그럼에도 불구하고 2005년 기준 우리나라의 대 우크라이나 교역은 10억 달러 수준에 머물렀고, 한국기업의 대 우크라이나 투자[32] 누계도 2006년 8월 현재 1억 7천 3백만 불 수준에 불과했다. 세계금융위기 이후 양국 간 교역 규모는 4억 달러까지 하락하였고, 2011년 10억 달러 수준으로 다시 회복되었다. 이 정도의 교역 및 투자는 한·우크라

---

31 Kotra, 『우크라이나의 EU 가입 논의 동향 및 전망』(서울: 대한무역진흥공사, 2005), p. 3.

32 한국의 대 우크라이나 투자는 대부분 '1997~98년에 대우그룹이 주도한 것이 특징적이다. 1999년 대우그룹이 워크아웃에 들어가 해체됨에 따라 2000년 말 ㈜대우건설, 2002년초 대우이동통신, 대우자동차가 차례로 철수했다. 현재 우크라이나 현지 진출 투자기업은 3개사(대우통신, LG전자 서비스, 현대중공업)이고, 7개사의 연락사무소(삼성전자, LG전자, STX Pan Ocean, 대우일렉트로닉스, CORT LTD, Green Logistics, ㈜에코비스 등)가 활동하고 있다. 주(駐) 우크라이나 한국대사관 홈페이지 참조. http://www.mofat. go.kr/ek/ek_a003/ek_uaua/ek_a02/ek_b08/1192044_11209.html (검색일: 2007. 5. 2).

이나 양국이 지닌 경제력과 발전 잠재력에 비추어 매우 미약한 수준이라 평가하지 않을 수 없다. 우크라이나가 세계가 주목하는 또 하나의 잠재대국이자, 떠오르는 '미래시장'이고 동시에 한국에게 개방된 큰 규모의 소비재 시장이라는 점을 감안한다면, 우크라이나 시장에 대한 전략적 접근 노력을 강화할 시점이라고 여겨진다.

대 우크라이나 경협과 관련하여 중요하게 고려해야할 사항은, 우크라이나의 경제적 잠재력을 고려해 단기 투자이익에 집착하기 보다는 장기적 관점에서 접근해야 한다는 점이다. 한·우크라이나 간 경협이 부진한 이유는 흔히 지적하듯 우크라이나 정부의 외국인 투자환경 개선노력 미흡, 조세 및 관세제도와 외국인투자 관련 법규 미비, 타성적인 관료주의와 부정부패, 마피아의 발호 등에 일차적인 원인이 있다. 그러나 독일, 오스트리아, 영국, 미국 등 서방 의 일부 기업들이 우크라이나의 열악한 외국인 투자환경 하에서도 '공격적'인 투자를 감행하고 있는 현실을 주의 깊게 관찰한다면 문제는 한국기업에게서 찾을 수 있다. 그것은 한국이 경제(기업) 규모나 관심에 부합되는 적절한 투자처를 찾지 못했거나 우크라이나의 독특한 기업경영 환경에 효율적으로 적응할 수 있는 능력을 키우지 못했기 때문이다.

향후 우크라이나 경제는 서방이 원하는 "자유시장 경제" 모델로 나아가지도 않을뿐더러, 역사적으로 서방자본이 우크라이나의 산업발전에 기여한 역할이 매우 미미했다는 사실에 비추어 볼 때 현실적으로 우크라이나가 모든 국가와 외국기업에게 무차별적으로 좋은 조건을 제시하지도 않을 것이다. 따라서 우리 정부와 기업은 대 우크라이나 경협의 잠재적 중요성을 인식하는 가운데 소극적인 투자 자세에서 벗어나 현지 투자환경에 적응하는 능력을 키워야 한다. 북한에도 두개나 있는 골프장이 우크라이나에 한곳도 없다는 사실에서 독특한 우크라이나 시장 환경의 편린(片鱗)을 엿볼 수 있다.[33]

이밖에도, 한·우크라이나 간 인적·물적 교류 활성화와 양국 간 우호관계 증대에 기여하는 방안으로 우크라이나에 대한 수출 공여한도[34] 및 대외공적원조자금(ODA) 확대, 한·우크라이나 간 직항로 개설, 양국 수도에 한국과 우크라이나 문화센터 개설[35], FTA 체결 모색 및 준비 등을 지적할 수 있다.

---

33 이상재(2006), p. 88.

34 한국수출입은행은 2006년 3월 우크라이나수출입은행(The State Export-Import Bank of Ukraine; Ukreximbank)과 1,000만 달러의 수출신용한도 공여계약을 체결한데 이어, 2006년 12월 유센코 우크라이나 대통령의 서울 방문 시에는 6,000만 달러 규모의 계약을 체결했다. 이 계약에 따라 우크라이나 수출입은행은 공여계약 한도 내에서 우크라이나 수입자들에게 우리나라로부터 상품 및 서비스를 수입하는데 필요한 금융을 제공하게 된다. "수출입, 우크라이나 수출입銀과 수출신용 공여계약," 『서울 금융신문』, 2006년 12월 19일.

35 현재 우크라이나의 8개 대학에 한국어 과정이 개설돼 있지만, 국내 대학에는 우크라이나어학과가 한군데도 없다. 우크라이나의 국가 규모나 잠재력을 감안할 때 국내 대학에 우크라이나학과의 개설이 시급히 요망된다 하겠다. 2006년 12월 방한 시 유센코 대통령도 노대통령과의 회담과 기자회견에서 한국 내에 우크라이나학과의 개설 필요성을 강력히 희망한 바 있다.

참고문헌

오영일. "2010 러시아·CIS 시장 이렇게 변한다." 『LG 주간경제』통권918호, 2007.

이재승. "대 브릭스 외교, 왜 중요한가?" 『코리아 플러스』3월호, 2005.

이지아. "국별 리포트 - 우크라이나." 『수은 해외경제』1월호, 2005.

허만섭. "미국, 대량살상무기 개발 우려해 러시아 로켓기술 한국 이전 막았다." 『신동아』통권566호, 2006.

홍완석. "탈소비에트 공간에서 러시아·우크라이나 관계와 유라시아 정치경제안보질서." 『국제지역연구』제11권 1호, 2007.

______. "북핵문제에 대한 러시아의 입장과 역할". 『한국과 국제정치』, 19: 175. 2003.

______. "슬라브권의 이단아 레오니드 쿠츠마." 송기도 편, 『권력과 리더십 6』서울: 인물과 사상사, 2000.

이장규. "기회의 땅으로 달려가라." 『이코노미스크』통권866호, 2006.

이상재. "항공우주기술 미국 '격추'할 수준." 『이코노미스크』통권866호, 2006.

______. "고려인들의 눈물 닦아주자." 『이코노미스크』통권866호, 2006.

______. "과두재벌 '보이지 않은 손' 투자 막아." 『이코노미스크』통권866호, 2006.

KOTRA. 『우크라이나의 EU 가입 논의 동향 및 전망』. 서울: 대한무역진흥공사, 2005.

Z. Brzezinski. 『거대한 체스판』. 김명섭(역), 서울: 삼인, 2000.

Adrian Karatnycky. "The Ukrainian Factor." *Foreign Affairs* 71-3, March, 1992.

Anna Badkhen. "2004 Ukraine opposition leader's bold claim of election victory... Hundreds of thousands in Kiev protest vote count." *The San Francisco Chronicle*, November 24. 2004.

"[기고] 레즈닉 주한 우크라이나 대사." 『매일경제』, 2001년 8월 23일.

"수출입銀, 우크라이나 수출입銀과 수출신용 공여계약." 『서울 금융신문』, 2006년 12월 19일.

"엠버시&앰배서더, 유리 무쉬까 주한 우크라이나 대사." 『한국일보』, 2007년 4월 30일.

"우주를 향한 도전." 『제일경제신문』, 2005년 2월 14일.

"우크라이나의 IT시장." 『디지털 타임스』, 2005년 10월 10일.

"한국도 민항기 생산 나선다." 『한국경제신문』, 2007년 5월 7일.

"톱니바퀴 수비 깨트린 철강대국, 우크라이나." *The Science Times*. 2006년 6월 27일.

"한국·우크라이나 비자면제 추진." 『조선일보』, 2006년 4월 3일.

http://koreaplus.korea.kr/koreaplus/jsp/koreaplus1_branch.jsp?_action=news_view&_property=d_sec_2&_id=70064148& (검색일: 2007. 4. 18).

http://www.countriesquest.com/europe/ukraine/economy.htm (검색일: 2007. 4. 10).

http://www.mofat.go.kr/ek/ek_a003/ek_uaua/ek_a03/ek_b10/1173372_11213.

html (검색일: 2007. 4. 15).

http://www.mofat.go.kr/mofat/ICSFiles/afieldfile/2007/01/09/JOINTSTATEMENTukrainekorean.hwp. (검색일: 2007. 4. 25).

http://www.mofat.go.kr/ek/ek_a003/ek_uaua/ek_a02/ek_b08/1192044_11209.html (검색일: 2007. 5. 2).

http://www.sciencetimes.co.kr/data/article/16000/0000015260.jsp (검색일: 2007. 4. 14).

http://www.ua-reporter.com/news/3616 (검색일: 2007. 4. 18).

2

'동'과 '서' 사이에서

— 우크라이나의 대외전략

홍 완 석

I. 서 론

1991년 12월 소연방의 와해는 러시아의 영토면적과 세력권을 현저히 수축시키면서 유라시아대륙 중심부에 거대한 지정학적 '블랙홀'을 남겨놓았다. 소비에트 제국의 몰락으로 형성된 그 권력 공백지대에 독립국가연합(CIS)이라는 새로운 지리적 공간이 탄생하였고, 동시에 과거 동·서 냉전의 인위적 양분법에 의해 가려져 있던 중부유럽(Central Europe)이라는 역사적·종교적·문화적 실체도 중요한 정치단위로 부활하였다.[1]

1 1989년 이탈리아의 주도로 창설되어 회원국수가 18개국에 이르는 '중부유럽 이니시어티브'(Central European Initiative, CEI)와 폴란드, 헝가리, 체코, 슬로바키아 등 4개국이 1991년 2월 결성한 이른바 '비세그라드'(Visegrad) 그룹이 중부유럽의 자생적 정치단위로 부각되고 있다.

중·동부 유럽과 CIS 지역에서 분출되는 지정학적 역동성은 탈러(脫露) 원심력적 경향과 자기 충족적인 민족주의 운동의 고양에 의해 증대되었다. 그럼으로써 정치적 불연속선이 형성되었고, 이는 시간의 흐름과 함께 동쪽을 향해 힘의 진공벨트를 흡수하려는 NATO 및 EU와 자국의 전통적 세력권을 보전하고 통제권을 강화하려는 러시아 사이의 격렬한 투쟁으로 더욱 심화되었다(강봉구, 1999: 89).

탈 소비에트 권력 진공지대를 둘러싼 강대국간 세력구도 재편 과정에서, 정치적 안정과 경제의 고도성장을 배경으로 서서히 힘의 외부투사 능력을 강화하고 있는 '러시아', 서방으로 통칭되지만 냉전 종식이후 친미 추수(追隨) 외교노선에서 벗어나 독자적 세력화를 모색하고 있는 '유럽연합'(EU), 유라시아에서 일극 우위적 패권질서를 공고히 하려는 '미국' 사이의 이해관계가 가장 민감하게 그리고 직접적으로 교차하는 국가는 바로 우크라이나이다. 그 이유는 무엇보다도 EU 및 NATO의 동진 확대로 새로이 구축되는 유럽의 정치지형에서 우크라이나가 어디에 속하는가가 유럽을 넘어 유라시아의 미래에 매우 중요한 요소가 되기 때문이다.

'동'(러시아)과 '서'(미국 및 EU) 사이에 위치한 전략적 요충지로서의 지정학적 중요성 그리고 유럽최대의 영토규모, 4,600만 인구, 막대한 천연자원, 강한 근육질의 군사력 등 잠재적·현실적 국력을 감안할 때, 우크라이나의 대외적 선택이 유라시아의 세력판도에 커다란 변동을 초래할 수 있다. 그래서 우크라이나는 강대국들, 특히 미국과 러시아가 경쟁적으로 자신의 세력권으로 끌어들이기 위해 외교적 노력을 집중하는 핵심 공략대상이다. 이점은 오렌지 혁명으로 표현된 지난 2004년 11월 우크라이나의 대선이 미·러의 대리전 성격으로 진행되었다는 사실에서 명확히 확인된다(*The San Francisco Chronicle*, 2004/11/24).

우크라이나는 세계적 권력보유자인 미국과 러시아, 그리고 미국으로부터 서서히 대외 정치적 독자성을 강화하고 있는 EU로부터 동시에 가해져 오는 다양한 압력과 견제, 회유에 노출되어 있다. 따라서 우크라이나의 외교적 좌표 선택은 항상 쉽지 않고(홍석우, 2008: 28), 외부적 조건에 따라 언제든지 변동이 수반될 수 있는 취약성을 내포한다. 요컨대 미국, EU, 러시아 3자의 이해관계 접점에 위치한 지정학적 환경이 우크라이나의 대외적 진로에 고민을 제공해 왔으며, 실제로 독립이후 우크라이나의 외교노선은 '동'과 '서' 사이에서 방황해 왔다. 본 연구의 목적은 '동'과 '서' 사이에서 외교적 좌표 선택의 딜레마를 안고 있는 우크라이나가 자국의 영토적 안전보장과 국익증대를 위해 과연 어떤 대외전략을 강구하고 선택할 것인가를 분석적으로 조감하는데 있다. 이를 위해 먼저 제Ⅱ장에서는 우크라이나의 대외정책 형성 및 결정과정에 영향을 주는 다양한 요인들 가운데 핵심적인 구조적 변수를 도출하고 그 논거를 제시할 것이다. 제Ⅲ장에서는 앞장의 대외정책 규정의 상수(常數)에 초점을 맞추어 1991년 독립이후부터 최근까지 우크라이나의 외교노선 변화 추이를 관찰할 것이다. 제Ⅳ장에서는 결론을 대신해 우크라이나 대외정책의 동학과 특징을 압축적으로 도출한 후, 우크라이나가 결국 '동과 서' 어느 한쪽에 치우치지 않은 균형외교를 전개할 수밖에 없는 이유를 국익 맥락에서 설명할 것이다.

Ⅱ. 우크라이나 대외정책 규정의 구조적 요인

1991년 소련의 해체로 우크라이나는 오랜 기간 자국을 압제했던 러시아로부터 예속적 종속에서는 벗어났지만, 신생 주권국가로서 국가성을 강화하고 새로운 국가체제를 확립해야 하는 시급한 과제에 직면해 있었다. 이를 해결하기 위해 우크라이나 정부는 독립 초기부터 퇴색된 민족주의를 다시금 고양하는 가운데 민주주의의 제도화, 독자적인 안보능력 고양, 시장경제체제의 착근, 빈사상태의 경제회생과 번영, 서구 정치경제 질서로의 편입 등을 중요한 국가적 목표로 설정하였고, 대외정책은 이런 국가적 목표 달성에 기여하는 최적의 외적 조건을 창출하는데 초점이 맞추어져 있었다. 이 과정에서 다양한 국내외적 요인들의 상호작용이 대외정책 형성과정에 반영되었는데, 그중 몇 가지 요소에 주목하여 대외정책 형성 기제를 설명하고자 한다.

독립이후 우크라이나의 대외정책은 유라시아 신질서를 둘러싼 강대국간 역학관계와 미국, EU, 러시아 등 주요 이해 당사국들의 자국에 대한 정책, 그리고 우크라이나 내부의 정치사회세력 간 경쟁이나 경제적 동학 또는 정책결정 집단의 의식적 선택(엘리트의 선호, 권력유지, 국가이익의 확대) 등과 같은 흔히 외교정책결정이론에서 거론되는 다양한 대내외적 요인들에 의해 영향을 받아왔다. 이 가운데 필자는 우크라이나 대외정책의 형성 및 변화과정에 가장 지속적으로 커다란 영향을 준 변수로 다음 네 가지 구조적 요인, 즉 1) 러시아의 지정학적 압력, 2) 나토(NATO)를 앞세운 미국의 포섭, 3) 유럽연합(EU)의 계산된 냉대, 4) 동서분열과 지역주의에 주목한다. 이들은 개별적으로 대외정책 행위의 결정요인이 된다기보다는 모두 상호작용하면서 대외정책 결정의 복합적 동학을 이루어낸다(강봉구, 2007: 52).

1. 러시아의 지정학적 압력

1991년 독립이후 우크라이나가 모스크바의 영향권에서 벗어나 서구 문명세계에 다가가려는 외교적 노력을 전개하고 있지만, 그럼에도 불구하고 우크라이나의 대외정책에 가장 중요하게 영향을 미치는 국가는 러시아이다. 그 이유는 슬라브 형제국으로서, 국경선을 마주한 부담스러운 인접국으로서 그리고 소련의 계승자로서 러시아가 역사적, 안보적, 경제적, 지정학적으로 우크라이나의 대외적 행로에 짙은 그림자를 드리우고 있기 때문이다. 러시아 벡터(Vector)가 우크라이나의 대외정책 형성 및 변화에 핵심적 변수로 작용하는 논거를 제시하면 아래와 같다.

먼저 양국관계의 역사적 특수성이다. 우크라이나는 러시아의 역사적, 문화적, 종교적, 인종적 '원류'(原流)이다. 두 나라의 국가적 기원은 모두 최초의 민족국가 형태를 완성한 882년 '키예프 루시'(киевская русь)라는 고대국가에서 출발한다. 인종적으로도 우크라이나인과 러시아인은 벨라루스인과 함께 슬라브 혈통을 이어받은 동슬라브족이고, 988년 동방정교(그리스정교)를 수용했다. 정리하면 러시아와 우크라이나는 동일한 슬라브 문명권으로 키예프 루시의 신화와 상징을 공유한 민족적, 언어 문화적, 종교적 운명공동체였다. 독립이후 우크라이나가 탈러 독자노선을 걷고 있지만, 4,600만 인구와 유럽 최대의 영토규모는 향후 러시아의 제국적 부활을 견인할 수 있는 아주 중요한 물적 토대가 된다. 따라서 러시아는 우크라이나와 슬라브 형제애에 기초한 강한 결속력을 유지하고자 하는데, 여기서 모스크바가 키예프의 대외적 진로에 깊은 관심을 투영하는 이유를 찾을 수 있다.

둘째는 국가주권의 영속성과 영토적 안전보장의 확보 문제이다. 독립초기 키예프 정부가 모스크바에 역사적 반감을 드러내면서 탈러 원심력적 경향을 강화하자, 러시아는 우크라이나에 안보적 위협과 함께 노골적인 내정간섭을 시도했다. 실제로 흑해함대와 크림반도의 귀속문제를 둘러싸고 우크라이나의 주권과 안보침식에 대한 도전이 러시아로부터 가해져 왔다. 러시아는 우크라이나 영토 내에 있는 흑해함대의 소유권을 강압적으로 주장하는 가운데 흑해함대의 모항인 크림반도의 세바스토폴 항구에 대한 치외법권적 통치권을 요구했다. 이것이 받아들여지지 않자 러시아 의회는 우크라이나와의 국경선 승인을 거부하면서 크림반도에 대한 우크라이나의 권리 적법성을 재고할 것임을 경고했는데, 러시아 정부의 이런 조치는 우크라이나의 주권과 영토의 전일성을 훼손하는 심각한 위협이었다.[2]

우크라이나의 주권과 안보에 대한 러시아의 위협은 여전히 계속되고 있다. 무엇보다도 러시아가 극도로 예민한 반응을 보이는 사안은 우크라이나의 NATO 가입 문제이다. 2008년 2월 푸틴 대통령은 러시아를 방문한 유센코(Victor Yuschenko) 대통령과 가진 공동 기자회견에서 "우크라이나가 NATO에 가입하면 우크라이나의 주권을 제약할

2 러시아는 구소련의 법적 승계자로서 흑해함대와 기지에 대한 권리를 주장한 반면 우크라이나는 이 함대 기지인 세바스토폴이 자국영토에 있는 만큼 자국이 관할해야한다고 반박하는 등 반목을 빚어왔다.

수 있다", "우크라이나의 NATO 가입은 러시아의 군사적 대응공격 조치 필요성을 제기한다"라고(연합뉴스, 2008/02/13) 공개적으로 천명했는데, 우크라이나의 운명을 지배해왔던 과거의 경험에 비추어 러시아의 이런 경고가 우크라이나의 대외적 행보에 깊은 고민을 제공한다.

셋째는 러시아에 의존적인 우크라이나의 경제구조이다. 우크라이나는 소비에트 시대 때 형성된 분업체계가 그대로 유지되고 있어 러시아에 대한 경제적 의존도가 상대적으로 높다는 구조적 문제점을 지니고 있다. 현재 러시아는 우크라이나의 첫 번째 교역 상대국이다. 2000년 이후 우크라이나의 대러 교역액은 IMF 위기가 있었던 2005년을 제외하고 지속적인 증가세를 이어갔다. 2008년 기준 우크라이나의 대러 수출 및 수입액은 각각 157억 달러(총 수출액의 23.5%), 194억 달러(총 수입액의 22.6%)를 기록했다.[3]

에너지의 경우 우크라이나의 러시아 의존도는 가히 절대적이다. 우크라이나는 전통적으로 군산복합체와 중화학공업이 발달해 있어 고(高) 에너지 소비형 산업구조를 지니고 있다. 우크라이나는 세계 6위 가스 소비국으로 2005년 729억㎥를 소비했다. 연간 소비량 중 약 26%에 해당하는 188억㎥는 국내 생산분으로 채워지지만, 나머지 74%에 해당하는 541억㎥는 전량 러시아로부터 수입한다.[4] 이처럼 러시아에 대한 높은 수준의 교역 및 에너지 의존도가 현실적으로 우크라이나의 과도한 모스크바 세력권 이탈과 대외적 운신의 폭을 제한

3 Госкомстат Украины. "Статистическая информация," http://www.ukrstat.gov.ua/ (2010/01/11).

4 물론 러시아로부터 수입하는 가스의 대부분이 투르크메니스탄에서 생산되고 있지만, 이 가스는 러시아 영토를 지나는 가스관을 통해 수입되고 있다(이유신, 2007: 198-199).

한다.

마지막으로 우크라이나가 대외정책을 전개하는 과정에서 러시아의 영향을 강하게 받을 수밖에 없는 중요한 이유는 지정학적 측면이다. 일찍이 레닌이 "우크라이나를 잃으면 우리는 머리를 잃는다"(если мы потеряем Украину, то потеряем голову)[5]라고 설파한 바처럼, 서방과의 전략적 요충지에 자리한 우크라이나는 오늘날 러시아의 국익 수호, 영토적 안전보장, CIS 통합과 유라시아 강대국으로의 부활 여부를 좌우하는 사활적 위치를 차지한다.

탈 소비에트 국가들 가운데 인구, 영토, 자원, 공업화 등 국력의 종합 면에서 러시아 다음인 우크라이나가 CIS에서 이탈하여 서방세계의 일원으로 흡수될 경우, 파편화된 CIS는 그 유기적인 작동이 마비되고 단지 몇몇 친 러시아 국가들만의 친목단체 수준으로 전락할 수밖에 없다. 또 NATO의 동진이 중부 유럽에 이어 우크라이나를 가로지르면 러시아는 안보적 완충지대를 상실하여 NATO와 직접 맞대면해야 한다. 이는 러시아의 장기적 지정학적 목표인 중·동부 유럽의 중립화를 어렵게 할 뿐만 아니라 러시아의 전략적 방어 '종심'(縱深)을 훨씬 동쪽으로 후퇴시켜 안보적 취약성을 영속화시킨다. 우크라이나의 상실은 흑해에 대한 러시아의 접근을 제한해 제해권 장악을 어렵게 하고, 러시아 해군력의 대유럽 투사능력을 저하시키며, 사활적 이해관계가 걸린 카스피해 연안지역의 석유 가스 자원에 대한 통제권도 약화시킨다(Oliker, 2000: 1-4).

종합하면 우크라이나의 모스크바 영향권 이탈은 러시아의 지전략

5 "В «оранжевой революции» выиграл Путин." http://www.ua-reporter.com/uk/novosti/3616 (2010/01/18).

적 옵션을 크게 제한할 뿐만 아니라, 유라시아의 지정학적 좌표체계를 근본적으로 수정해야 하는 치명적인 타격으로 다가온다. 러시아에게 우크라이나는 NATO의 동진팽창을 차단하는 '방역선'이자 중동부 유럽지역에 대한 영향력 확장의 '징검다리'이며, 흑해와 CIS 지역에 대한 헤게모니 장악의 필수불가결한 '전제조건'인 것이다(Нартов, 2000: 147).

이렇듯 우크라이나가 러시아의 국익구조와 대외전략상 분리할 수 없는 '순망치한'(脣亡齒寒)의 관계라는 점을 감안할 때, 어떻게든 우크라이나의 친서방적 접근을 차단하지 않으면 안된다. 그래서 러시아는 '당근'과 '채찍' 전략을 혼용하면서 우크라이나의 세력권 이탈 방지를 위한 지난(至難)한 외교적 노력을 경주한다. 바로 이점이 우크라이나가 지속적이고 집요한 러시아의 다면적 압력으로부터 자유로울 수 없는 본질적 이유를 구성한다.

2. 나토(NATO)를 앞세운 미국의 포섭

러시아와 반 대칭적으로 우크라이나의 대외정책에 영향을 미치는 중요한 상수(常數)는 미국이다. 기본적으로 미국은 우크라이나의 친서구 지향성을 유도하는 '자장'(磁場)이다. 독립이후 우크라이나는 러시아의 세력권에서 벗어나 서유럽의 정치경제 질서 속에 합류하기 위한 외교적 노력을 전개했는데, 이에 대해 EU와 미국은 다르게 반응했다. EU 집행부는 우크라이나의 EU 및 NATO 회원국 가입에 대해 신중하고 소극적인 반면, 미국은 적극적이고 능동적이었다. EU 집행부와는 달리 미국이 우크라이나를 조속히 EU와 NATO 회원국으로 받아들이려는 배경에는 워싱턴의 다음 두 가지 글로벌 패권전략이 자리 잡고 있다.

첫째는 친미적 성향의 우크라이나의 포섭을 통한 EU내에서 미국의 지도력 강화이다. 주지하듯, EU의 지속적인 동진 확대로 유럽의 정치 지형이 빠르게 바뀌고 있다. 2007년 1월 1일 불가리아와 루마니아가 새로운 멤버로 영입됨에 따라 현재 EU 회원국은 27개국에 이르고, 그 공간적 범위 또한 발칸반도를 넘어 흑해 연안까지 도달했다. 문제는 확장되는 '새로운 유럽질서'를 놓고 미국과 EU 사이에 미묘한 주도권 경쟁이 전개되고 있다는 점이다.

EU 내부의 동학을 관찰해볼 때, EU는 영국을 필두로 한 친미적 그룹의 범 대서양주의 세력과 프랑스와 독일로 대표되는 유럽주의(드골주의) 세력 간의 각축에 의해 견인되고 있다. 영국과 새로운 EU의 멤버들, 특히 과거 러시아의 위협에 늘 시달려왔던 폴란드, 체코, 슬로바키아 등 구 공산권 국가들은 유럽과 NATO에서 미국의 강력한 지도력을 계속해서 지지하고 있다. 한편 유럽합중국 탄생의 주역 프랑스와 독일은 "가장 유럽적인 유럽의 구현", 환언하면 "미국적이지 않은 유럽통합"을(채미화, 2005: 56) 유럽공동체의 근본적인 지향점으로 삼고 있고, 나아가 EU를 미국과 경쟁이 가능한 다극적 세계의 독자적 중심세력으로 만들고자 한다.

EU가 서서히 미국의 도전세력으로 떠오르는 상황에서 워싱턴의 대 EU정책의 핵심은 유럽이 미국의 대항세력이 되기 위해 다수의 국가를 규합하는 것이 불가능하도록 만드는 것이고, 미국 패권이 유럽 대륙에 닻을 내려 장기적으로 EU의 정책을 미국의 지도력에 기반한 외교정책의 명령에 따르도록 하는 것(채미화, 2005)으로 요약할 수 있는데, 그런 측면에서 친미 성향의 우크라이나를 조속히 EU와 NATO에 가입시키는 것은 워싱턴의 전략적 이해에 부합된다.

둘째는 EU 견제와 동시에 러시아의 제국적 야망을 억제하는 지정학적 '급소'로서 우크라이나의 전략적 가치이다. 미국의 대표적 전략가 브레진스키는 우크라이나를 유라시아대륙을 안정적으로 관리하고 러시아의 제국적 복원을 원천봉쇄하는데 있어 중요한 지정학적 추축(樞軸) 국가로 분류한다(Brzezinski, 1997: 128). 그는 모스크바에 의해 주도되는 CIS 통합 노력이 제국주의적 본성을 지니고 있다고 판단하고 미국 중심의 세계지배체제 구축을 위해서는 우크라이나를 러시아로부터 철저히 격리시켜야 한다고 강조한다. 우크라이나가 러시아에 종속될 경우 중동부 유럽 및 CIS 지역에 대한 미국의 영향력 행사가 어려워지고 궁극적으로 소연방의 후속체로서 러시아·우크라이나·벨라루스·카자흐스탄으로 이어지는 유라시아제국이 발현하여 미국의 지정학적 운신의 폭을 크게 제약할 것이라고 경고한다. 따라서 독립적이고 민주적이며 강력하고 번영된 우크라이나를 적극 지원하여 서유럽의 정치경제 구조 안에 편입시킬 것을 워싱턴의 정책 결정자들에게 권고한다. 브레진스키의 훈수대로 미국은 우크라이나에 대규모 차관 공여와 함께 독립성과 자율성을 최대한 지원하고 있고, 동시에 우크라이나의 조속한 서구세계로의 진입을 적극 후원하고 있다.

2007년 4월 미국 부시 행정부는 우크라이나를 포함해 그루지야, 알바니아, 크로아티아, 마케도니아 등 5개국의 NATO 가입 지원을 골자로 한 '자유 강화법'에 서명했다. 이어서 2008년 4월 루마니아에서 개최된 NATO 회원국 정상회담에서는, 결국 러시아의 강력한 반발과 프랑스와 독일의 비협조로 무위로 끝났지만(Katchanovski, 2008: 352-

353) 우크라이나가 제출한 NATO 가입의 전단계인 '회원국 행동계획'(Membership Action Plan; MAP) 가입 신청서의 승인 강행을 시도했다.

우크라이나 입장에서 러시아에 대한 의존과 종속성으로부터 벗어나 주권국가로서의 자주성을 확립하고 영토적 안전보장을 확보하기 위해서는 미국이 주도하는 NATO의 안보우산이 필요하다. EU 집행부가 우크라이나의 회원국 가입에 대해 미온적인 태도를 보이고 있는 상황에서, EU 및 NATO에 강력한 영향력을 행사할 수 있는 미국의 지원이 긴요하다. 또 피폐한 경제회생과 국가적 번영을 위해서는 세계 정치경제 기구를 통제하고 있고 대규모 자본 투자역량과 첨단 선진기술을 보유한 미국과의 관계강화가 절실히 요구된다. 이는 자연스럽게 '브뤼셀'보다는 '워싱턴'과의 정치적 교감신경의 작동을 강화시켜 친미노선을 추동하였고, 그 결과 미국이 우크라이나의 대외정책을 규정하는 중요한 변수로 자리 잡게 된다.

3. 유럽연합(EU)의 계산된 냉대

우크라이나의 대외적 동선 변화에 영향을 주는 또 하나의 구조적 변수는 유럽연합이다. 2004년 폴란드, 헝가리, 슬로바키아에 이어 2007년 1월 루마니아로까지 세력권을 넓힌 EU는 우크라이나의 국가적 지향성을 유인하는 '구심력'으로도 작용하지만, 서구세계로 진입하고자 하는 키예프의 희망을 외면함으로써 오히려 우크라이나를 러시아의 세력권으로 내모는 원심력적 반작용을 제공한다.

우크라이나에 대한 EU, 미국, 러시아의 상이한 정책방향은 간명하게 이렇게 요약할 수 있다. EU는 우크라이나의 회원국 진입을 허락하지 않고 있고, 미국은 EU에 실망한 우크라이나가 러시아로 향하는 것을 차단하기 위해 물적 지원과 함께 NATO 가입을 약속하면서 회유하고 있으며, 러시아는 다양한 형태의 강온 양면 전술을 구사하면서 우크라이나를 CIS쪽으로 끌어당기고 있는 형세다. 미국이 우크라이나를 유라시아 지배권 강화를 위한 패권적 관점에서 바라본다면, EU는 자신의 사활적 이해권역으로 간주하는 러시아와의 공존을 위한 현실 정치적 맥락에서 이해하고 있는데, 이것이 서방으로 통칭되는 미국과 EU의 우크라이나에 대한 접근방식의 차이를 설명해준다. 그렇다면 EU 집행부가 우크라이나의 회원국 가입에 대해 소극적인 이유는 무엇인가? 세 가지 측면에서 설명이 가능하다.

첫째는 유라시아의 강자 러시아의 보복에 대한 두려움과 우려이다(Kuzio, 2006: 89). EU에게 러시아는 유럽에서 함께 공존하는 지리적 이웃일 뿐 아니라 정치적, 경제적, 안보적 이해관계가 아주 밀접히 그리고 직접적으로 교직되어 있는 부담스런 동반자이다. 따라서 EU는 여타 중동부 유럽 국가들과는 다르게 우크라이나의 회원국 수용에 대해서만큼은 러시아를 의식해 심사숙고할 수밖에 없다. 우크라이나를 EU 회원국으로 포함시킬 경우 지정학적으로, 역사적으로 러시아의 불가분의 일부로 간주하는 모스크바의 강력한 반작용을 감수해야 하기 때문이다. 요약하면 미국의 입장과는 상충되게 EU는 유럽통합에 그다지 도움이 되지 않는 우크라이나를 무리하게 끌어들여 유럽 대륙의 강력한 지정학적 행위자인 러시아의 불편한 심기를 건드리는 것에 대한 두려움을 갖고 있다.

둘째 EU 회원국들 사이에 우크라이나를 유럽으로 보지 않고 러시아의 연장선상에서 유라시아 국가로 바라보는 일종의 인식론적 경향이다(White and Korosteleva et al., 2008: 219-241). 러시아라는 요소는 서구로 하여금 우크라이나가 비 유럽국가라는 관점을 지속적으로 갖게 하는 데에 큰 역할을 하고 있다. 우크라이나가 스스로 유럽적 정체성을 강조하고, 지리, 문화, 역사적으로 유럽의 일부분이라는 점을 부각시키고자 노력하고 있지만, 우크라이나가 유럽보다는 차르 왕조와 소비에트 유라시아의 정치문화에 영향을 더 많이 받았다는 것은 엄연한 사실이다(Kuzio, 2001: 169-178). 실제로 초대 대통령 크라프추크에 뒤이어 집권한 쿠츠마 전 대통령의 10년 동안의 통치는 권위주의 그 자체였고, 이는 푸틴 러시아 대통령의 통치양태에서 발견할 수 있는 것처럼 서구적 민주주의와는 다른 완전히 유라시아 스타일이다. 따라서 EU는 유럽과는 이질적인 유라시아적 정치문화를 간직한 12개 CIS 신생국들에게는 회원국 가입 기회를 전혀 제공하지 않고 있다. CIS는 문화적으로 유라시아의 일부로 받아들여졌고, 유럽은 오직 CIS 서쪽 국경까지의 지역으로만 이해되었다. 그러므로 EU는 우크라이나를, 유럽 대륙에 위치하지 않기 때문에 회원국 자격이 없는 북아프리카 국가나 이스라엘과 같은 레벨의 국가로 간주한다(Lynch, 2004: 88-118).

셋째는 유럽대륙에서 미국패권에 대한 견제이다. 새로이 광범위하게 확대된 중동부 및 발칸지역의 유럽연합 국가에 미국의 영향력이 깊숙이 침투되면서 EU 내부에서 결코 유럽적이지 않은 유럽에 대한 우려가 고조되고 있다(채미화, 2005). 드골주의자들은 EU가 미국과 비견되는 경제규모와 정치적 잠재력을 갖는 가운데 독자적인 세력화를 모색하기 위해서는 EU의 공간적 범위 확대가 필요하다고 보았고, 따라서 중동부 및 발칸 유럽 국가들을 대거 회원국으로 받아들였다.

그러나 아이러니하게도 EU 확대의 가장 큰 수혜자는 미국이었다. 친미적 성향의 동유럽 및 발칸지역 탈공산주의 국가들이 EU에 가입함으로써 유럽적 색채가 퇴색되었을 뿐만 아니라, 오히려 유럽대륙에서 미국 패권을 강화시켜주는 결과를 초래했기 때문이다. 이런 상황에서 EU 집행부가 미국의 헤게모니 강화에 기여하는, 동시에 불필요하게 러시아의 반작용을 야기할 수 있는 우크라이나의 EU 및 NATO 가입을 환영할 리 없다.

독립이후 우크라이나는 EU가 제시하는 정치적·경제적 기준을 만족시키기 위한 법과 제도를 개혁하면서 EU 정회원국 지위 확보를 향한 외교적 노력을 꾸준히 전개해 왔다. 그럼에도 불구하고 EU는 우크라이나를 회원국 가입 협상 대상국에조차 포함시키지 않았다. 시장의 불투명성, 부정부패와 관료주의, 과다한 지하경제 규모, 정치적 혼란 등 유럽적 가치기준의 미달이 EU 집행부가 대외적으로 내세운 명분이지만, 사실은 위에 제시한 세 가지 이유가 우크라이나의 EU 가입을 제약하는 본질적 요인으로 보는 게 정확할 것이다. 아무튼 서구세계와의 통합열망을 간직한 우크라이나에게 EU가 안겨준 좌절은 주기적으로 우크라이나의 외교적 좌표 수정을 야기하면서 대러 접근을 유인하는 동인으로 작용하였다.

4. 동·서 분열과 지역주의

독립이후 시장경제국가로의 체제변동, 다원론적 민주주의의 착근, 새로운 정치엘리트의 형성, 사회의 급속한 민주화 과정이 야기한 가치체계와 이해관계 및 정치게임 규칙 변화 등 우크라이나가 신생국으로서 경험한 국내정치적 환경을 고려할 때, 대외정책에 직간접으로 영향을 미치는 대내적 요인의 규정력이 부각된다. 우크라이나의 대외관계에 영향을 미치는 다양한 국내정치적 요인들 가운데 지속성을 갖고 중요하게 작용하는 변수로 동·서 분열과 이에 따른 지역주의 할거를 지적할 수 있다.

우크라이나는 '이중'의 동·서(東西) 문제를 안고 있다. 지정학적으로 동(러시아)과 서(미국 및 EU) 사이의 위치에서 오는 대외 정치적 고민도 있지만, 한국의 영호남처럼 우크라이나의 민심을 극명하게 양분하는 동부와 서부 간 국론분열 현상이 심각하다. 동부와 서부는 수백 년 동안 완전히 다른 역사를 경험했고, 언어, 종교, 문화, 경제 등에서 큰 차이를 보이는데, 동부와 서부에 기반을 둔 지역주의가 우크라이나의 대외정책 방향성에 영향을 주면서 국내정치 상황을 복잡하게 만드는 근본요인이다(중앙일보, 2004/12/24).

하리코프와 돈바스 중심의 동부는 1654년부터 350년 이상 러시아의 지배를 받아 역사, 언어, 문화, 인종적으로 러시아와 밀접하다. 러시아인의 비율이 1/3 이상이고, 종교는 러시아정교가 주류를 이루며 일찍부터 광업과 철강 산업을 중심으로 중화학공업이 발달되어 있다. 반면 20세기 초까지 폴란드, 오스트리아·헝가리 제국의 영향력 아래 있었던 서부는 르비프가 중심으로 우니아트 교회[6]를 주로 믿고 반러적이며 독립적인 우크라이나 민족주의 색채가 강하게 남아 있다. 옛 소련 시절 개발에서 소외되어 산업은 낙후되어 있고, 농업이 주류를

6 "그리스-가톨릭교회" 또는 "동방가톨릭교회"의 다른 표현인 우니아트교회(Uniate Church)는 교회의 수장을 로마 교황으로 하고 성령에 관한 내용은 가톨릭교회와 일치를 이루지만, 전례와 의식은 동방교회(그리스정교)의 방식을 유지한다(황영삼, 2005: 419-449).

이룬다. 우크라이나 국가의 성장 및 발전방향과 관련하여 서부 지역은 개혁 지향적이고 국가의 미래를 러시아보다는 서구에서 찾고 있다. 한편 러시아계 주민이 다수인 동부 공업지대는 우크라이나-러시아 이중국적 허용과 러시아어의 공용화, 대러 경제통합 등 모스크바와의 관계강화를 지향한다.

우크라이나에서 동·서간 분열은 지역주의를 강화하면서 대선과 총선에서 항상 선명하게 표출되어 왔다. 1994년 제2대 대선 때, 서부 지역 출신의 크라프추크(Leonid Kravchuk) 대통령은 드네프르강 이서 지역에서 94%의 지지율을, 친러정책을 천명했던 쿠츠마(Leonid Kuchma) 후보는 동부지역에서 80%의 득표율을 각각 기록하여 심각한 지역갈등을 드러낸 바 있다(연합뉴스, 1994/07/12). 2004년 대선에서도 러시아와의 유대를 강조했던 야누코비치(Victor Yanukovich) 후보는 동부에서, 즉각적인 EU 및 NATO 가입을 주장했던 유센코 후보는 서부에서 일방적 지지를 얻었다. 이처럼 우크라이나에서는 선거 때마다 동·서간에 첨예한 국론 분열과 민심의 양분화 현상이 뚜렷하게 노정되어 오고 있는데, '표심'을 통해 극명하게 표현된 지역주의는 우크라이나 국내 정치는 물론이고 대외정책 결정과정의 중요한 변수로서 작용하고 있다(박정호, 2007: 174).

III. 우크라이나 대외정책의 전개: 과정, 추동력, 결과

1991년 독립이후 우크라이나의 대외정책은 크게 아래 제시한 네 단계의 변화과정을 거쳐 왔다. 이 과정은 대내외적 환경변화에 따른 정책조정의 산물로서 대체적으로 우크라이나에서 정치권력 변동시기와 일치한다. 본 절에서는 앞장에서 언급한, 우크라이나의 대외정책을 규정하는 네 가지 구조적 요인 즉, 미국, EU, 러시아, 지역주의에 초점을 맞추어 우크라이나의 대외정책 변화과정과 그 과정에 개입된 주된 추동력, 그리고 그 과정의 결과로서 나타난 각 지도자별 외교노선의 특징을 압축적으로 설명할 것이다.

1. 탈러접서(脫露接西) 독자노선 (1991.12~1994.7)

국가형성기 크라프추크 정권(1991.12~1994.7)은 오랜 기간 러시아 제국의 그늘 하에서 탈색된 우크라이나의 민족정체성을 재정립하는 가운데 러시아와 일정한 거리감을 두면서 항상 동경해 왔던 서구 문명세계에 접근하기 위한 외교적 노력을 전개했는데, 이는 '탈러접서'(脫露接西) 노선으로 요약된다. 이 시기 탈러접서 노선은 무엇보다도 모스크바로부터의 진정한 자주독립 확보 필요성에 의해 추동되었다.

독립이후 대외정책 영역에서 크라프추크 정권에게 부여된 최우선적 과제는 러시아로부터의 종속적 예속에서 벗어나 명실공이 주권국가로서의 위상을 확보하는 것이었다. 이런 의도는 탈 CIS정책에서 잘 드러난다. 크라프추크 정권은 1992년 2월 러시아가 주도한 CIS 경제통합에 참여를 거부했다. 동년 3월에는 독자군을 창설했으며, 5월 러시아가 CIS 국가들에게 발의하여 형성한 집단안전보장조약(Collective Security Treaty: CST)[7]에도 불참했다. 또 동년 7월 루불화 단일 통화권

7 1992년 5월 형성된 CIS내 집단안전보장조약(Collective Security Treaty: CST)에는 러시아를 비롯하여, 아르메니아, 카자흐스탄, 타지키스탄, 투르크멘스탄, 우즈베키스탄 등 6개국이 참여했다.

이탈을 선언하면서 독자화폐를 발행했고, 1993년 1월에는 민스크에서 채택한 'CIS 헌장'에 투르크멘스탄과 함께 서명을 거부[8]했다.

'유럽으로의 회귀'(возвращение к Европе) 열망도 탈러접서 노선을 견인한 중요한 동인으로 작용했다. 크라프추크의 우크라이나는 주권국가로서 러시아에 대해 자신의 입장을 강화하는 외교적 노력과 병행해 장기적 국가안보와 경제적 기회이익 확대를 위해 스스로를 유럽적 정체성으로 규정하고 서구세계로의 진입을 시도했다. 1992년 7월 처음으로 범 유럽 정부 간 협력기구인 '유럽평의회'[9]에 가입 신청서를 제출해 유럽합류 의사를 드러냈고, 미국 및 서유럽과의 관계 개선을 모색하면서 내심 대규모 경제 지원 및 투자 유치를 기대했었다.

그러나 객관적 현실을 고려하지 않은 성급한 탈러접서 독립노선은 의도와는 다르게 우크라이나의 경제상황을 더욱 악화시켰을 뿐만 아니라 동과 서 사이에서 외교적 고립만을 심화시켜주었다. 탈러접서 노선이 성공하지 못한 이유로 먼저 CIS체제에서 이탈하려는 우크라이나에 대한 러시아의 견제를 지적할 수 있다. 자신의 주도하에 CIS 통합을 희망했던 러시아는 크라프추크 정부가 탈러 움직임을 보이자 크리미아 반도의 반환과 흑해함대 관할권을 요구했고, 우크라이나 경제의 '아킬레스건'인 에너지원 공급에 제한을 가했다. 러시아는 1993년 2월 가스대금 연체를 이유로 가스공급을 14시간 동안 기존 공급량

---

8 우크라이나의 초대대통령 크라프추크는 1993년 1월 22일 벨라루스 수도 민스크에서 개최된 CIS 헌장(Charter) 회의에 참가하였으나 이 초국가적 기구가 자국의 외교와 독립에 장애를 초래할 우려가 있다는 판단 하에 동 Charter에는 서명하지 않았다. 따라서 우크라이나는 CIS Charter에 서명을 하지 않았으므로 정회원국은 아니라는 입장을 견지한다.

9 유럽평의회(Council of Europe)는 정치·사회·문화 및 법적 협력을 도모하기 위하여 1949년 5월 런던에서 창설된 범유럽 정부 간 협력기구이다.

의 1/6로 삭감했다. 1994년 3월에도 가스 거래 관련 부채문제로 가스 공급을 일시 중단했는데, 이는 취약한 우크라이나 경제에 큰 충격을 안겨주었다(서정규, 2006: 73).

탈러접서 노선이 실패로 귀결된 보다 본질적 요인으로 유럽합류를 희망하는 우크라이나에 대한 서유럽과 미국의 '무관심'을 지적할 수 있다. 크라프추크 집권기 키예프의 구애를 서구가 외면한 이유는 첫째, 우크라이나가 1992년의 '리스본 합의'[10]를 거부하면서 비핵화를 이행하지 않았기 때문이고, 둘째는 소연방 해체 직후 미국과 서유럽이 우크라이나를 러시아의 일부분으로 간주하면서 모스크바와의 관계를 우선시했기 때문이다. 당시 옐친의 러시아는 자발적인 친 서방 협조노선을 전개함으로써 미국 및 EU와 밀월협력관계를 유지하였고, 따라서 서구는 우크라이나 문제로 불필요하게 러시아를 자극할 이유가 없었다.

결론적으로 크라프추크 정권의 탈러접서 노선은 러시아의 견제와 서구의 무관심으로 인해 우크라이나의 주권확립에도, 경세 회생에도 기여하지 못했다. 러시아 의회와 행정부는 계속 우크라이나의 국경선을 인정하지 않았고, 서구로부터 기대했던 IMF(국제통화기금), EBRD(유럽개발부흥은행) 등으로부터의 자금 지원과 외국인 투자유치는 아주 미미한 수준에 그쳤다. 그러는 사이 우크라이나 경제는 산업생산의 급격한 감소와 함께 연간 1만%에 달하는 초 인플레이션으로 거

10 1992년 5월 미국과 러시아, 우크라이나, 벨로루시, 카자흐스탄 등 구소련의 핵 보유 4개국은 리스본에 모여 냉전 후 세계의 안전보장을 위해 분산된 핵무기의 일원적 관리 필요성에 인식을 공유하고, 따라서 우크라이나, 벨로루시, 카자흐스탄 3국은 자국내의 모든 핵무기를 러시아로 이관 후 폐기하여 비핵국으로서 핵확산금지조약(NPT)에 가입하기로 합의했다.

의 국가 부도 상태에 직면하게 된다. 이런 상황에서 악화일로의 경제 파탄과 대외정책 방향성 문제, 즉 "서방이냐, 러시아냐"라는 외교적 좌표설정 문제가 보·혁간 권력투쟁의 중심 의제가 되었고, 1994년 6월 우크라이나의 두 번째 대통령 선거에서 핵심 이슈로 등장하게 된다.

2. 친서방적 동·서 균형노선 (1994.7~1999.11)

1994년 6월 실시된 대선에서, 총리를 역임했던 쿠츠마 후보가 크라프추크 대통령의 탈러접서 노선의 부작용을 비판하고 국익 극대화를 위해 소원한 모스크바와의 현실적 유대관계의 복원을 통해 동·서 간 균형 잡힌 대외노선을 추구하자는 이른바 '교량 역할론'을 내세워 당선된다. 쿠츠마 집권 1기(1994.7~1999.11)의 외교공약은 다분히 친러적 성향에 기초했지만, 집권 이후에는 대러관계 개선보다는 오히려 서구에 더 밀착하는 친서방적 정향을 드러냈다. 집권초기 쿠츠마 신정부가 외교적 수사와는 달리 서구 우선론적 대외정책에 경도된 배경에는 몇 가지 이유가 있다.

첫째는 우크라이나가 직면한 현실에 대한 쿠츠마의 냉철한 인식이다. 비록 1,100만 동부지역 유권자의 몰표를 얻은 친러적 공약으로 대권 쟁취에 성공했지만, 집권 이후 실용주의자 쿠츠마는 추락하는 러시아가 빈사상태에 처한 우크라이나 경제의 구원자가 될 수 없다고 판단했다. 통치자로서 당면한 경제위기를 극복하는 가운데 국가개혁이 성공하기 위해서는 무엇보다도 서방의 경험과 지원에 의존하지 않으면 안 된다는 현실을 절감하기 시작한 것이다. 러시아가 여전히 흑해함대 분할과 세바스토폴 영유권 문제를 지속적으로 제기하면서 우크라이나의 주권을 훼손하는 위해(危害)세력으로 남아있는 상황에서 영토적 주권 수호를 위해서도 서구로부터의 안보우산이 필요했다. 바로 이점이 득표 활동을 위한 친러적 공약과 국익을 위한 친서방정책 사이의 간극을 설명한다.

둘째는 서방, 특히 미국의 우크라이나에 대한 환대이다. 서구의 우크라이나 포용은 1990년대 중반 러시아와 서방 사이의 냉각과 밀접한 함수관계를 갖는다. 1994년 초부터 단행된, 탈 소비에트 세력공백지대를 향한 NATO의 동진 팽창과 보스니아 내전 문제 해결을 둘러싸고 서방과 러시아는 첨예한 대립을 보였고, 따라서 밀월협력체제는 서서히 종식되어 갔다. 이즈음, 보다 정확히 크라프추크 집권 말기부터 미국은 우크라이나를 유라시아에서 러시아의 제국적 야망을 제어하는 '고정핀'(Lynchpin) 내지는 '쐐기'(Keystone)로 인식하기 시작하였고(Kuzio, 2003: 22), 그 연장선상에서 키예프를 모스크바로부터 분리하기 위한 다양한 유인책을 제시했다. 여기서 1994년 11월 키예프의 핵 포기 선언과 NPT(핵확산금지조약) 가입은 그 유인책에 탄력을 부여했다.

쿠츠마 집권 1기 미국은 고위급 인적 교류 확대와 더불어 경제 원조를 통해 양자관계를 발전시켜 나갔고, 다자적으로는 NATO, IMF, WTO(세계무역기구) 등을 통해 우크라이나를 지원하기 시작했다. 이 점은 집권 1기 동안 세 차례에 걸친 쿠츠마 대통령의 미국 방문, 클린턴 대통령과 고어 부통령 및 국무·국방장관 등 미국 고위급 인사들의 빈번한 우크라이나 방문, 대규모 IMF 차관 공여[11], 1994년 2월 'NATO-우크라이나 평화를 위한 동반자'(Partnership for Peace; PfP) 프로그램 서명, 1997년 7월 'NATO-우크라이나 특별 동반자협정' 체결, WTO 가입 문호 개방에 대한 묵시적 약속 등에서 확인할 수 있다.

그리하여 쿠츠마 집권 1기 동안 미국과 우크라이나 양국관계는 전략적 동반자 관계로까지 발전한다. 1997년 우크라이나는 이스라엘, 이집트에 이어 세계에서 세 번째로 많은 미국의 원조를 받는 나라가 되었고, 1997년 8월에는 NATO-우크라이나 'Sea Breeze 97' 합동군사훈련을 실시하여 군사적 유대를 과시하였다. 동년 10월에는 CIS 내 반러적 성향의 국가들을 규합하여 모스크바의 역내 패권을 견제하는 다자기구인 '구암'(GUAM)[12]을 조직함으로써 워싱턴의 이익에 봉사했다.

EU도 미국과 공동보조를 맞추면서 우크라이나를 '껴안기' 시작했다. 1994년 6월 'EU-우크라이나 동반자협력협정'(PCA)을 체결하였고[13], 1995년 11월에는 마침내 우크라이나의 유럽평의회 가입을[14] 허

---

11 1994년 8월 우크라이나는 IMF와 첫 번째 협정을 맺고 7억 달러의 체제전환 차관을 제공받았고, 1995~1997년에는 15억 달러의 대기차관을 공여 받았으며, 1998년 9월에는 IMF로부터 22억불의 3개년 확대기금(Entended Fund Facility) 차관까지 확보했다(홍완석, 2000: 121).

12 우크라이나가 선도하는 GUAM은 1997년 10월 스트라스부르에서 개최된 유럽회의에서 CIS내 탈러 지향적 성향의 국가들이 모여 포럼형태로 출범하였고, 2001년 6월 우크라이나에서 개최된 첫 GUAM 정상회담에서 '얄타헌장'(Yalta Charter)을 채택하면서 국제기구적 성격의 다자 지역협력체로 발전하였다. GUAM의 명칭은 애초 가맹국인 네 국가, 즉 그루지야(Georgia), 우크라이나(Ukraine), 아제르바이잔(Azerbaijan), 몰도바(Moldova)의 이니셜을 따서 명명되었으나, 1999년 4월 우즈베키스탄(Uzbekistan)이 가입함으로써 'GUAM'은 한때 5개국의 'GUUAM'으로 확대 되었다. 이후 우즈베키스탄의 이슬람 카리모프 대통령이 2005년 5월 안디잔 사태를 유혈 진압한 뒤 미국 등 서구의 비난에 직면하자 친러주의자로 변신, 구암 탈퇴를 선언하면서 다시 4개국의 GUAM으로 원상복귀 되었다 (Kuzio, 2000: 25-35).

13 "우크라이나와 EU간 PCA 협정"은 1994년 6월 체결되었으나, EU 회원국 의회의 비준 지연으로 4년 후인 1998년 3월 1일에야 발효된다(Wolczuk, 2002: 4).

용하였으며, 1997년 9월에는 최초로 EU-우크라이나 정상회담을 개최하였다. 이런 관계 강화 추세에 힘입어, 비록 반향 없는 메아리에 그쳤지만 쿠츠마 대통령은 1998년 처음으로 EU에 가입하기를 원한다는 입장을 공개적으로 밝혔다.

셋째는 러시아의 전 방위적 압력의 강화이다. 러시아는 독립초기 우크라이나의 친서구적 접근에 대해 온건하게 대처했지만, 쿠츠마 시기에 들어서면서부터 징벌적 성격의 압박에 나섰다. 이는 당시 동유럽을 향해 발진을 시작한 NATO의 팽창에 대한 안보상의 불안을 반영한다. 러시아는 쿠츠마 정부의 친서방 밀착을 차단하기 위해 다양한 지렛대를 동원했는데, 특히 경제적 레버리지를 최대한 활용하였다. 이를테면 크림반도의 역사적 연고권 주장, 크림 자치공화국의 독립 사주, 5억~10억 달러에 이르는 부채상환 독촉, 가스공급 중단 위협, 우크라이나 산 수입품에 대한 부가가치세 20% 인상, 우크라이나 산 수입 설탕에 관세 10% 추가 부과(김병호, 2009: 100) 등이 그것이다. 그러나 러시아의 이런 다면적 압박은 오히려 쿠츠마 정부를 서구의 품안으로 내모는 결과를 초래했다.

쿠츠마 집권 초기 우크라이나와 서방 간 유대 강화에는 러시아에 대한 견제 필요성이라는 동일한 전략관이 기여하기도 했지만, 다른 한편 쿠츠마 정부가 서구와의 협상력을 강화하기 위한 하나의 지렛대로서 러시아를 적절히 활용했기 때문에 가능했다. 쿠츠마는 서구와 우호적 상호작용을 강화하면서도 서방으로부터 더 많은 정치적, 경제적, 안보적 이익을 확보하기 위해 서구와 경쟁관계에 있는 러시아와

14 1992년 7월 제출한 유럽평의회(Council of Europe) 가입신청서가 1995년 11월에 받아들여져 우크라이나는 38번째 정식 회원국이 되었다.

관계개선을 시도했다. 우크라이나의 대외정책 기조가 동·서 균형노선 방향으로 조심스런 변화를 모색한 시점은 쿠츠마 집권 1기 후반부에 이르러서이다.

러시아 또한 NATO의 확대로 유럽의 새로운 질서가 구축되는 상황에서 우크라이나와의 반목이 득보다는 실이 더 많다는 판단 하에, 키예프에 대한 압박보다는 슬라브 형제애에 기초해 우호관계를 강화하는 방향으로 정책 선회를 모색한다. 모스크바와 키예프의 전략적 이해관계의 조응은 교착국면의 양국관계를 해빙시키는 중요한 동인으로 작용하였다. 1997년 5월 옐친 러시아 대통령은 소련 붕괴 이후 처음으로 우크라이나를 국빈 방문하여 오랜 기간 갈등을 빚어온 크림반도의 영유권 및 흑해함대 분할문제를 타결 지었고, 우크라이나의 독립과 영토 보존을 확약하는 상호 우호협력협정을 체결한다. 이로써 러시아와 우크라이나 양국관계는 갈등국면을 벗어나기 시작하고, 1998년 2월에는 에너지 대금 지불 연장을 요체로 하는 경제협력협정을 맺어 조금씩 우호 분위기로 진입한다.

3. 친러적 동 · 서 균형노선 (1999.11~2005.1)

1999년 11월 실시된 세 번째 대선에서, 쿠츠마는 자신의 집권 1기 후반부 러시아와의 관계 복원과 친 서방정책이 결과한 동·서 균형노선의 긍정적 측면들을 부각시키는 가운데 우크라이나의 조속한 유럽-대서양체제 편입을 강조하는 친서방적 공약으로 재선에 성공한다. 그러나 역설적이게도 재집권(1999.11~2005.1) 이후 쿠츠마 대통령은 친러적, 친CIS적 방향으로 외교노선을 급선회한다.

쿠츠마는 2000년 가을 새로운 외교 사령탑을 친서방주의자 보리스 타라슉(B. Tarasyuk)에서 친러주의자 아나톨리 즐렌코(A. Zlenko)로 교체하면서 친러적 외교성향을 본격화한다. 2001년 한 해 동안 쿠츠마는 푸틴 러시아 대통령과 8차례의 정상회담을 가졌고, 2002년 11월에는 친러적 성향의 야누코비치를 총리에 기용함으로써 대러 우선적 정책을 명확히 드러냈다. 2003년 2월에는 러시아가 주도하는 CIS 경제공동체 '단일경제공간'(Single Economic Space; SES)[15]에 참여함으로써 대러 협력의 밀도를 높인다(Сергей, 2005: 99-101).

그 결과 쿠츠마 집권 2기 우크라이나의 대러 관계는 독립이후 10년간의 불화를 종식시키고 가장 긴밀해진 관계로 전환된다. 반면 EU, NATO, 미국 등 대서방과의 관계는 정체되고 악화된다. 그렇다면 집권 2기(1999.12~2005.1) 쿠츠마 정부가 우크라이나의 대외정책을 갑자기 친러적 방향으로 전환시킨 배경은 무엇인가?

첫째는 서방의 우크라이나 내정 간섭에 대한 반발이다. 그동안 우크라이나와 밀월관계를 유지해 오던 서방은 1999년 11월 대선 시기부터 쿠츠마에 대한 불편한 감정을 공개적으로 표출하기 시작한다. 당시 서방은 쿠츠마의 권위주의적 독재를 비판했고, 부정선거 의혹을 제기했으며, 재선 직후 대통령 권한 강화를 골자로 한 개헌의 부도덕성을 문제 삼았다. 이어서 2000년 9월 반정부 언론인 공가제(Gongadze)의

15 '단일경제공간'(SES; Single Economic Space)은 2003년 9월 얄타에서 개최된 CIS 정상회담에서 탄생하였다. SES는 CIS 차원에서 가장 최근에 제안된 다자 경제협력체이며 출범당시 러시아, 벨라루스, 카자흐스탄, 우크라이나가 가입했다. SES의 정책목표로 조세와 재정정책, 환율정책, 이자율정책 등과 같은 거시경제정책에서의 조화, 자본과 상품의 자유로운 이동, 관세동맹의 창설, 단일한 경쟁정책 및 공정한 통상환경 조성 등을 제시하고 있다(고재남, 2009: 142).

실종 살해사건과 2001년 7월 알렉산드로프(Alesandrov) 기자의 구타 사망사건이 쿠츠마 대통령의 지시에 의해 자행되었다는 사실이 알려지면서 서방의 비난 강도는 더욱 거세어졌다. 이때부터 우크라이나는 대외정책에서 서방과의 관계 비중을 낮추기 시작한다.

둘째는 쿠츠마 정부의 기회주의적 외교에 대한 서방의 불신이다. 서구세계가 내세운 반쿠츠마 정서의 표면적 이유는 그가 자행한 독재와 언론 및 인권 탄압이지만, 본질은 집권 1기 후반부터 쿠츠마가 시도한 대러 접근에 대한 불만에 있다. 쿠츠마 정부는 모스크바와의 관계 개선을 지정학적인 현실에 대한 '실용주의적' 대응이라고 설명하지만, 서구세계는 쿠츠마가 자신의 권력 강화와 대외 정치적 이익 확대를 위해 수시로 동과 서의 방향을 바꾸는 기회주의적 외교로 이해했다(Kuzio, 2003: 25). 쿠츠마의 외교정책에 대한 불신의 증폭은 자연스럽게 친서구적 연대를 퇴색시켰고, 우크라이나는 대외적 곤경의 출구를 러시아에서 찾게 되었다.

셋째는 2001년 9·11사태 이후 미·러관계의 개선이다. 9·11 테러사건을 계기로 미국과 러시아가 결성한 반테러 국제적 연대는 우크라이나의 대외적 입지를 축소시켰고, 이후 우크라이나는 서방의 관심에서 멀어져 갔다. 쿠츠마의 독재와 인권탄압에 대한 국제사회의 비난이 고조되면서 형성된 서구와의 위기는 미국이 테러와의 전쟁에 있어서 러시아와 전략적인 협력을 추구하던 시기와 발맞춰 우크라이나와 서방과의 관계를 악화시켰다(Kuzio, 2006: 91). 특히 이 관계는 쿠츠마가 UN의 금수조치 대상국인 이라크에 Kolchuga 레이더 시스템을 판매하도록 허가한 사실을 밝힌 비밀 녹음 테이프가 2002년 9월 미국에 의해 공개되면서 더욱 경색된다. 쿠츠마 집권 1기 형성된 미국과 우크라이나의 전략적 파트너십은 2000년 이래 쿠츠마 정부의 거듭되는 대내외적 스캔들로 흔들리기 시작했으며 우크라이나와 서방의 관계는 가장 낮은 단계로 추락했다.

넷째는 서구세계 진입 좌절에 따른 상실감이다. 서방은 쿠츠마 정부에 대한 반감과 불신의 반작용으로 우크라이나가 오랜 기간 희망해왔던 EU 및 NATO 편입에 대해 정치적·경제적 가입기준 미달이라는 명분을 내세워 수용하지 않았다. 쿠츠마는 서구의 그런 미온적 태도에 실망감을 표했고, 이를 서구가 우크라이나의 친 유럽 정책을 인정하는 것을 지체하는 "계산된 냉대"(Calculated Snub)로 간주하였다(Sherr, 2003: 118-119). 따라서 쿠츠마 정부는 갈길 먼 유럽과의 통합보다는 차라리 이웃 러시아와 실리적인 관계개선을 선택하는 것이 국익 증대에 더 크게 기여할 것이라는 판단 하에 대러 접근을 강화하는 방향으로 정책전환을 시도하게 된다.

마지막으로는 러시아 푸틴 정부의 대 우크라이나 유화정책이다. 크렘린은 서구에 대한 우크라이나의 환멸을 포착한 후 키예프를 CIS 체제에 편입시키기 위해 다양한 당근책을 제시하면서 치밀하게 접근한다. "유럽으로의 회귀"가 불가능해지고 우크라이나에 대한 서구의 냉대와 비난 강도에 비례해 쿠츠마 정부의 친러적 경향이 강화됨에 따라 모스크바는 더 이상 강압적인 방식을 동원할 필요가 없었다. 푸틴은 2001년 5월 거물급 인사인 체르노미르딘(V. Chernomirdin) 전(前) 총리를 우크라이나 대사에 임명함으로써 대외정책에서 우크라이나를 중시하겠다는 신호를 보냈고, 2003년 1월엔 창설 이래 계속 러시아 대통령이 맡아왔던 CIS 회의 의장에 처음으로 쿠츠마 대통령을 천거해 임명했다. 또 쿠츠마 집권 2기 동안 우크라이나에 대 유럽

공급가의 1/4인 '우호가격'으로 가스를 제공했고, 2004년 8월에는 우크라이나에 공급하는 석유에 대해 부가가치세를 면제해 환심을 샀다. 동년 11월에는 우크라이나인이 러시아에 거주등록 없이 90일 동안 머무를 수 있도록 허용했는데, 이 모두는 우크라이나의 대외적 지향성을 친러적 방향으로 유인하기 위한 정책적 노력을 반영한다.

전체적으로 쿠츠마 집권 2기 우크라이나는 서구의 내정간섭에 대한 반발과 모스크바의 포용으로 대러 접근을 강화했지만, 그렇다고 러시아의 세력권으로 들어가 서방과의 갈등적 대립정책을 추구한 것은 아니다. 친러적 외교정향을 보인 가운데서도 악화된 서방과의 관계 개선을 통해 외교적 지렛대를 확대하려는 동·서 균형노선을 꾸준히 모색해 왔다. 이점은 쿠츠마 정부가 서구와의 관계악화에도 불구하고 1999년, 2004년 두 차례의 NATO 확대를 지지했고, 2002년에는 NATO 가입 의사를 공식적으로 표명하였으며, 대미관계 회복을 위해 2002-2004년 사이 세계에서 세 번째로 많은 이라크 지원군을 파병했다는 사실에서 잘 확인된다(타라스 쿠지오, 2009: 263). 한편 이 시기 EU 집행부는 우크라이나의 회원국 가입 문을 굳게 닫았지만[16], 미국은 우크라이나의 NATO 가입 문을 계속 열어두었다. 우크라이나와의 관계 경색국면에도 미국은 2002년 11월 체코 NATO 정상회담에 쿠츠마를 초청했고, 우크라이나의 NATO 가입 가능성을 열어 놓는 'NATO-우크라이나 행동계획'을 채택했다.

---

16 이점은 EU와 우크라이나가 체결한 동반자협력협정(PCA)이 EU가 미래 회원국 지위를 제공할 의사가 없는 주변 국가들과 맺는 우호협력협정이라는 점에서 잘 확인된다.

4. 친서탈러(親西脫露) 노선 (2005.1~2010.2)

국가발전 방향을 유럽으로 향할 것인가, 러시아로 향할 것인가를 두고 재차 민심이 극명하게 양분된 상황에서 실시된 2004년 11월 대선에서, 야당인 천서방 성향의 유센코 후보가 재선거까지 치른 접전 끝에 현직 총리로 출마한 친러파 야누코비치 후보를 누르고 박빙의 승리를 거둔다. 유센코는(2005.1~2010.2) 러시아의 울타리에서 벗어나 NATO 및 EU의 조속한 가입을 통해 서구 문명사회의 일원이 되겠다는 외교공약으로 대통령에 선출되었지만, 그가 강하게 천명한 이른바 '친서탈러'(親西脫露) 노선은 시간이 갈수록 탄력을 잃어갔다.

유센코 정권시기 친서탈러 노선이 추동력을 상실한 이유로 먼저 러시아의 강력한 보복적 응징을 지적할 수 있다. 오렌지 혁명을 통해 우크라이나에 친서방 정권이 들어서면서 러시아는 또다시 수세에 몰렸다. 여기에 워싱턴이 NATO를 앞세워 동유럽을 지나 CIS지역으로까지 세력권 확대를 기도하자 푸틴의 러시아는 강력한 대응압력을 강구하지 않을 수 없었다.

러시아는 유센코 정부에 대한 강력한 응징에 나섰는데, 그 내용은 네 가지 방향으로 진행된다. 먼저 천연가스 공급가격을 인상하고, 우크라이나 수출 물자에 엠바고(반입금지)를 걸며, 배후에서 크림과 흑해함대 문제를 제기하도록 사주하고, 우크라이나의 NATO 가입 문제에 대해 국민들의 불만을 일으키도록 하는 것이다(Aslund, 2009: 263). 이 가운데 가장 주효한 압박은 에너지 공급가의 특혜 박탈이었다. 러시아는 2005년 3월 유센코 정부의 집권과 동시에 가스공급을 국제시장가격으로 대폭 인상할 것임을 통보했다.[17] 유센코 정부가 이를 외면하자 2006년 1월 1일 러시아 가즈프롬(Gazprom)은 가스 공급을 전격 중단했는데, 이런 현상은 2009년 1월에도 반복되었다. 러시아는 매년 가스 공급가격을 인상함으로써 우크라이나 경제를 휘청거리게 만들었고, 이는 선거의 판세가 러시아에 유리한 방향으로 형성되는데 영향을 주면서 유센코 정부의 일방적인 친서구적 행보를 제한하는데 상당한 효과를 발휘했다(Moshes, 2006: 2).

오렌지 연대의 분열도 유센코 정부의 친서구적 성향을 탈색시킨 중요한 요인으로 작용했다. 유센코 대통령은 2005년 2월 오렌지 연대의 중요한 한 축인 티모센코(Yulia Tymoshenko)를 총리로 임명하고 탈러시아, 친 서방정책을 가속화하고자 하였다. 그러나 시간이 지나면서 양자는 국정의 주도권을 놓고 권력투쟁에 매몰되었고, 급기야 유센코는 9월 티모센코 총리를 취임 7개월 만에 전격 해임한다. 그리하여 유센코와 티모센코는 정적관계로 돌변하고 오렌지 연대는 분열하게 되는데, 이는 다가오는 총선에서 야당인 친러진영에게 어부지리의 정치적 이익을 선사한다.

2006년 3월 총선에서 국민들은 유럽 최저인 2%대의 경제성장률, 식료 및 에너지 가격의 급등, 잇따른 부정부패 추문, 쿠츠마 정권 시 자행된 과거청산 지체 등 국정 실정을 들어 오렌지 혁명정부에 등을 돌렸다. 총선 결과 러시아계가 밀집한 동남부 지역을 정치적 기반으로 둔 야누코비치의 '지역당'(Party of Regions)이 제1당이 되었고, 따라서 티모센코와 갈라선 유센코 대통령은 지역당과 대연정을 모색하지 않을 수 없었다. 유센코는 결국 2006년 8월 야누코비치 지역당 당

17 가스프롬은 2005년 당시 1000㎥에 50달러인 대우크라이나 가스 공급가격을 2006년부터 최대 230달러까지 대폭 인상하겠다는 방안을 통보했다.

수를 총리로 임명하고 동거정부를 구성한다.

친러성향의 야누코비치 총리는 취임 이후 즉시 유센코 대통령의 친 서방정책을 압박하고 나섰다. 그는 유센코 대통령의 NATO 가입을 반대했으며, 외무·내무부 장관 등 유센코 정권 내 친서방파를 해임했다. 야누코비치 총리의 견제로 오렌지혁명 이후 급격한 서구일변도 노선을 걸었던 우크라이나의 대외정책은 잠시 주춤거린다.

'친서방 대통령'과 '친러시아 총리'가 국정을 분담하는 '동거정부'는 필연적으로 이념과 정책을 둘러싼 대립을 가져다주었다. 양자 간 불협화음은 결국 대통령의 의회해산으로 이어졌고, 그 결과 재차 2007년 9월 총선이 실시되었다. 9월 총선에서도 지역당이 제1당이 되었지만, 유센코 대통령은 제2당인 '티모센코 블록'(Bloc of Yuliya Tymoshenko)의 당수 티모센코를 다시 총리로 임명, 오렌지 연대를 부활시켰다. 동년 12월 티모센코는 총리 취임 일성으로 다시 조속한 EU 및 NATO 가입 필요성을 역설했지만, 이후 대권에 대한 강한 야망을 간직한 티코센코 총리는 우크라이나의 현실정치에서 모스크바의 영향력을 절감하면서 대외적 정향과 동선을 점차 러시아 방향으로 수정한다.

유센코 정부의 친서구적 좌표 이탈을 촉진한 또 다른 배경은 우크라이나에 대한 서구의 여전한 냉대이다. 오렌지 혁명이후 친서구적 성향의 유센코 후보가 우크라이나 최초의 개혁주의 대통령으로 선출됨에 따라 이에 상응하는 변화가 서구와의 관계에서도 일어날 것이라는 희망이 고조되었다. 말하자면 우크라이나가 조속한 시일 안에 EU와 NATO에 가입하게 될 것이라는 섣부른 낙관론이 널리 퍼지게 된 것이다(*Financial Times*, 2005/01/10). 그러나 시간의 경과와 함께 그런 소망은 당장 현재화될 수 없는 낭만적 기대에 불과한 것으로 판명되었다.

유센코 집권 5년 동안 EU는 여전히 우크라이나를 잠재적 가입후보국(Potential Candidate)으로도 상정하지 않은 채 다양한 명분을 내세워 문호를 개방하지 않았다. NATO 또한 미국의 적극적 지원에도 불구하고 최소한 준 회원국으로도 수용하지 않았다. 이는 EU 회원국이 NATO 회원국과 거의 일치한다는 점을 감안할 때, 미국을 제외한 서구의 중심 국가들이 우크라이나의 서유럽 정치경제 질서 합류를 환영하지 않는다는 것을 의미하다. 이렇듯 우크라이나에 대한 서구의 냉대가 유센코 정부의 친서방적 외교노선을 장기간 표류하게 만들었고, 급기야 2010년 2월 실시된 제5대 대선 결선투표에서 친러주의자 야누코비치 후보가 대통령에 당선되는데 중요한 원인을 제공했다.

Ⅳ. 결론: 우크라이나의 대외정책의 특징과 외교전략

독립 이후 우크라이나의 대외정책 진화과정에서 확인할 수 있듯이, 우크라이나의 외교노선은 대내외적 환경변화, 특히 러시아, 미국, EU, 지역주의가 엮어내는 복합적 동학에 따라 넓은 스펙트럼으로 반(反)/탈(脫)/친(親)/용(用) 러시아 및 서구의 조합을 반복해 왔다. 우크라이나의 대외정책 형성 및 변화과정을 주의 깊게 관찰해 볼 때, 몇 가지 특징적인 현상들이 포착된다.

첫째는 선언적 외교정책과 후속되는 실제적 외교정책 사이에 커다란 괴리가 있었다는 점이다. 쿠츠마 집권 1기와 2기, 심지어 유센코 정부에 이르기까지 우크라이나의 대외정책에서 드러난 공개적 선언과 현실적 노선사이의 간극은 EU, 미국, 러시아 등 강대국들의 압력과 견제에서도 일면 원인이 있지만, 지역주의라는 특수한 국내 정치적 환경에서 비롯된 바 크다. 다니에리(D'Anieri)가 적절히 지적하듯, 동부와 서부에 뿌리를 둔 공고한 지역주의로 말미암아 우크라이나에서는 하나의 정치세력이 권력을 독점하는 것이 사실상 불가능하고 (D'Anieri, 2007: 103-124), 따라서 권력 장악을 위해 동질 또는 이질 세력 간 합종연횡과 이합집산이 수시로 발생한다.[18] 이 과정에서 자연스럽게 제 정치세력 간 국내정책과 외교정책에 대해 타협이 있을 수밖에 없는데, 여기서 동·서 분열에서 기인한 지역주의가 우크라이나 대외정책의 동학을 일정하게 규정하고 있다는 점을 확인할 수 있다.

둘째는 우크라이나의 대외정책이 서방과 러시아, 특히 미·러관계에 의해 크게 영향을 받는다는 점이다. 예컨대 서방과 러시아 사이 협력관계가 형성되면, 우크라이나와 서방과의 관계가 퇴보하는 경향을 띠어왔고, 반대로 서방과 러시아 사이의 관계가 악화되면, 우크라이나와 서방 간의 관계는 향상되어왔다(Мошес, 2003: 8). 실제로 서방이 옐친의 러시아와 밀월 협력체제를 구축했던 시기(크라프추크 집권기)와 2001년 9·11 테러이후 미·러간 반테러 전략적 연대 형성시기(쿠츠마 집권 2기) 우크라이나는 서구로부터 소외되었다.

셋째는 키예프에 대한 정책에서 서구세계의 양대 축인 EU와 미국 사이에 미묘한 온도차가 발견되고, 이것이 우크라이나의 대외정책에

18 2005년 오렌지 연대의 분열, 2006년 8월 여당인 우리 우크라이나당과 야당인 지역당과의 대연정을 단적인 사례로 제시할 수 있다.

영향을 주고 있다는 점이다. 우크라이나의 대외정책을 규정하는 서방의 영향력을 논의할 때, 프랑스와 독일이 중심부 역할을 하는 EU와 NATO를 견인하는 미국을 구분해서 접근하는 신중함이 요구된다. 통상 미국과 EU는 한 덩어리로 서방으로 지칭되지만 각기 우크라이나에 대한 이해관계가 다르기 때문에 상이한 접근방식을 드러낸다.

넷째는 우크라이나의 대외정책이 약소국의 특성을 띄고 있다는 점이다. 우크라이나가 영토, 자원, 인구 면에서 강대국으로 부상하는데 충분한 물리적 잠재력을 지니고는 있지만, 미국, 러시아, EU 등과 비교하면 상대적으로 대외적 영향력은 낮고, 유럽의 역내 문제에 대한 규정력도 떨어진다. 그래서 우크라이나는 특정 강대국에 편승을 시도하거나, 여의치 않을 경우 강대국들 간의 역학관계를 적절히 이용해 국익을 증대시키고 대외적 운신의 폭을 넓히는 이른바 균형정책을 선호한다(강봉구, 2007: 48). 우크라이나는 경제적 번영과 안보를 위해 미국이 주도하는 NATO와 EU에 편승을 시도했지만, 서구의 외면으로 편승이 힘들게 되자 미국과 러시아 간 지정학적 경쟁 구도를 최대한 활용하면서도 어느 한 국가에 지나치게 의존하지 않는, 그럼으로써 자신의 주가를 올리는 실용적 균형노선을 전개해 왔던 게 주지의 사실이다.

위에서 우크라이나 대외정책 진화과정에서 드러난 몇 가지 특징과 동학을 제시했지만, 전체를 종합하는 핵심적인 특징은 우크라이나가 EU, 미국, 러시아의 이해관계가 교차하는 지정학적 완충지대에 위치하기 때문에 대외적 방향성을 설정하기가 쉽지 않다는 점이다. 이런 지정학적 환경이 우크라이나로 하여금 독자적인 외교적 운신의 폭을 제한하고 서방과 러시아 사이에서 '곡예 외교'를 강요한다. 따라서

"우크라이나가 어디로 향하는가?"라는 질문을 받을 때마다, 쿠츠마 전 대통령은 "우리는 '동'이나 '서'로 가지 않고 세계로 간다"고(Kuzio, 2005: 59-68) 되풀이한다.

2010년 우크라이나 대선 레이스 과정에서 야누코비치 후보는 러시아어의 제2공용어 채택, 우크라이나의 NATO 가입 반대, 러시아 흑해 함대 주둔 연장 등 친러적 공약을 내세워 대권을 쟁취했다. 그러나 강대국의 틈바구니에 낀 야누코비치의 우크라이나가 국가적 생존과 경제적 번영을 구가하기 위해서는 변화하는 국제질서에 탄력적으로 대응하는 가운데 냉철한 현실주의에 기초한 신중한 대외전략을 강구하지 않으면 안 된다.

외교정책에서 이의 구체적인 표현이 바로 쿠츠마가 채택했던 '멀티-벡터리즘'(multi-vectorism)이다. '다면주의'로 이해되는 이 표현의 요지는 우크라이나의 외교적 좌표 설정에 항상 고민을 제공하는 서구(미국 및 EU) 벡터와 러시안 벡터 양자 간의 정책적 충돌은 존재하지 않으며, 우크라이나 외교정책의 우선순위와 지향의 문제는 양자택일의 선택의 문제가 아니라 모두를 아우르는 멀티-벡터적이라는 것이다.

이렇게 볼 때 멀티-벡터리즘은 '동·서 가교노선', 또는 '실용주의 외교'로 해석이 가능한데, 현재 야누코비치 정부가 러시아 우선론적 외교노선을 천명하고 있지만, 미국, EU, 러시아 등 세계적 권력 보유자들의 이해관계가 우크라이나에서 첨예하게 교차하고 있고, 이런 상황에서 어떤 특정 국가 및 세력에게 편중적으로 의존하는 일방주의 외교가 현실적으로 어렵다는 지정학적 환경을 감안할 때, 강대국 간의 역학관계를 고도로 활용해 안보와 국익 증진을 모색하는 멜티-벡터리즘이 유일한 대안이 될 수밖에 없을 것이라는 것이 본 연구자의 결론이다.

참고문헌

강봉구. 1999, 『현대러시아 대외정책의 이해』 (서울: 한양대 출판부).

______. 2007, "우즈베키스탄 대외정책의 노선 전환: 미국과 러시아 사이에서," 『슬라브학보』, 제22권 1호: 46-75.

고재남. 2009, "유라시아 내 소지역주의와 우크라이나," 김연규 엮음, 『유라시아의 지역주의적 재편성』 (서울: 경문사): 137-164.

김병호. 2009, "러시아 근외정책의 신 제국주의논쟁: 대 우크라이나 관계를 중심으로,", 한국외대 대학원 국제관계학과 박사학위 논문.

박정호. 2007, "전환기 우크라이나 대외정책의 기본 방향 및 특성연구," 『슬라브학보』, 제22권 3호: 165-191.

서정규. 2006, "러시아와 우크라이나 간 가스분쟁," 『에너지 포커스』, 제3권 1호: 73-90.

이유신. 2007, "상호의존론에 입각한 러시아의 가스거래 분석," 『국제정치논총』, 제47집 4호: 191-212.

채미화. 2005, "'새로운 유럽'을 향한 이상과 현실," 『국제지역정보』, 제9권 1호: 49-61.

타라스 쿠지오. 2009, "우크라이나의 일방 외교정책과 다면 외교정책," 김연규 엮음, 『유라시아의 지역주의적 재편성』 (서울: 경문사): 257-315.

황영삼. 2005, "우니아트 교회성립의 역사적 의의," 『슬라브학보』, 제20

권 1호: 419-449.

홍석우. 2008, 『코자크와 오렌지 혁명의 나라 우크라이나』 (서울: 한국외대 출판부).

홍완석. 2000, "레오니드 쿠츠마, 슬라브권의 이단아," 송기도(편), 『권력과 리더십』 (서울: 인물과 사상).

______. 2008, "우크라이나의 EU 가입 전망: 가능성과 한계," 『국제정치논총』, 제48집 1호: 171-192.

"부시·푸틴 '나토 확대' 또 충돌," 『중앙일보』 (2007년 4월 12일).

"兩國 現 지도자 패배...충격," 『연합뉴스』 (1994년 7월 12일).

"[우크라이나 대선 결선 재투표 D-2] 동서로 갈라진 민심," 『중앙일보』 (2004년 12월 24일).

"푸틴, 우크라이나 나토 가입 시 핵미사일 배치 경고," 『연합뉴스』 (2008년 2월 13일).

Aslund, Anders. 2009, *Ukraine; How Ukraine became a market economy and democracy* (Washington, D.C. : Peterson Institute for International Economics).

Badkhen, Anna. 2004, "Ukraine opposition leader's bold claim of election victory... Hundreds of thousands in Kiev protest vote count," *The San Francisco Chronicle* (November 24).

Brzezinski, Zbigniew. 1997, *The Grand Chessboard* (New York: Basic Books).

D'Anieri, P. 2007, *Understanding Ukrainian Politics. Power, Politics and Institutions* (Armonk, N.Y.: M.E. Sharpe).

Katchanovski, Ivan. 2008, "The Orange Revolution and Political Changes in

Ukraine," *Post-Soviet Affairs,* Vol. 24, No. 4: pp. 351-382.

Kuzio, Taras. 2000, "Promoting Geopolitical Pluralism in the CIS: GUAM and Western Foreign Policy," *Problems of Post-Communism*, Vol. 47, No. 3: 25-35.

______. 2001, "Transition in Post-Communist States: Triple or Quadruple?" *Politics,* Vol. 21, No. 3: 169-178.

______. 2003, "Ukraine's Relations with the West: Disinterest, Partnership, Disillusionment," *European Security,* Vol. 12, No. 2: 21-44.

______. 2005, "Neither East Nor West - Ukraine's Security Policy Under Kuchma," *Problems of Post-Communism*, Vol. 52, No. 5: 59-68.

______. 2006, "Is Ukraine part of Europe's Future?" *The Washington Quarterly*, Vol. 29, No. 3: 89-108.

Lynch, Dov. 2004, "Russia's Strategic Partnership With Europe," *The Washington Quarterly,* Vol. 27, No. 2: 88-118.

Moshes, Arkady. 2006, "Ukraine Between a Multivector Foreign Policy and Euro-Atlantic Integration: Has It Made Its Choice?" *PONARS Policy Memo* (Finnish Institute of International Affairs), No. 426: 1-5.

Oliker, Olga. 2000, "Ukraine and the Caspian: An Opportunity for the United States," *Issue Paper* (Center for Russia and Eurasia, Rand Institute), No. 198: 1-4.

Sherr, James. 2003, "The Dual Enlargements and Ukraine," Anatol Lieven and Dmitri Trenin (eds.), *Ambivalent Neighbors: The EU, NATO, and the Price of Membership* (Washington, D.C.: Carnegie Endowment for International Peace).

Stephen White, Julia Korosteleva, Ian Mcallister. 2008, "A Wider Europe?

The View from Russia, Belarus and Ukraine," *JCMS*, Vol. 46, No. 2: 219-241.

Wagstyl, Stefan. 2005, "Ukraine to Press Ahead in Drive to Join EU," *Financial Times* (June 10).

Wolczuk, Kataryna. 2002, *Ukraine's Policy towards the European Union* (Birmingham, UK: The University of Birmingham).

Нартов, А. 2000, *Геополитика* (М.: ЮНИТИ).

Мошес, Аркадий. 2003, "Двойное расширение и российско-украинские отношения," Горячева Т. А(ed.), *Между Востоком и Западом: Украина и Белоруссия на европейском пространстве* (Московский Центр Канеги: Издательство Гендальф)

Сергей, Толстов. 2005, "Внешнеполитический курс украины после Оранжевой революции," *Центральная Азия и Кавказ,* Vol. 41, No. 5: 95-111.

"В «оранжевой революции» выиграл Путин." http://www.ua-reporter.com/news/3616 (2010 01. 18).

Госкомстат Украины. "Статистическая информация," http://www.ukrstat.gov.ua/ (2010/01/11)

3

우크라이나의 EU 가입 전망

— 가능성과 한계

홍 완 석

I. 서 론

유럽연합(European Union; EU)의 지속적인 동진 확대로 유럽의 정치 지형이 빠르게 바뀌고 있다. 특히 중동부 유럽 국가들이 시장민주주의 체제로 환골탈태하고 EU에 대거 가입함으로써 과거 미소 냉전의 인위적 산물인 동·서 유럽이라는 이분법적 구분이 무의미해졌다. 바야흐로 유럽의 전 대륙을 포괄하는 정치 경제적 대통합이 현실로 다가온 것이다.

실제로 1993년 11월 '마스트리히트 조약'(Maastricht treaty) 발효가 결과한[1] 유럽연합의 공식출범 이래 서유럽 국가들만의 통합 수준에

1 1993년 11월 '마스트리히트 조약'이 발효됨으로써 '유럽연합(EU)'이라는 유럽 단일시장이 완성되게 된다.

머물렀던 EU는 2004년 5월 헝가리, 폴란드, 체코 등 중동부 유럽 10개국을 신규 회원국으로 받아들임으로써 새로운 국면을 맞이했다.[2] 2007년 1월 1일에는 불가리아와 루마니아의 추가 영입을 통해 영역을 동쪽으로 더욱 넓혔다. 그 결과 현재 EU 회원국은 27개국에 이르고, 그 공간적 범위 또한 발칸반도를 넘어 흑해 연안까지 도달했다.

---

2 2004년 5월 EU는 다음 10개국을 신규 회원국으로 받아들였다. 즉, 동유럽의 체코, 헝가리, 폴란드, 슬로바키아, 슬로베니아, 발트해 3국 에스토니아, 라트비아, 리투아니아, 지중해 연안의 사이프러스와 몰타 등이다.

유럽연합의 동진 팽창을 주시하면서 분석가들의 관심은 EU가 과연 어디까지 확장될 것인가에 모아진다. EU는 "유럽의 끝"이 어딘가에 대해 정확한 해답을 제시하지 않고 있다.[3] 유럽연합 회원국들 사이에 논란을 거듭하고 있는, 다소 추상적으로 보이는 이 문제는 유럽의 '경계선'(borderline)이라는 구체적인 제도, 후보국의 기준이 무엇이고 가입조건이 어떤 것인지 등의 현실적 문제와 직결된다.[4] EU의 확대 범위를 둘러싼 회원국 간의 논쟁은 사실 개념상의 유럽과 현실적 유럽 사이의 경계선이 모호함에서 기인한 것이기도 하고, 일면 지정학적·지경학적 고려에서 비롯된바 크다.

유럽의 역사·지리적 범주와 지정학을 고려할 때, EU의 확대에 가장 큰 고민을 제공하는 국가로 터키와 우크라이나를 지목할 수 있다. 터키는 지리적으로 거의 아시아에 속해있고, 언어도 유럽어와 연관성이 없다. 종교 또한 유럽의 기독교와는 이질적인 이슬람교를 신봉한다. 비록 유럽에 3%의 영토를 보유하고 있고 NATO의 정회원국이면서 실질적으로 유럽에서의 중요한 국제관계 행위자이지만, 기독교 문명권인 EU의 유럽적 정체성을 크게 훼손하기 때문에 회원국 모두의 동의를 이끌어 내기가 쉽지 않다.

터키와 달리, 우크라이나의 경우 지리적 위치와 유럽적 정체성 측면에서 EU 회원국으로 가입하는데 큰 무리가 없다. 우크라이나는 지리적으로 이미 EU에 가입한 폴란드, 슬로바키아, 헝가리, 루마니아

---

3 William Pfaff, "Where does Europe end and Asia begin?" *International Herald Tribune*, December 1, 2004.

4 강국, "유럽헌법조약 부결과 정치이념 논쟁," 『월간 사회운동』, 7/8월호 (2005). http://www. movements.or.kr/bbs/view.php?board=journal&id=1317 (검색일: 2007. 06. 12)

등과 국경선을 마주하고 있고, 일찍이 그리스정교(동방정교)를 수용한 기독교 국가이다. 요컨대 우크라이나 국가를 지탱하는 정치, 경제, 사회, 문화, 종교, 기술, 언어, 이데올로기 모두 유럽문명의 산물인 것이다. 따라서 유럽연합 회원국 사이에는 터키와는 달리 정서상 우크라이나의 EU 가입에 대해 상대적으로 거부 반응이 낮다. 실제로 EU 내에서 터키 보다 우크라이나의 가입을 지지하는 여론이 더 우세하다.[5] 그럼에도 불구하고 유럽연합 집행부는 EU의 동진을 루마니아에서 멈춰 섰고, 우크라이나의 EU 가입 허용에 대해서는 유보적인 태도를 보이고 있다. 현재 우크라이나는 회교국 터키까지 포함되어 있는 EU 가입 후보국(Candidate)에서조차도 제외되어 있다.

우크라이나의 EU 가입 문제와 관련하여 몇 가지 의문이 제기된다. 동일한 유럽 문명권임에도 불구하고 왜 EU는 우크라이나의 회원국 수용에 대해 미온적인가? 우크라이나의 EU 진입을 방해하는 대내외적 장애물은 구체적으로 무엇인가? 역으로 우크라이나의 조속한 EU 가입 전망을 밝게 해주는 긍정적 요인은 없는 것인가? 있다면 그것은 무엇이고 어떤 논리에 근거하는 것인가? 궁극적으로 향후 우크라이나의 EU 가입을 어떻게 전망할 수 있을 것인가?

상술(上述)한 문제의식에 기초해 본 연구의 목적은 유럽연합 확대의 "뜨거운 감자"에 해당하는 우크라이나의 EU 가입 제약성과 기회적 요인 그리고 가입 전망을 심층적으로 분석해보는데 있다. 이를 위

5 2005년 3월 세계적 여론조사 기관인 TNS Sofres사가 EU의 6대 강대국(프랑스, 독일, 이태리, 스페인, 영국, 폴란드) 유권자 6천명을 대상으로 실시한 EU 신규 가입국 선호에 대한 여론조사에서 터키보다는 우크라이나가 더 선호되는 것으로 나타났다. 응답자중 55%는 우크라이나가 EU에 편입되기를 희망하고 있으며 터키는 45%의 지지를 받았다. "Voters prefer Ukraine to Turkey," *The Guardian*, march 24, 2005.

해 우선 제Ⅱ장에서는 1991년 주권 회복 이후부터 2006년까지를 시간대로 하여 우크라이나의 대 EU 외교정책 전개과정을 살펴보는 가운데 EU 가입을 위한 국가적 노력을 시계열에 따라 고찰할 것이다. 다음 제Ⅲ장과 제Ⅳ장에서는 각각 우크라이나의 EU 가입을 제약하는 일련의 부정적 요인들과 낙관적으로 전망할 수 있는 기회적 요인들을 동시에 추출하고, 제Ⅴ장 결론에서는 앞장의 분석을 토대로 우크라이나의 EU 가입 가능성과 그 조건을 전망해 볼 것이다.

우크라이나의 EU 가입 문제는 이미 서방과 러시아 학계에서는 상당히 큰 논쟁과 반향을 불러일으키고 있는 중요한 연구 대상이다. 그 이유는 일찍이 미국의 전략가 브레진스키가 역설하듯, 서유럽과 러시아 사이에 자리한 우크라이나가 영토, 인구, 자원, 지리적 위치 면에서 유라시아 패권 향방을 가늠하는 중요한 지정학적 추축(樞軸)국가이고, 따라서 우크라이나의 EU 가입 여부가 냉전 종식 이후 새로운 유럽질서 재편을 둘러싼 미국·EU·러시아 간 세력 상관관계에서 중대한 변동을 초래할 수 있기 때문이다. 활발한 외국 학계의 연구동향과는 대조적으로 국내 학계에서는 상기 논제에 대한 학문적 관심도가 낮고, 체계적인 선행연구 또한 미미한 실정이다. 따라서 본 논문은 그간 국내 학계에서 학문적 연구의 '소외지역'이었던 우크라이나를 독립된 연구대상으로 삼았다는 점에서, 또 유럽연합의 동진확대에 따른 최근의 국제정치적 이슈를 분석한 시의적 성격의 연구라는 측면에서 학술적 의미를 부여할 수 있을 것이다.

II. 우크라이나의 대 EU 외교정책

우크라이나는 1991년 12월 소연방의 해체와 함께 탈 소비에트 공간에서 새롭게 형성된 15개 독립된 국제관계 행위주체 가운데 하나로 등장한다. 초대 대통령 레오니드 크라프추크(Leonid Kravchuk; 1991. 12 ~ 1994. 7)의 대외정책은 우크라이나 국가의 자주적 생존을 보장하는 민족주의 관점에서 출발하였고, 러시아 보다는 유럽과의 관계를 우선시하는, 즉 유럽우선론적 외교정책을 추구하였다. 요컨대 우크라이나의 진정한 자주 독립과 민족의 미래는 러시아보다는 서방에 달려 있다고 보고, 러시아의 울타리에서 벗어나 서구세계로의 접근을 강조하였다. 이점은 우크라이나가 소연방 해체 직후 러시아가 주도한 독립국가연합(CIS) 헌장에 서명하지 않았고[6], 집단안보조약에도 참여하지 않은 사실에서 명확히 확인된다.

독립 초기 우크라이나가 친서탈러(親西脫露)정책을 채택한 이유는 오랜 기간 모스크바의 지배 하에서 예속적 동화를 강요받아왔던 러시아에 대한 역사적 반감, 우크라이나 경제의 러시아 의존성 탈피, 서구의 대규모 경제지원 확보, 우크라이나 국가의 세계 정치 및 경제체제로의 편입, 조속한 시장경제체제의 착근 필요성 등 다양한 수준에서 설명이 가능하다. 우크라이나의 입장에서, 러시아의 영향력이 강하게 작용하는 국내 정치 환경과 경제구조를 근본적으로 개선하고

---

6 우크라이나의 초대대통령 크라프추크는 1993년 1월 22일 벨라루스 수도 민스크에서 개최된 독립국가연합 헌장(Charter) 회의에 참가하였으나 이 초국가적 기구가 자국의 외교와 독립에 장애를 초래할 우려가 있다는 판단 하에 동 Charter에는 서명하지 않았다. 따라서 우크라이나는 CIS Charter에 서명을 하지 않았으므로 정규회원국은 아니라는 입장을 견지한다.

동시에 항구적인 영토적 안전보장을 위해서는 문명화된 서구세계와의 통합이 절대적으로 필요했다. 그래서 우크라이나는 러시아가 결성한 CIS 통합에 부정적이었고, 오히려 서구 정치경제체제로의 편입을 선호하였으며, 그 연장선상에서 EU 및 NATO와의 협력 확대와 궁극적으로 이 기구에의 가입을 희망하였다.

독립이후 우크라이나는 1992년 7월 처음으로 범 유럽 정부 간 협력기구인 '유럽평의회'(Council of Europe) 가입 문을 두드린다. 1994년 2월에는 CIS 국가 중 최초로 나토와 "평화를 위한 동반자"(Partnership for Peace; PfP) 프로그램에 서명한다. 또한 동년 6월에는 EU와도 CIS 국가 중 최초로 기본 협력 관계를 규정한 '동반자협력협정'(Partnership and Cooperation Agreement; PCA)[7]에 서명함으로써 유럽연합과 협력할 수 있는 법적 기초 틀을 마련한다.[8]

1994년 7월 크라프추크에 이어 레오니드 쿠츠마(Leonid Kuchma; 1994. 7 ~ 2005. 1)가 제 2대 우크라이나 대통령으로 등극하는데, 1994년부터 2004년까지 쿠츠마 대통령 두 번의 임기 동안 서구와의 관계 강화는 견고한 연속성을 갖지 못했다. 쿠츠마 집권 10년 동안 유럽대륙과의 통합을 추구하는 선언적 외교정책과 후속되는 실제적 외교정책 사이에는 괴리가 있었다. 이를테면 쿠츠마는 1994년 대선 정책정

7 동반자협력협정은 법규의 조화, 교역상의 협력, 투자협력, 환경보호, 교통, 교육 및 문화 등의 EU-우크라이나 간 다양한 분야의 협력 방향을 규정하고 있는 포괄적 협정이다. Olga Shumylo, *Ukraine and the European Neighbourhood Policy*, CEPS Working Document No. 240, CEPS Brussels, March 2006, p. 2.

8 "우크라이나와 EU간 PCA 협정"은 1994년 6월 체결되었으나, 유럽연합 회원국 의회의 비준 지연으로 4년 후인 1998년 3월 1일에야 발효된다. Kataryna Wolczuk, *Ukraine's Policy towards the European Union* (Birmingham, UK: The University of Birmingham, 2002), p. 4.

강에서는 친러적 성향으로 당선되었지만, 집권 후에는 친 서구노선으로 외교정책 방향을 전환하였고, 1999년 대선에서는 친서구적 공약으로 집권에 성공했지만, 정작 재선 후반부에는 친러적 정향으로 외교노선을 선회했다.

1994년 대선에서 쿠츠마는, 무리한 충격요법으로 우크라이나 경제를 파탄일보 직전으로 몰고 간 크라프추크 대통령의 실정과 아무런 소득 없는 친서방 밀월노선에 맹공을 가했고, 우크라이나 경제의 회생을 위해서는 서구보다는 최대의 에너지 공급원이자 민족적, 종교적 연대국가인 러시아와의 긴밀한 정치적, 경제적 협력관계를 강화해야 한다고 주장했다. 그러나 쿠츠마 집권 1기 우크라이나의 대외정책은 역설적이게도 크라프추크 집권시기보다도 더 친서방적 성향을 보였다. 쿠츠마의 그런 정책변화는 시급한 모라토리엄 선언 위기를 극복하고 우크라이나의 생존을 위해서는 서방의 경제지원이 절대적이라는 냉엄한 현실 인식에 기초하지만, 다른 한편 우크라이나를 러시아의 세력권으로 묶어두기 위해 모스크바가 키예프에 가한 과도한 압박에 대한 반작용에 기인한바 크다.

쿠츠마 집권 1기(1994. 7 ~ 1999. 12) 우크라이나는 세계에서 세 번째로 많은 미국의 원조를 받는 나라가 되었고 서구와의 관계, 특히 NATO와의 관계는 더욱 역동적으로 발전하였다. 1994년 2월 나토의 PfP 프로그램 가입에 따라 우크라이나는 NATO의 군사 훈련과 각종 활동에 동참하기 시작했다. 1995년 9월 불가리아의 흑해 연안에서 실시된 합동군사훈련에 참여한데 이어, 1997년 7월에는 "NATO-우크라이나 간 특별 동반자협정"을 체결했고 동년 8월에는 러시아의 반발을 무릅쓰고 흑해연안에서 NATO-우크라이나 간 합동군사훈련 '해풍

97(Sea Breeze 97)'을 실시했다.

쿠츠마 정권은 NATO와의 관계발전에 병행해 우크라이나를 장기적으로 EU 경제권으로 편입시키기 위한 외교적 노력도 적극 전개했다. 우크라이나는 1992년 7월 제출한 유럽평의회(Council of Europe)[9] 가입 신청서가 1995년 11월에 받아들여져 38번째 정식 회원국이 되었다. 1997년 9월에는 "우크라이나-EU" 정상회담을 개최하고 향후 이를 정례화하기로 합의하였으며, 이런 관계 강화 추세에 탄력을 받아 1998년 처음으로 우크라이나가 EU에 가입하기를 원한다는 입장을 공개적으로 밝혔다. 쿠츠마 정부의 EU 가입 천명은 우크라이나가 이제까지 한번도 EU 가입 의사를 표명한 적이 없는 슬라브 형제국 러시아 및 벨라루스와는 다른 경로에 서있는 국가라는 점을 만천하에 드러낸 것이었다.

한편 쿠츠마 대통령 집권 1기 우크라이나 민족주의의 고양과 탈러 원심력적 경향의 강화는 필연적으로 러시아와 우크라이나 간 지정학적 한랭전선의 원천을 제공하였다. 우크라이나의 서구지향적 대외정책과 그에 따른 러시아의 반작용은 시간의 경과와 함께 양국 간 전방위적 마찰, 즉 정치적(우크라이나의 CIS 통합 및 슬라브연방 창설 거부), 경제적(우크라이나에 대한 러시아의 부채상환 독촉, 가스분쟁, 설탕분쟁), 안보적(우크라이나의 독자적 핵 통제권 행사와 핵 분쟁, CIS 집단안보조약 불참 및 나토와의 합동훈련), 군사적(흑해함대 분

9 유럽평의회(Council of Europe)는 정치·사회·문화 및 법적 협력을 도모하기 위하여 1949년 5월 런던에서 창설한 범유럽 정부간 협력기구이다. 출범 당시 영국, 프랑스, 이탈리아 등 10개국이었으나 2005년 현재 회원국은 46개국이다. EU와는 달리 회원국 가입에 제한을 두거나 각국의 주권 포기를 요구하지 않는 점이 특징이다. 본부는 프랑스 스트라스부르에 두고 있다.

할), 영토적(크림반도 영유권) 대립으로 나타났고, 심지어 정교회의 주도권 장악을 둘러싼 종교분쟁으로까지 발전하였다.[10] 모스크바와 키예프 간 갈등의 증폭은 급기야 우크라이나 민족주의를 반러시아적 방향으로 추동시켰다. 1997년 10월 우크라이나가 CIS 내 반러적 성향의 국가들을 규합하여 조직한 'GUAM'[11]이 적절한 사례가 될 것이다. GUAM은 서구와 정치적 교감신경을 작동하면서 일정수준 러시아의 CIS내 지역패권을 견제하였다.

1999년 11월 쿠츠마 대통령은 친 서방정책을 내세워 재선(1999. 12 ~ 2004. 12)에 성공하지만, 이후 서구와의 우호관계는 쿠츠마의 독재와 언론탄압에 대한 국제사회의 비난이 고조되면서 굴절을 겪게 된

---

10 1991년 우크라이나가 독립하면서 우크라이나 자치 지향적 정교회(Ukraine Autocephalous Orthodox Church)는 스스로 우크라이나 정교회라 칭하면서 러시아 정교회와 분리 독립을 주장하였으나 러시아 정교회는 이를 거부하였다. 러시아 정교회측은 동슬라브족 전체가 하나의 국가를 이루어야하는 형제들로 인식하고 있으며 우크라이나 정교회를 분리주의세력으로 간주한다. Zenon E. Kohut, "History as a Battleground," in S. Frederik Starr, ed., *The legacy of History in Russia and the New States of Eurasia* (Armonk N.Y. : M.E. Sharpe, 1994), pp.129-131; 우준모, "우크라이나 민족과 민족주의의 진로," 『러시아지역연구』, 제1권 (1997), p. 80.

11 우크라이나가 선도하는 GUAM은 1997년 10월 스트라스부르에서 개최된 유럽회의에서 CIS내 탈러 지향적 성향의 국가들이 모여 포럼형태로 출범하였고, 2001년 6월 우크라이나에서 개최된 첫 GUAM 정상회담에서 '얄타헌장'(Yalta Charter)을 채택하면서 국제기구적 성격의 다자 지역협력체로 발전하였다. GUAM의 명칭은 애초 가맹국인 네 국가, 즉 그루지야(Georgia), 우크라이나(Ukraine), 아제르바이잔(Azerbaijan), 몰도바(Moldova)의 이니셜을 따서 명명되었으나, 1999년 4월 우즈베키스탄(Uzbekistan)이 가입함으로써 'GUAM'은 한때 5개국의 'GUUAM'으로 확대 되었다. 이후 우즈베키스탄의 이슬람 카리모프 대통령이 2005년 5월 안디잔 사태를 유혈 진압한 뒤 미국 등 서구의 비난에 직면하자 친러주의자로 변신, 구암 탈퇴를 선언하면서 다시 4개국의 GUAM으로 원상복귀 되었다. Taras Kuzio, "Promoting Geopolitical Pluralism in the CIS: GUAM and Western Foreign Policy," *Problems of Post-Communism*, Vol. 47, No. 3 (May/June 2000), pp. 25-35.

다. 1999년 5월 국제언론인보호위원회(CPJ)는 세계 언론자유의 날을 맞이하여 우크라이나 쿠츠마 대통령을 세계 '언론 10적' 가운데 한명으로 발표하였다. 이런 분위기에서 서구와의 균열은 이른바 '쿠츠마 게이트', 즉 2001년 1월 쿠츠마 정권을 비판해 온 우크라이나 프라우다지 편집장 게오르기 공가제(G. Gongadze)가 쿠츠마의 지시에 의해 납치된 후 살해되었다는 사실을 암시한 녹음테이프가 우크라이나 의회에 제출되면서 심화되었다. 그리고 2001년 9·11 사태 이후 테러와의 전쟁에서 미·러 간 밀월협력관계는 상대적으로 우크라이나와 서방과의 관계를 악화시켰다. 특히 이 관계는 2002년 쿠츠마가 유럽의 제재에 도전하며 이라크에 군사 레이더의 판매를 승인하는 것을 지목하는 녹음테이프가 알려지면서 더욱 증폭되었다. 쿠츠마의 계속되는 독재와 국내 및 국제적 스캔들은 우크라이나를 서방으로부터 더욱 고립시켰다.

2002년 6월 쿠츠마 대통령은 "European Choice"라는 제하의 국정연설에서 EU 가입을 최우선적 국정과제로 선언하였고, 2007년 준회원국, 2012년 정회원국 지위를 획득한다는 계획 하에 EU가 제시하는 정치적·경제적 기준을 만족시키기 위한 법과 제도를 나름대로 정비해나갔다. 그럼에도 불구하고 EU는 쿠츠마 정권의 권위주의, 시장의 불투명성, 부정부패와 관료주의, 과다한 지하경제 규모, 정치적 혼란 등 다양한 이유를 들어 우크라이나를 EU 가입 협상 대상국에조차 포함시키지 않았다. 쿠츠마 대통령은 EU 가입 노력에 별다른 진전이 없자 이에 대한 불만의 표시로 2004년 7월 EU 가입을 당면 국가목표에서 삭제하였다.

그런 현상은 NATO와의 관계에서도 마찬가지였다. 1997년 이래

NATO와 '특별 동반자관계'를 유지해 왔던 우크라이나는 비로소 2002년 NATO 가입 희망을 공식 표명하였다. 쿠츠마 대통령은 2004년 6월 이스탄불에서 개최된 나토 정상회의에 참석하는 가운데 NATO와의 '특별 동반자관계'를 '회원국 행동계획'(Membership Action Plan) 관계로 한 단계 격상시키기 위한 외교적 노력을 전개했다. 그러나 쿠츠마의 희망은 반향 없는 공허한 메아리로 다가왔다. 서방은 우크라이나가 NATO에 편입되기 위해서는 먼저 유럽의 민주적 가치에 부합하는 개혁의 성과를 보여야 한다는 주장을 계속해서 펼쳤다.

쿠츠마 정부는 우크라이나의 EU 및 NATO 가입 노력에 대한 서구의 미온적 태도에 실망감을 표했고, 이를 서구가 우크라이나의 친 유럽 정책을 인정하는 것을 지체하는 "계산된 냉대"(Calculated Snub)로 간주하였다.[12] 따라서 쿠츠마 정부는 갈길 먼 유럽과의 통합보다는 차라리 이웃 러시아와 실리적인 관계개선을 선택하는 것이 국익 증대에 더 크게 기여할 것이라는 판단 하에 대러 접근을 강화하는 방향으로 정책선회를 하게 되는데, 우크라이나의 이런 변신은 NATO와 EU의 동진에 강한 불만을 가져온 러시아의 이익에 부합하는 것이었다.

쿠츠마 정부의 친러노선으로의 정책전환은 무엇보다도 러시아 주도의 CIS 통합에 반대해 왔던 입장 변화에서 확인된다. 2003년 2월 쿠츠마 대통령은 벨라루스, 카자흐스탄, 러시아, 우크라이나를 묶어 EU에 대항하는 경제공동체로서 이른바 '단일경제공간'(Single Economic Space; SES)을 창설하자는 푸틴 러시아 대통령의 제안을 수용해 참여

12 James Sherr, "The Dual Enlargements and Ukraine," in *Ambivalent Neighbors: The EU, NATO, and the Price of Membership*, eds. Anatol Lieven and Dmitri Trenin (Washington, D.C.: Carnegie Endowment for International Peace, 2003), pp. 118-119.

하였다.[13] 모스크바가 주도한 SES에 키예프가 가담하면서 서구 사회는 우크라이나가 그동안 독립국가연합과의 깊은 통합관계를 가지는 것을 반대하는 성향이 줄어든 것으로 인식하기 시작하였다.

우크라이나의 친러적 성향이 심화되는 시점에서 2004년 11월 대선은 대내외적으로 우크라이나의 지정학적 중요성을 각인시키는 국제적 이슈가 되었다. 이점은 2004년 우크라이나 대선이 미·러의 대리전 양상으로 진행되었다는 사실에서 명료히 확인할 수 있다.[14] SES와의 경제통합에 호의적인 입장을 지닌 야누코비치(Victor Yanukovich) 후보는 NATO 회원국이 되는 것을 반대하면서 EU 가입 가능성도 불투명한 것으로 간주하였기에 푸틴 러시아 대통령의 지지를 받았다. 한편 미국의 지지를 받았던 유센코(Victor Yushchenko) 후보는 우크라이나의 조속한 NATO 및 EU 가입을 선거 공약으로 내세웠다. 양 대선 주자간 박빙의 승부에서 부정선거가 폭로되고, 이것이 소위 "오렌지 혁명"으로 불리는 국민들의 저항을 받아 실시된 재선거 끝에 결국 친서구주의자 유센코가 서방의 기대대로 새로운 우크라이나의 대통령에 당선된다.

2005년 1월 집권이후 유센코 대통령은 대선 공약대로 우크라이나의 NATO 및 EU 가입을 적극 추진하였다. 유센코의 우크라이나는 EU의 '인접국가정책'(European Neighborhood Policy; ENP)에[15] 기초해

---

13 Толстов Сергей, Внешнеполитический курс украины после "Оранжевой революции," *Центральная Азия и Кавказ,* 41-5 (Сентябрь/Октябрь, 2005), c. 99-101; 박정호, "전환기 우크라이나 대외정책의 기본 방향 및 특성연구," 『슬라브학보』, 제22권 3호 (2007), p. 182.

14 Anna Badkhen, "2004 Ukraine opposition leader's bold claim of election victory... Hundreds of thousands in Kiev protest vote count," *The San Francisco Chronicle,* November 24, 2004.

'EU-우크라이나 행동계획'(EU-Ukraine Action Plan)을 마련하였고, 이를 통해 EU와 협력 관계를 유지 강화해 나갔다. 내부적으로도 WTO 및 EU 가입 기준을 충족시키기 위해 정치, 경제, 사회분야에서의 개혁을 부단히 진행했다. EU도 오렌지 혁명을 평가하여 우크라이나에 대한 시장경제지위(MES) 부여, WTO 가입 지지, 최혜국대우(Most Favored Nation; MFN), 양측 간 협력관계 긴밀화를 위한 EU-Ukraine Action Plan 확대, 자유무역지대 설립 협상 등 호의적 반응을 보였으나 정작 EU 가입 또는 준 회원국 지위를 바라는 우크라이나 측의 기대에는 크게 미치지 못했다.

Ⅲ. 우크라이나의 EU 가입 제약성

2004년 11월 오렌지 혁명으로 표현된 민주화 물결 이후, 친서구적 성향의 유센코 후보가 우크라이나 최초의 개혁주의 대통령으로 선출됨에 따라 이에 상응하는 변화가 EU와의 관계에서도 일어날 것이라는 희망이 고조되었다. 말하자면 우크라이나가 조속한 시일 안에 EU에 가입하게 될 것이라는 선부른 낙관론이 널리 퍼지게 된 것이다.[16] 유센코 대통령 주변에 포진한 서구적 개혁세력들은 시장개혁의 속도

15 '인접국가정책'(European Neighborhood Policy)은 2004년 5월 EU가 동유럽으로 확장되면서, 확대된 EU가 국경을 새로 맞대게 된 중동부 유럽국가들과 안정적인 협력관계를 유지하기 위해 마련한 EU의 새로운 정책이다. Security cooperation between the EU and its eastern neighbours. http://www.assembly-weu.org/en/documents/sessions_ordinaires/rpt/2005/1895.php#P197_47933 (검색일: 2007. 05. 15)

16 Stefan Wagstyl, "Ukraine to Press Ahead in Drive to Join EU," *Financial Times*, June 10, 2005.

와 민주화된 우크라이나의 모습이 EU로 하여금 그 문을 일찍 열게 할 것이라는 순진한 생각에 사로잡혀 있었다. 그러나 시간의 경과와 함께 그런 소망은 당장 현재화될 수 없는 낭만적 기대에 불과한 것으로 판명되었다.

공개적으로 '친서탈러' 정책을 표방하는 가운데 유럽대륙과의 통합을 열망하였던 유센코 정권의 등장에도 불구하고, EU는 우크라이나를 잠재적 가입후보국(Potential Candidate)으로 상정하지 않는다는 원칙을 세우고 '인접국가정책'(ENP) 범위 내에서 협력을 계속해 나갈 것임을 천명했다. 물론 유럽연합 집행부는 유센코 대통령의 당선으로 우크라이나와 EU 간에 새로운 관계 구축이 필요하다는 점은 인정하고 있다. 하지만 그것은 전적으로 우크라이나의 민주주의 도입과 국내 개혁에 달려있다는 점과 EU 가입 기준 준수를 입증해야 한다는 점을 강조하고 있다.[17] 핵심을 요약하면 당분간 우크라이나에게 EU 가입 문호를 개방할 의사가 없다는 외교적 반어법이다. 여기서 제기되는 한 가지 의문은, 경제적 수준 및 개혁 프로그램에서 우크라이나보다도 한참 뒤떨어진 크로아티아, 마케도니아 등 발칸반도 국가들도 EU 가입 후보국으로 지정된 반면에 왜 EU는 우크라이나를 포용하는데 그렇게 주저하는가라는 점이다. 다음과 같은 몇 가지 요인을 제시할 수 있다.

첫째는 EU의 급속한 확대에 따른 누적된 '피로감'(Enlargement Fatigue)이다.[18] 2004년 폴란드, 헝가리, 체코 등 중동부유럽 10개국과

17 KOTRA, 『우크라이나의 EU 가입 논의 동향 및 전망』(서울: 대한무역진흥공사, 2005), p. 8.

18 Alison Smale and Dan Bilefsky, "Fighting EU Enlargement Fatigue," *International Herold Tribune*, June 19, 2006.

2007년 불가리아와 루마니아가 신규 회원국으로 가입하고, 이어서 크로아티아, 마케도니아, 터키의 가입을 약속하면서 EU의 "흡수 능력"(Absorption Capacity)은 이미 바닥난 상태다. 그 결과 현재 EU는 급속한 세력팽창에 따른 정치경제적 피로감으로 힘겨워하고 있고, 따라서 많은 회원국들은 신규 회원국들을 잘 수용할 수 있는 충분한 기간이 필요하다고 주장하면서 EU의 계속적인 확장에 대해 부정적 입장을 보이고 있다.

이 사안과 관련해서 EU 회원국들 사이에 내재해 있는 불안을 정리하면 이렇다. 즉, 신규 가입국가들의 정치경제적 수준이 떨어진다는 인식; 계속해서 회원국 수를 늘릴 경우 자칫 EU가 FTA 수준으로 퇴보할 지도 모른다는 우려[19]; 회원국들 간 경제력 격차를 줄이기 위한 재정부담 증가에 대한 불만; 가톨릭 중심의 근간을 갖는 EU의 정체성이 훼손될 것이라는 걱정[20]; 회원국들이 더 늘어날 경우 민주주의와 시장경제 등의 원칙을 제대로 관리하기 어려울 뿐만 아니라 의사결정 과정을 더욱 복잡하게 만들어 EU의 안정감을 해친다는 생각 때문에 더 이상 신규 회원국을 받지 말아야 한다는 공감대가 형성되고 있다.

EU 확대의 피로현상은 2005년 5월과 6월, 각기 프랑스와 네덜란드에서 실시된 국민투표에서 EU 헌법안이 부결되었다는 사실에서, 그리고 EU 집행위원장 조세 바로수(Jose Manuel Barroso)가 언급한 "유

---

19 John Peet, "Wider but not deeper," *The Economist,* 20th Edition(The World in 2006). http://www.economist.com/theworldin/europe/displayStory.cfm?story_id=5134019&d=2006 (검색일: 2007. 09. 21)

20 유럽의 정체성은 1) 헬레니즘, 2) 민주주의, 3) 로만 가톨릭을 중심으로 한 christianity로 규정되고, 이 조건이 유럽연합이 중시하는 가입 조건의 내면적 내용이다.

럽은 꽉 찼다"(The European Community is full)라는 표현에서 잘 드러난다.[21] 회원국 사이에 EU 확대에 대한 거부감 고조 때문에 향후 EU 신규 회원국 승인 과정에서 치열한 논란이 예상되는데, 이런 EU 확대의 피로감이 우크라이나의 조속한 회원국 가입 전도를 불투명하게 하는 하나의 요인으로 작용할 것으로 보인다.

둘째는 유라시아의 강자 러시아의 반응에 대한 두려움과 우려이다. 서방과의 전략적 요충지에 위치한 우크라이나는 러시아의 사활적 이해관계가 걸린 매우 민감한 지정학적 공간이다. 우크라이나의 지정학적 중요성은 과거 레닌이 설파한, "우크라이나를 잃으면 우리는 머리를 잃는다"(если мы потеряем Украину, то потеряем голову)[22]라는 언술 속에 명확히 함축되어있다. 전 프랑스 대통령 지스카르 데스탱(Valery Giscard d'Estaing)도 러시아와 우크라이나의 불가분한 관계를 다음과 같이 인정한다. "우크라이나 없는 러시아는 론 알프스(Rhone-Alps) 지방 없는 프랑스와 같다."[23] 영토의 서쪽 날개에 위치한 우크라이나가 서구세계에 편입될 경우, 이는 러시아의 지전략적 옵션을 크게 제한할 뿐만 아니라, 유라시아의 지정학적 좌표체계를 근본적으로 수정해야하는 치명적인 타격으로 다가온다.

역사적, 민족적, 언어 문화적, 종교적 동질국인 4,600만 명의 우크라이나 인구와 한반도 면적의 3배에 해당하는 영토 규모는 향후 러시

---

21 William Pfaff, "European Union Hangs Out Its 'No Vacancy' Sign," *International Herald Tribune,* September 26, 2006.

22 "В «оранжевой революции» выиграл Путин." http://www.ua-reporter.com/news/3616 (검색일: 2007. 09. 18).

23 Taras Kuzio, "Ukraine: The Unfinished Revolution," *European Security Study*, no. 16 (London: Institute for European Defence and Security Studies, 1992), p. 32.

아의 제국적 부활을 견인할 수 있는 아주 중요한 물적, 인적 토대이다. 따라서 키예프가 모스크바와 결별할 경우 슈퍼파워로서 러시아 제국의 재건은 상당한 제약을 받을 수밖에 없다. 나아가 우크라이나의 러시아 궤도권 이탈은 나토의 동진 확장, CIS 분열 가속화, 흑해연안 지역에 대한 독점적 지배권 종식, 카스피 해 유전지대의 경제이익 침탈 등 다중적 국익침식과 안보위협을 제기한다. 종합하면 모스크바에게 키예프는 나토의 동진팽창을 차단하는 '방역선'이자 중동부 유럽지역에 대한 영향력 확장의 '징검다리'이며, 흑해와 CIS 지역에 대한 헤게모니 장악의 필수불가결한 '전제조건'인 것이다.[24] 이렇게 볼 때 크렘린 전략가들에게 우크라이나는 전통적 세력권을 보전하고 유라시아 공간을 둘러싼 미국과의 패권 경쟁에서 우위를 확보하기 위해 반드시 포섭해야 할, 결코 포기하거나 양보할 수 없는 지정학적 '경혈'에 해당한다. 그래서 러시아는 우크라이나를 자신의 세력권으로 묶어두기 위해 '당근'과 '채찍' 전략을 혼용하면서 관리한다.

우크라이나의 친서구적 행보에 대한 러시아의 예민한 반응은 2006년 1월 전 세계의 이목을 집중시킨 '가스분쟁'에서 극명히 확인할 수 있다. 당시 러시아는, EU와 NATO 가입 의지를 공개적으로 천명하고 모스크바의 세력권을 벗어나려는 유센코 정권을 '순치'(馴致)시키기 위해 우크라이나 경제의 '아킬레스건'인 가스공급을 전격적으로 중단한바 있다. 유럽이 러시아산 에너지 의존도가 높고 러시아에서 서유럽으로 향하는 가스 및 송유관이 우크라이나를 통과하고 있다는 점을 감안할 때, 가스공급 중단은 우크라이나뿐 아니라 EU에 대한 경고를 의미하기도 한다. 따라서 EU는 여타 중동부 유럽 국가들과는 다

24 Н.А. Нартов, *Геополитика* (М.: ЮНИТИ, 2000). с. 147.

르게 우크라이나의 회원국 가입에 대해서만큼은 러시아를 의식해 심사숙고할 수밖에 없다. 우크라이나를 EU 회원국으로 포함시킬 경우 지정학적으로, 역사적으로 러시아의 불가분의 일부로 간주하는 모스크바의 강력한 반작용을 감수해야하기 때문이다. 정리하자면, 미국과 달리 EU는 불필요하게 우크라이나를 포섭하여 유럽대륙의 강력한 지정학적 행위자인 러시아의 불편한 심기를 건드리는 것에 대한 두려움을 갖고 있다. 이는 러시아를 EU 멤버로 받아들이지 않는 이상 우크라이나도 회원국으로 받아들이기 힘들다는 의미로 해석이 가능하다.

셋째는 EU 회원국들 사이에 우크라이나를 유럽으로 보지 않고 러시아의 연장선상에서 유라시아 국가로 바라보는 일종의 인식론적 경향이다. 러시아라는 요소는 서구로 하여금 우크라이나가 비 유럽국가라는 관점을 지속적으로 갖게 하는 데에 큰 역할을 하고 있다. 우크라이나가 스스로 유럽적 정체성을 강조하고, 지리, 문화, 역사적으로 유럽의 일부분이라는 점을 부각시키고자 노력하고 있지만, 우크라이나가 유럽보다는 짜르 왕조와 소비에트 유라시아의 정치문화 영향을 더 많이 받았다는 것은 엄연한 사실이다.[25] 실제로 초대 대통령 크라프추크에 이어 집권 10년 동안 쿠츠마 대통령의 통치는 권위주의 그 자체였고, 이는 푸틴 러시아 대통령의 통치양태에서 발견할 수 있는 것처럼 서구적 민주주의와는 다른 완전히 유라시아 스타일이었다.

따라서 EU는 1991년 소련의 해체와 함께 탈 소비에트 공간에서 새롭게 주권국가로 등장한, 유럽과는 이질적인 유라시아적 정치문화를

25 Taras Kuzio, "Transition in Post-Communist States: Triple or Quadruple?" *Politics,* Vol. 21, no. 3 (September 2001), pp. 169-178.

간직한 12개 독립국가연합(CIS) 신생국들에게 회원국 가입 기회를 전혀 제공하지 않고 있다. CIS는 문화적으로 유라시아의 일부로 받아들여졌고, 유럽은 오직 독립국가연합 서쪽 국경까지의 지역으로만 이해되었다. 그러므로 EU는 우크라이나를, 유럽 대륙에 위치하지 않기 때문에 회원국 자격이 없는 북 아프리카 국가와 이스라엘 그리고 EU 회원국이 되는데 어떤 의향도 표현한 적이 없는 러시아와 같은 레벨의 국가로 간주한다.[26]

EU가 우크라이나 및 다른 CIS국가들과 체결한 '동반자협력협정'(PCA)에서 이런 인식의 일단을 읽을 수 있다. PCA는 EU가 미래 회원국 지위를 제공하지 않는 국가들과 맺는 협정이다. EU는 미래 회원국 지위를 제공할 국가들에 대해서는 이른바 '연합협정'(Association Agreement)을 체결한다.[27] 2005년 집권 이후 유센코 정부는 EU에게 우크라이나를 PCA에서 Association Agreement 지위로 격상시켜줄 것으로 요청했지만 거부당했다. 이는 EU가 러시아와 우크라이나를 분리하는 독자적인 정책을 입안하지 않고 있다는 인상을 주기에 충분하다.

우크라이나의 EU 가입을 제약하는 네 번째 요인은 확장되는 '새로운 유럽질서'를 놓고 미국과 EU 사이에 전개되고 있는 미묘한 주도

26 Dov Lynch, "Russia's Strategic Partnership With Europe," *The Washington Quarterly,* Vol. 27, no. 2 (Winter 2003-2004), pp. 88-118.

27 EU의 '연합협정'(Association Agreement)과 '동반자협력협정'(PCA)은 각각 NATO의 '회원국 행동계획'(Membership Action Plan; MAP)과 '평화를 위한 동반자협정'(PfP)과 비슷한 제도이다. NATO의 '회원국 행동계획'(MAP)은 미래의 NATO 회원국들과 체결하는 협정이고, '평화를 위한 동반자협정'(PfP)은 나토와 협정 체결국간 협력관계를 증진시키기는 하지만 협정 체결국이 NATO의 회원국이 될 수 있다는 사실을 의미하지는 않는다.

권 경쟁이다. EU 내부의 동학을 유심히 관찰해보면, 유럽연합은 영국을 필두로 한 친미적 그룹의 범 대서양주의 세력과 프랑스와 독일로 대표되는 유럽주의 세력 간의 치열한 각축에 의해 견인되고 있다. 영국과 새로운 EU의 멤버들, 특히 과거 러시아의 위협에 늘 시달려왔던 구 공산권 국가들은 유럽과 NATO에서 미국의 강력한 지도력을 계속해서 지지하고 있다. 한편 유럽합중국 탄생의 주역 프랑스와 독일은 EU를 미국과 경쟁이 가능한 다극적 세계의 독자적 중심 세력으로 만들고자 한다.

애초 드골주의자들이 꿈꾸었던 유럽공동체의 근본적인 지향은 "가장 유럽적인 유럽", 즉 "미국적이지 않은 유럽통합"을 실현하는 것이었다.[28] 그러나 새로 광범위하게 확대된 중동부 및 발칸 유럽국가에 미국의 영향력이 깊숙이 침투되면서 EU 내부에서 결코 유럽적이지 않은 유럽에 대한 우려가 고조되고 있다. 드골주의자들은 유럽연합이 미국과 비견되는 경제규모와 정치적 잠재력을 갖는 가운데 독자적인 세력화를 모색하기 위해서는 EU의 공간적 범위를 확대하는 것이 필요하다고 보았고, 따라서 중동부 및 발칸 유럽 국가들을 대거 회원국으로 받아들였다. 그러나 아이러니하게도 EU 확대의 가장 큰 수혜자는 미국이었다. 친미적 성향의 동유럽 및 발칸지역 탈공산주의 국가들이 EU에 가입함으로써 유럽적 색채가 퇴색되었을 뿐만 아니라 오히려 유럽대륙에서 미국 패권을 강화시켜주는 결과를 초래했기 때문이다.

냉전기 소련의 지배로 착란적 공러(恐露) 의식을 갖고 있는 중동부

28 채미화, "'새로운 유럽'을 향한 이상과 현실," 『국제지역정보』, 제9권 1호 통권(한국외대 외국학종합연구센터, 2005). p. 56.

유럽 및 발칸국가들은 항구적인 안전보장을 위해서 미국이 주도하는 NATO의 안보우산을 필요로 했고, 동시에 경제부흥을 위해서도 세계 정치경제기구를 통제하고 있는 미국과의 관계강화가 절실히 요구되었다. 이는 자연스럽게 '브뤼셀'보다는 '워싱턴'과의 정치적 교감신경을 강화하는 요인으로 작용하였고, 확고한 대서양 협력의 일방적 틀 속에서 친미적 지지를 강조하는 형태로 발현되었다.

결과론적으로 EU의 동진 확대는 유럽이 미국의 대항세력이 되기 위해 다수의 국가를 규합하는 것이 불가능하도록 만들었다. 드골주의자들 사이에 EU의 동진 확대로 유럽대륙에 닻을 내린 미국 패권이 장기적으로 유럽의 제도를 마비시키고 유럽연합의 정책을 미국의 지도력에 기반한 외교정책의 명령에 따르도록 강제하게 될 것이라는 우려가 팽배하게 되었다.[29] 따라서 뒤늦게 유럽의 확대가 EU보다는 미국의 이익에 기여했다는 자성론이 일게 되었고, 이는 EU의 확대론보다는 신중론, 즉 심화론에 힘을 실어주게 되었는데, 당분간 확대보다는 EU의 개혁과 제도화에 힘을 쏟자는 심화론은 조속한 EU 가입을 열망하고 있는 우크라이나의 입장에서 볼 때 불리한 요소로 작용할 개연성이 높다.

EU 가입을 제약하는 마지막 요인으로 우크라이나의 국론 분열을 지적할 수 있다. 유센코 대통령은 취임하면서부터 EU 및 NATO 가입을 대외정책 영역에서 최우선적인 정책목표로 설정했다. 러시아와 일정한 거리감을 두고 대신 미국, EU, NATO 등 서방세계와의 우호적 협력 작용을 현저히 강화하겠다는 의도이다. 그러나 정적이자 야당

---

29 *IBID.*

당수인 야누코비치 총리는 우크라이나의 EU 및 NATO 가입을 반대하고 오히려 친러정책을 주장한다. NATO 가입은 우크라이나 국민 대다수가 반대하는 만큼 국민투표를 거쳐 결정해야 하고, EU 가입 또한 요원하며 이루어질 수 없는 목표이기 때문에 오히려 주요 에너지 공급원이자 이웃 국가인 러시아와의 관계를 공고히 하는 게 국익에 더 부합한다는 입장을 견지하고 있다.[30] 친러적 성향의 야누코비치 총리가 국정을 이끌고, 동시에 그가 지도하는 '지역당'(Regions of Ukraine)이 제 1당으로서 의회를 장악하고 있는 여소야대의 정국과 우크라이나를 정 가운데로 가로지르는 드네프르 강을 경계선으로 친서방지역과 친러지역이 확연히 구분되는 국론분열이 우크라이나의 조속한 EU 가입을 어렵게 하는 또 하나의 난관을 제공한다.

Ⅳ. 우크라이나 EU 가입의 기회적 요인

앞장에서 우크라이나의 EU 가입을 제약하는 부정적인 요인들을 다양한 각도에서 살펴보았다. 현재 EU가 우크라이나를 회원국에 포함시키는 문제에 대해 미온적인 태도를 보이고 있지만, 향후 우크라이나의 EU 가입을 긍정적으로 전망할 수 있는 요인들도 존재한다.

먼저 유럽 우선론적 대외정책을 추구했던 유센코 정부의 역할을 지적할 수 있다. 과거 쿠츠마 정권시절 때까지 EU의 주요 기구들은 우크라이나의 회원국 가입을 논의하기에는 아직 시기상조라는 반응을 보여 왔다. 물론 2005년 1월 친서방적 성향의 유센코 정권 출범

30 "우크라이나 두 빅토르의 전쟁," 『조선일보』, 2007년 5월 7일자.

이후에도 EU의 그런 입장에는 변함이 없다. 과거나 지금이나 EU가 대외적으로 우크라이나에게 문을 여는 것을 거절하고 있지만, 한 가지 분명한 사실은 상대적으로 이전과는 다르게 우크라이나의 EU 가입에 우호적인 목소리가 점증하고 있다는 점이다. 그런 현상은 최근 EU 지도부 내부의 동향에서 어렵지 않게 관찰된다.

실제로 유럽연합 가입국가들 사이에 우크라이나를 EU 회원국으로 받아들이거나 최소한 EU와 특수 관계 지위를 누리는 나라로 설정, 특혜를 줘야한다는 주장이 공공연하게 제기되었다.[31] 특히 EU 기구 가운데 유럽 의회가 우크라이나의 회원국 진입에 가장 호의적이다. 2006년 4월 유럽 의회는, 비록 구속력은 없지만 EU로 하여금 2008년에 만료되는 '동반자협력협정'(PCA)을 대신해 준 회원국 지위를 부여하는 '연합협정'(Association Agreement) 초안을 작성할 것을 권고하였고, 아울러 우크라이나에 대한 비자편의협정 체결과 WTO 가입을 지지하는 결의안을 채택했다.[32] 이런 일련의 긍정적 움직임은 향후 우크라이나-EU 관계가 지금보다 더 빠른 속도로 개선될 가능성이 있음을 시사한다.

두 번째 요인으로 우크라이나의 EU 가입을 배후에서 적극 후원하는 미국의 암묵적 지지를 지적할 수 있다. 앞서 언급한 바처럼, EU 집행부는 러시아와의 관계를 고려해 우크라이나의 포용에 대해 신중한 태도를 취하고 있다. 이와 달리 미국은 우크라이나의 조속한 EU

31 KOTRA(2005), p. 3.

32 "Ukraine, MEPs say, on firm path towards democracy," Strasbourg, April 10, 2006. http://www.europarl.europa.eu/news/expert/briefing_page/6952-096-04-14-20060331BRI06893-06-04-2006-2006/default_p001c020_en.htm. (검색일: 2007. 09. 25)

가입은 물론이고 NATO 회원국 지위 부여를 주장한다. 미국이 우크라이나의 포섭에 적극적인 이유는 이 나라가 워싱턴의 글로벌 패권 전략, 특히 유라시아 대륙에서 차지하는 지정학적 가치와 밀접한 관련이 있다.

미국의 대표적 전략가 브레진스키는 우크라이나를 유라시아 대륙을 안정적으로 관리하고 러시아의 제국적 복원을 원천봉쇄하는데 있어 중요한 지정학적 추축국가로 분류한다.[33] 그는 모스크바에 의해 주도되는 CIS 통합 노력이 제국주의적 본성을 지니고 있다고 판단하고 미국 중심의 세계 지배체제 구축을 위해서는 우크라이나를 러시아로부터 철저히 격리시켜야 한다고 강조한다. 우크라이나가 러시아에 종속될 경우 중동부 유럽 및 CIS지역에 대한 미국의 영향력 행사가 어려워지고 궁극적으로 소연방의 후속체로서 러시아·우크라이나·벨라루스·카자흐스탄으로 이어지는 유라시아 제국이 발현하여 미국의 지정학적 운신의 폭을 크게 제약할 것이라고 경고한다. 요컨대 브레진스키의 충고는 우크라이나 없이는 러시아가 제국이 될 수 없다는, 즉 우크라이나가 러시아의 제국적 야망을 억제하는 지정학적 '급소'라는 명료한 인식에 기초한다.

따라서 그는 독립적이고 민주적이며 강력하고 번영된 우크라이나를 적극 지원해야 하고, 이를 위해서는 WTO, EU, NATO 등 서구의 정치경제 구조 안에 조속히 편입시킬 것을 워싱턴의 정책 결정자들에게 권고한다. 미국이 EU 내 범 대서양 세력, 즉 영국과 폴란드, 체코, 헝가리 등 친미적 탈 공산주의국가들을 사주해 우크라이나의 EU

---

33 Zbigniew K. Brzezinski, *The Grand Chessboard* (New York: Basic Books, 1997), p. 128.

가입에 우호적 분위기를 연출하고 있는 배경은 바로 이런 맥락에서 이해할 수 있다.

이와 별도로 미국은 우크라이나의 국내 정세를 예의주시하는 가운데 나토 가입을 적극 지원하고 있다. 2004년 11월 대선 공약으로 EU 및 NATO 가입을 천명한 유센코 대통령은 취임 직후 그의 새로운 외교 정책에 발맞추어 NATO와의 관계를 크게 발전시키기 위한 외교적 노력을 전개했고, 2005년 4월 미국 방문 시 부시대통령과 나토 회원국 가입을 위한 심층 협의를 가졌다. 우크라이나의 NATO 가입에 호의적인 입장을 보여 온 부시정부는 2006년 11월 라트비아 수도 리가에서 개최된 나토 정상회의 공동선언문 제38항에서 지난 10년 동안 유지해온 "NATO-우크라이나 간 각별한 파트너십"(NATO-Ukraine Distinctive Partnership)을 특별히 강조했다.[34] 이어서 2007년 4월 10일 미국 부시 행정부는 우크라이나를 포함해 그루지야, 알바니아, 크로아티아, 마케도니아 등 5개국의 나토 가입을 지원하는 것을 골자로 한 '자유 강회법'에 서명했다.[35]

우크라이나의 나토 가입 지원법에 대한 미국의 서명은 우크라이나를 장래 EU 회원국으로 신임 받는 것에 힘을 실어줄 수 있다. 물론 우크라이나 내부의 여론수렴, 즉 나토 가입에 대한 야당과 국민들의 지지가 전제되어야 하지만, 그동안 NATO 회원국이 되는 것은 EU회

---

34 Riga Summit Declaration [29 Nov 2006]. http://www.am.gov.lv/en/news/DomesticNews/2006/november/29-3/ (검색일: 2007. 11. 12)

35 '자유 강화법'은 5개국의 나토 가입을 앞당기기 위해 재정, 군사 지원을 늘려나간다는 내용을 담고 있다. 미국은 당장 내년에 이들 나라에 1200만 달러(약 110억원)를 지원하고, 2012년까지 3000만 달러를 추가로 제공할 계획인 것으로 알려졌다. "부시·푸틴 '나토 확대' 또 충돌," 『중앙일보』, 2007년 4월 12일.

원국이 되기 전에 하나의 절차로 인정을 받았다는 점을 감안할 때, 이러한 상황은 우크라이나에도 적용될 수 있을 것이다.

세 번째 요인으로 비록 더디지만 유럽 연합의 기본 가치와 기준에 부합하려는 우크라이나 정부의 부단한 개혁 노력을 지적할 수 있다. 그동안 우크라이나는 EU가 제시한 정치적·경제적 기준을 만족시키기 위한 제도 개선에 국가적 차원의 노력을 전개해 왔다. 예컨대 개혁정부의 구성과 함께 언론의 자유를 보장했고, 정치체제에서 내각제 요소를 도입했다. 특히 2006년 3월 총선에서 공정한 자유선거를 실시함으로써 우크라이나가 유럽의 가치 기준에 헌신되어있다는 증거를 EU에 처음으로 보여주었다. 유럽연합 진입을 위한 우크라이나 정부의 또 다른 노력은 EU 회원국 국민들에 대한 무비자 입국 허용, 유로화 기준의 정액(定額) 관세 설정[36], EU 규범에 맞춘 제반 법률의 개정 등에서도 확인된다. 이처럼 지속적인 개혁을 통해 유럽연합의 민주주의 척도에 부응하려는 유센코 정부의 일련의 노력들이 EU로 하여금 우크라이나를 장래 회원국 대상에서 제외하는 것을 어렵게 만드는데 일조할 수 있을 것으로 보인다.

비록 세계금융위기의 여파로 많은 어려움을 겪고 있지만, 2000년대 우크라이나의 경제성장과 시장개혁 노력도 EU 가입을 앞당기는 '촉진제'로 작용할 수 있다. 1991년 독립이후 파탄일보 직전까지 내몰렸던 우크라이나 경제가 2008년 세계금융위기 이전까지 가파른 상승곡선을 그려왔다. 2000~2004년까지 5년 동안 연 평균 8.3%의 고도성장을 기록했고, 2004년에는 12.3%의 경이적인 GDP 성장률을 달성했

36 KOTRA(2005), p. 11.

다. 이런 수치는 같은 기간 EU 및 CIS 국가 가운데 가장 높은 경제 성장률에 해당한다. 2005년에는 오렌지혁명의 후유증으로 경제성장률이 2.5%로 하락하였지만, 2006년에는 다시 6.7%로 과거의 성장세를 이어가고 있다.[37] <표 1>에서 확인할 수 있듯이, 우크라이나가 2004년 5월 EU에 가입한 중동부 유럽 신규회원국 10개국에 비해서 훨씬 높은 GDP 성장률을 기록하고 있는데, 이런 고도 경제성장이 우크라이나의 EU 가입 노력에 긍정적으로 반영될 수 있을 것이다.[38]

〈표 1〉 EU 신규회원국 및 우크라이나의 GDP 성장률

(단위: %)

국가	2003	2004	2005	2006
체코	3.1	3.8	3.8	4.0
에스토니아	5.1	5.9	6.0	6.2
사이프러스	2.0	3.5	3.9	4.2
라트비아	7.5	7.5	6.7	6.7
리투아니아	9.7	7.1	6.4	5.9
헝가리	3.0	3.9	3.7	3.8
몰타	0.2	1.0	1.5	1.8
폴란드	3.8	5.8	4.9	4.5
슬로베니아	2.5	4.0	3.6	3.8
슬로바키아	4.0	4.9	4.5	5.2
우크라이나	9.3	12.3	2.5[39].	6.7

출처 : EU Commission, Economic Forecasts, Spring 2007

37 우크라이나의 경제성장은 90년대 중반에 도입한 경제안정화정책(stabilization programme), 1998년 이후 대폭적인 환율 평가절하에 따른 수출경쟁력 회복, 러시아로부터의 가스통관료 수입확대, 쿠츠마 대통령의 강력한 개혁정책 등에 힘입은 바 크다. 이지아, "국별 리포트 - 우크라이나,"『수은 해외경제』, 1월호 (2005), p. 102~108.

38 KOTRA(2005), p. 3.

39 2005년 우크라이나의 경제성장률이 갑자기 추락한 이유는 2004년 12월 대

특히 우크라이나 경제의 급속한 시장경제체제 진입도 EU 가입을 위한 유리한 조건을 형성한다. 우크라이나는 EU 가입의 전제가 되는 소위 '시장경제지위'(Market Economy Status; MES)를 2005년 12월에 EU로부터 부여받았다. 2006년 1월에는 미국으로부터도 MES를 부여받았고[40], 2008년 5월 16일에 우크라이나는 그 동안 준비해왔던 세계무역기구(WTO)에 가입하였다.[41] 이런 친시장적 경제 환경이 우크라이나의 EU 가입 가능성을 높여주는데 기여할 것으로 전망된다.

V. 결론: 우크라이나의 EU 가입 전망

우크라이나는 1991년 12월 구소련으로부터 주권을 회복한 이후 스스로를 유럽적 정체성으로 규정하고 EU 가입을 계속 갈구해 왔다. 우크라이나의 유럽대륙과의 통합노력은 1992년 7월 범 유럽 정부 간 협력기구인 '유럽평의회'(Council of Europe) 가입 문을 두드리면서 시작된다. 1994년 6월에는 CIS 국가 중 최초로 EU와 기본 협력 관계를

선이 초래한 국론분열의 후유증, 친서구적 세계관을 공유한 오렌지 연대의 분열에 따른 정정 불안, 러시아의 경제적 보복 등에서 비롯된 바 크다.

40 Ukraine Achieves Market-Economy Status, U.S. Official Announces. http://usinfo.state.gov/ei/Archive /2006/Feb/21-81476.html (검색일: 2007. 11. 19)

41 우크라이나는 1993년 WTO 가입 신청서를 제출한 이래 가입 조건을 충족시키기 위해 시장개방 법령을 지속적으로 개정해 왔다. 또 WTO 가입의 전제 조건으로 개별국가들과 반드시 체결해야 하는 '상호 상품 및 서비스 교환에 관한 약정'도 2007년 7월 현재 키르기즈스탄 한 나라만을 제외하고 대부분 체결한 상태이다. 따라서 우크라이나는 WTO 가입을 목전에 두고 있는데, 가입이 지연되고 있는 중요한 이유는 러시아의 견제 때문이다. 러시아는 우크라이나의 WTO 가입이 러시아와 동시에 또는 러시아의 가입 이후에 이루어지도록 압력을 가하고 있다.

규정한 '동반자협력협정'(PCA)에 서명했고, 1995년 유럽평의회 정회원 자격 확보 성공에 힘입어 1998년에는 처음으로 EU 가입 의사를 공식 천명한다.

이후부터 우크라이나는 유럽연합 진입을 핵심적 대외정책 과제로 삼고 이를 실현시키기 위해 지난(至難)한 외교적 노력을 경주해오고 있다. 2002년 6월 쿠츠마 대통령은 2007년 준 회원국, 2012년 정회원국의 지위를 획득한다는 계획 하에, EU 가입 조건을 염두에 두고 각종 경제정책을 입안하였다. 2004년 12월에는 EU의 '인접국가정책'(ENP)에 기초해 EU-우크라이나 행동 계획 (EU-Ukraine Action Plan)을 마련하였고, 이를 통해 정치 및 경제 통상 분야에서 EU와 협력 관계를 유지 강화해 나갔다. 특히 우크라이나는 WTO 및 EU 가입 기준을 충족시키기 위해 정치, 경제, 사회분야에서의 개혁을 부단히 진행해 왔고, 제반 법률도 EU의 규범에 맞추어 개정하였다.

우크라이나 정부의 이런 노력에도 불구하고, 2004년 12월 쿠츠마 대통령 집권 시기까지 EU는 유럽적 가치기준의 미달, 즉 성제석 투명성과 시민적 자유 등 서구적 기준에서 우크라이나 민주화 수준이 부족하다는 이유를 들어 EU 가입의 문을 굳게 닫았다. 그러나 2005년 1월 친서구주의자 유센코 정권 출범이후 우크라이나에 대한 EU의 호의적 반응들이 나타났다. 우크라이나에 대한 시장경제지위(MES) 부여, WTO 가입 지지, 최혜국대우 부여, 양측 간 협력관계 긴밀화를 위한 EU-Ukraine Action Plan 마련, 자유무역지대(FTA) 설립 협상 등이 그 적절한 사례가 될 수 있다.

유센코 대통령은 2007년부터 EU 가입 협상을 개시하고 최소한 2015년까지는 가입을 실현한다는 목표를 설정해 놓았다. EU 집행위원회 대변인 프랑스와 르베일(Francoise Le Bail)은 유럽의 어떤 국가도 EU에 가입 신청을 할 수 있다고 발언하였는데[42], 이는 그동안 우크라이나의 EU 가입 논의 자체를 거부하던 입장에서 논의를 수용하는 방향으로 입장이 선회하고 있음을 보여주었다. 그러나 EU 집행위는 여전히 우크라이나가 보다 더 성숙한 민주주의의 도입과 더 많은 시장경제 지향적 개혁이 필요하다는 점을 강조하는 가운데 단기간 내에 우크라이나의 EU 가입 가능성은 배제하고 있고, 오히려 기존의 인접국가정책(ENP)과 EU-우크라이나 간 PCA 협정을 통해 양자 간 협력의 밀도를 높이는 것을 선호하고 있다. 그렇다면 앞으로 우크라이나의 EU 가입은 어떻게 전망할 수 있을 것인가?

우크라이나의 EU 가입은 일차적으로 우크라이나의 시장화 및 민주화 정도, EU 가입요건 충족 여부, 우크라이나의 국내 여론 및 정세, EU 회원국 간 정체성 논쟁, EU 확대의 피로감 등 양자적 수준의 내부적 요인에 의해 중요하게 영향을 받을 것으로 보인다.[43] 그러나 유라시아 공간에서 우크라이나가 차지하는 지정학적 중요성을 숙고할 때, 우크라이나의 유럽연합 가입 문제는 단순히 우크라이나와 EU 관계라는 양자적 수준에 머무르지 않고, 본질적으로 미국과 러시아를 포함해 4자가 개입된 다자게임에 의해 결정될 것으로 판단된다.

2004년 이래 중동부 유럽 국가들의 대거 EU 가입으로 형성된 '새로운 유럽'의 지도는 점차 동진해 러시아의 패권지역까지 잠식하고 있다. 하루가 다르게 새로운 유럽의 지도가 그려지는 동안 기존의 EU

---

42 "EU cool to early entry by Ukraine," *International Herald Tribune*, January 15, 2005.

43 Н. Кухарская, "украина и европейский союз," *Мировая экономика и международные отношения*, No. 1, 2005. с. 106.

국가들에게는 결코 "유럽적이지 않은 유럽"에 대한 심각한 우려가[44], 미국에게는 탈 동유럽 공산권 국가들을 포섭해 견고한 대서양동맹을 구축하려는 패권적 야망이, 그리고 러시아에게는 자국의 전통적 세력권을 복원하고 통제권을 강화하려는 강한 의지가 상호작용하면서 중층적으로 오버랩되고 있는데, 이 새로운 유럽지도에서 EU와 미국, 그리고 러시아의 이해가 직접적으로 교차하는 지점이 바로 우크라이나이다.

우크라이나가 포지한 잠재적 현실적 국력과 지정학적 가치를 감안할 때, 우크라이나가 새로이 구축되는 정치지형에서 어디에 속하는가는 유럽의 미래에 매우 중요한 요소가 된다. 우크라이나의 유럽연합 가입문제에 러시아, EU, 미국이 깊은 이해관계를 투영하고, 배후에서 그들의 의도가 민감하게 반영될 수밖에 없는 이유가 바로 여기에 있다. 이렇게 볼 때 우크라이나의 EU 가입 문제는 다양한 요인들에 의해 영향을 받겠지만, 무엇보다도 새로운 유럽질서를 둘러싼 미국, EU, 러시아의 주도권 경쟁 맥락 속에서 이해되어져야 한다.

우크라이나의 EU 가입은 지정학적 역학구조상 새로운 유럽질서의 향방에 큰 변화를 가져다 줄 수 있기 때문에 EU 집행부는 조심스럽고 신중한 입장을 보일 수밖에 없다. 이로부터 도출할 수 있는 한 가지 결론은, EU가 외연적으로는 우크라이나의 가입 조건 미흡을 명분으로 내세우고 있지만, 사실은 정치적 고려가 크게 작용하고 있다는 점이다. 우크라이나의 EU 가입은, 터키의 경우와 마찬가지로 경제논리 보다는 정치논리가 더 깊게 개입되어 있는 것이다. 따라서 향후

44 채미화(2005). p. 54.

우크라이나의 EU 가입 시기는 가입조건 충족이라는 기술적인 문제 해결과 병행하여 EU, 미국 그리고 러시아 3자간의 관계 설정에 의해 크게 좌우될 것이라는 게 필자의 소견이다.

참고문헌

강국, "유럽헌법조약 부결과 정치이념 논쟁," 『월간 사회운동』, 7/8월호 (2005). http:// www.movements.or.kr/bbs/view.php?board=journal&id=1317

우준모, "우크라이나 민족과 민족주의의 진로," 『러시아지역연구』, 제1권(1997).

박정호, "전환기 우크라이나 대외정책의 기본 방향 및 특성연구," 『슬라브학보』, 제22권 3호(2007).

이규영, "탈사회주의와 '중부'유럽의 재발견," 『국제정치논총』, 제40집 1호(2000).

이지아, "국별 리포트 - 우크라이나," 『수은 해외경제』, 1월호(2005).

채미화, "'새로운 유럽'을 향한 이상과 현실," 『국제지역정보』, 제9권 1호 (2005).

KOTRA, 『우크라이나의 EU 가입 논의 동향 및 전망』(서울: 대한무역진흥공사, 2005).

"몸집 불린 EU, 세계경제 주도한다," 『세계일보』, 2007년 1월 9일.

"부시·푸틴 '나토 확대' 또 충돌," 『중앙일보』, 2007년 4월 12일.

Armstrong, John A. "Ukraine: Evolving Foreign Policy in a New State," *World Affairs,* 167-1 (Summer 2004).

Badkhen, Anna. "2004 Ukraine opposition leader's bold claim of election victory... Hundreds of thousands in Kiev protest vote count," *The San*

Francisco Chronicle, November 24, 2004.

Brzezinski, Zbigniew. *The Grand Chessboard* (New York: Basic Books, 1997).

"EU cool to early entry by Ukraine," *International Herald Tribune*, January 15, 2005.

Kataryna Wolczuk. *Ukraine's Policy towards the European Union* (Birmingham, UK: The University of Birmingham, 2002).

Kohut, Zenon. "History as a Battleground," in S. Frederik Starr, ed., *The legacy of History in Russia and the New States of Eurasia* (Armonk N.Y. : M.E. Sharpe, 1994).

Kubicek, Paul J. *The European Union and Democratization* (London: Routledge, 2003).

Kuzio, Taras. "Promoting Geopolitical Pluralism in the CIS: GUAM and Western Foreign Policy," *Problems of Post-Communism*, 47-3 (May/June 2000).

______. "Transition in Post-Communist States: Triple or Quadruple?" *Politics,* 21-3 (September 2001).

______. "Ukraine: The Unfinished Revolution," *European Security Study*, no. 16 (1992).

Lynch, Dov. "Russia's Strategic Partnership With Europe," *The Washington Quarterly,* 27-2 (Winter 2003-2004).

Moshes, A. "Ukraine Between a Multi-Vector Foreign Policy and Euro-Atlantic Integration," *PONAS Policy Memo,* 426 (December 2006).

Peet, John. "Wider but not deeper," *The Economist,* 20th Edition(The World in 2006). http://www.economist.com/theworldin/europe/displayStory.cfm?story_id=5134019&d=2006

Pfaff, William. "European Union Hangs Out Its 'No Vacancy' Sign," *International Herald Tribune,* September 26, 2006.

______. "Where does Europe end and Asia begin?" *International Herald Tribune*, December 1, 2004.

Pirie, Paul. "National Identity and Politics in Southern and Eastern Ukraine," *Europe-Asia Studies,* 48-7 (1996).

Riga Summit Declaration [29 Nov 2006]. http://www.am.gov.lv/en/news/DomesticNews/ 2006/november/29-3/

Security cooperation between the EU and its eastern neighbours. http://www.assembly-weu.org/en/documents/sessions_ordinaires/rpt/2005/1895.php#P197_47933

Sherr, James. "The Dual Enlargements and Ukraine," in *Ambivalent Neighbors: The EU, NATO, and the Price of Membership*, eds. Anatol Lieven and Dmitri Trenin (Washington, D.C.: Carnegie Endowment for International Peace, 2003).

Shumylo, Olga. *Ukraine and the European Neighbourhood Policy*, CEPS Working Document No. 240, CEPS Brussels, March 2006.

Smale, Alison and Bilefsky, Dan. "Fighting EU Enlargement Fatigue," *International Herold Tribune*, June 19, 2006.

Ukraine Achieves Market-Economy Status, U.S. Official Announces. http://usinfo.state.gov/ei/Archive /2006/Feb/21-81476.html

"Ukraine, MEPs say, on firm path towards democracy," Strasbourg, April 10, 2006. http://www.europarl.europa.eu/news/expert/briefing_page/6952-096-

04-14-20060331BRI06893-06-04-2006-2006/default_p001c020_en.htm.

"Voters prefer Ukraine to Turkey," *The Guardian*, march 24, 2005.

Wagstyl, Stefan. "Ukraine to Press Ahead in Drive to Join EU," *Financial Times*, June 10, 2005.

В «оранжевой революции» выиграл Путин. http://www.ua-reporter.com/news/3616

Сергей, Толстов. Внешнеполитический курс украины после "Оранжевой революции," *Центральная Азия и Кавказ,* 41-5, 2005.

Нартов, Н.А. *Геополитика* (М.: ЮНИТИ, 2000).

Кухарская, Н. "украина и европейский союз," *Мировая экономика и международные отношения*, No. 1, 2005.

4

우크라이나의 정치권력과 정치체제 변화

— 유센코와 야누코비치 정권을 중심으로

박 정 호

I. 서 론

1991년 소연방이 해체됨에 따라 우크라이나는 포스트소비에트 공간의 신생주권국으로 등장하게 되었다. 다른 탈 소비에트 국가들과 마찬가지로, 독립 이후 우크라이나 정부도 체제이행을 포함한 국가건설(State Building) 작업에 착수해야 했다. 이는 정치적 민주화, 경제적 시장화, 국가의 운영 및 관리에 필요한 제도와 기반 구축, 고유한 민족 정체성 확립 등 '사중의 대변혁'(Quadruple Transformation)을 의미하였다.[1] 여기서 중요한 사실은 우크라이나가 과거 공산당 주도의 권

1 더 자세한 내용은 다음의 논문을 참고하기 바람. Taras Kuzio, "The National Factor in Ukraine's Quadruple Transition," *Contemporary Politics*, Vol. 6, No. 2 (June 2000), pp. 143-164.

력 독점체제로부터 탈피하게 되었다는 점이다. 정치적으로 우크라이나는 이전 시기보다 개방적이며, 민주적 형태의 국가로 발전할 수 있게 되었다. 탈 소비에트 우크라이나의 경우, 일련의 민주적 선거과정과 2004년 무혈 시민혁명을 통해 정치권력과 정치체제의 변동이 발생하였기 때문에 절차적 차원의 민주주의 체제가 확립될 수 있었다.[2] 그 결과 우크라이나는 독립국가연합(CIS) 국가 중에서 가장 민주적인 국가라는 대외적 평가를 받고 있다.[3]

우크라이나 지도부는 지난 20여년 동안 탈 소비에트 체제전환과 국가형성을 목표로 한 다양한 정책적 노력을 기울여 왔는데, 바로 이 과정에서 매우 독특한 성격의 정치변혁을 경험하게 되었다. 이를 통시적으로 정리하면, 크라프추크(Kravchuk)의 체제이행 작업과 민족공산주의 정치체제, 쿠츠마(Kuchma)의 국가 재건설 노력과 권위주의 정치체제, 유센코(Yushchenko)의 오렌지 시민혁명과 민주주의 정치체제, 야누코비치(Yanukovich)의 반동정치와 권위주의 정치체제로 구분해 볼 수 있다.

이처럼 우크라이나의 정치권력과 정치체제 변동은 집권시기마다 다양한 형태로 표출되어 왔다. 이 가운데 2004년 대선과정에서 발발

---

2 독립 이후 우크라이나에서는 대선(1991년, 1994년, 1999년, 2004년, 2010년)과 총선(1998년, 2002년, 2006년, 2007년)이 민주적 절차에 따라 시행됨으로써 정치과정의 제도화와 절차적 차원의 민주주의가 확립되어 가고 있다고 볼 수 있다.

3 Freedom House에서 발간한 자료를 보면, 우크라이나는 CIS 국가 가운데 최초로 "자유로운"(free) 등급을 부여받았던 국가였다. 2011년 현재 우크라이나는 "부분적으로 자유로운"(partly free) 등급으로 한 단계 강등되고 말았지만, CIS 국가 대부분은 여전히 "자유롭지 못한"(not free) 등급을 유지하고 있다. 더 자세한 내용은 다음 사이트를 참고하기 바람. http://www.freedomhouse.org/template.cfm?page=594 (검색일: 2011.06.30)

했던 오렌지 혁명(Orange Revolution)은 우크라이나의 정치사에서 가장 획기적인 사건이었다. 오렌지 시민혁명의 결과로 정권이 교체되었을 뿐 아니라, 우크라이나 사회에 새로운 변화와 민주주의의 발전 가능성이 현실화될 수 있었기 때문이다. 게다가, 오렌지 혁명 이후 우크라이나에서 전개된 일련의 정치과정은 중차대한 정치 사회적 변화들을 수반했기에 더욱 그렇다. 오렌지 혁명정부의 출범과 민주주의 정치체제의 형성, 헌법 수정에 따른 통치 권력구조의 변화, 오렌지 연합세력의 분열과 정치적 경쟁, 대통령과 의회의 대립과 권력투쟁, 2010년 대선에서 오렌지 혁명세력의 몰락과 야누코비치의 승리, 야누코비치 정부의 중앙권력 강화작업과 권위주의 체제 확립 등이 그 대표적 사례들이다.

이상을 종합해 볼 때, 다음과 같은 문제들이 제기될 수 있을 것이다. 신생 독립국 우크라이나에서 진행되었던 정치권력과 정치체제의 변화를 어떠한 관점에서 분석할 필요성이 있는가? 또한, 어떠한 요인들을 바탕으로 우크라이나의 정치변혁을 설명해 낼 수 있는가? 다시 말해서, 우크라이나의 정치권력 변동은 어떤 과정과 경로를 통해 전개되었으며, 시기별로 주요한 정치적 변동양상이란 무엇인가?

본 논문은 위의 문제의식에 기초하여 신생주권국 우크라이나의 정치과정에서 나타난 정치권력과 정치체제의 변화양상을 심층적으로 추적해 보는 데 연구의 목적을 두고 있다.[4] 특히 본 연구 작업은 기존

---

4 우크라이나의 정치권력과 정치체제에 대한 학술 연구는 주로 쿠츠마 정권에 초점을 맞추고 있었다. 대표적인 연구논문들은 다음과 같다. Paul D'Anieri, "Democracy Unfulfilled: the Establishment of Electoral Authoritarianism in Ukraine," *Journal of Ukrainian Studies*, Vol. 26, No. 1-2 (December 2001), pp. 13-36; Paul Kubicek, "The Limits of Electoral Democracy in Ukraine," *Democratization*, Vol. 8, No. 2 (Summer 2001), pp. 117-139; Lucan Way,

연구에서 다루어지지 않았던 유셴코와 야누코비치 정권을 중심으로 오렌지 혁명 이후 우크라이나 정치변혁의 내용과 성격을 비교 분석하는 데 연구의 초점을 맞추고자 한다. 우크라이나의 권력변동에 대한 본 학술 연구 작업은 다음의 세 가지 측면에서 분명한 학문적 의의를 가진다. 첫째, 오렌지 혁명 이후 우크라이나 정치과정의 동학을 종합적으로 분석하는 데 필요한 단초를 제공해 줄 수 있다. 둘째, 우크라이나 정치체제의 특성과 권력의 변동과정을 유추하는 데 일조할 수 있다. 셋째, 오렌지 시민혁명의 중대한 결과물인 우크라이나 민주주의의 성격과 한계를 객관적으로 파악하는 데 도움이 될 것이다.

Ⅱ. 이론적 논의 및 연구방법

일반적으로 정치권력(Political Power)[5]은 정치학의 가장 핵심적인 연구대상 가운데 하나로 여겨지고 있다. 정치학이란 경험적 학문으로서 권력의 형성과 분배에 관한 연구이기에 그렇다. 그런 이유로 정치권력과 정치체제(Political Regime)[6]의 변동에 대한 학문적 성과물과

"Kuchma's Failed Authoritarianism," *Journal of Democracy*, Vol. 16, No. 2 (April 2005), pp. 131-145; Taras Kuzio, "Regime Type and Politics in Ukraine under Kuchma," *Communist and Post-Communist Studies*, Vol. 38, No. 2 (June 2005), pp. 167-190.

5 여기서 정치권력이란 의도한 결과의 생산이자 결과의 가능성을 변화시킬 수 있는 능력을 의미하며, 정치과정에서 가치보상과 가치박탈을 규정하는 결정에 참여할 수 있는 권한을 말한다. 이를 통해 결과의 배분, 인간 행동의 결과를 변화시킬 수 있는 능력을 뜻한다. 구영록 외, 『정치학 개론』(서울: 박영사, 1995), p. 40.

6 정치체제란 두 가지 기본 요인으로 구성되는 "특별한 정치적 게임"(particular political game)이라고 정의될 수 있다. 첫 번째 요인은 이용 가능한 재원을

이론적 논의는 매우 다양한 편이다. 개별 국가들은 자신들만의 고유한 정치적, 경제적, 사회적, 문화적 특성들을 보유하고 있기 때문에 국가마다 정치구조와 환경의 상이성은 당연히 존재할 수밖에 없다. 그렇지만 정치체제의 변동은 본질적으로 정치권력 자체의 변화를 전제하고 있을 뿐 아니라, 기존의 정치체제로부터 새로운 정치체제로의 전환을 상정하고 있다. 이 점에서만큼은 거의 모든 국가 간에 큰 차이가 없다.

정치권력과 정치체제의 변동은 원칙적으로 국가의 정치구조 내부에서 발생하는 현상이다. 그런데 권력변동(Power Shift)은 혁명, 반혁명, 개혁, 쿠데타, 세습 등 다양한 형태와 양상으로 나타날 수 있다. 이를 정치권력에만 국한한다면, 대체로 정치권력의 변동방식은 다음의 두 가지로 정리하는 것이 가능하다. 첫 번째는 합법적·평화적 방법으로 민주적 절차의 선거를 통해 정권이 교체되는 방식이다. 두 번째 물리적 폭력에 의한 비합법적 방법으로, 혁명이나 군사 쿠데타를 통해 정치·사회체제의 급격하고도 근본적인 변혁을 가져오는 방식이다.

특정 국가에서 발생하는 정치권력의 변동은 그 국가를 대표하는 정치집단 내지는 정당 간의 세력 변화와 권력의 역학관계를 통해서 표출되고 있다. 이때의 정치변혁은 정치체제의 '안정성'(Stability)과 밀접한 관련성을 지니고 있는데, 여기서 정치체제의 안정성은 정치권력과

소유하거나 자신들의 목적을 달성하기 위해 특별한 전략을 추구하는 일련의 행위자들이다. 두 번째는 정치 행위자들을 위해 특정한 인센티브를 제공하거나 특정한 제약을 부과하는 일련의 제도 또는 실제적인 게임의 법칙이다. Vladimir Gel'man, "Out of the Flying Pan, into the Fire? Post-Soviet Regime Changes in Comparative Perspective," *International Political Science Review*, Vol. 29, No. 2 (2008), p. 158.

정치체제가 지니고 있는 '정통성'(Legitimacy)과 '효율성'(Effectiveness) 개념을 토대로 평가를 할 수 있다.[7] 따라서 본 장에서는 정치권력과 정치체제 변화의 연구에 필요한 제반 논의들, 즉 정치적 안정성과 관련된 정통성과 효율성 개념에 대한 다양한 논의들을 보다 종합적인 측면에서 고찰해 보고자 한다.

먼저, 정통성 개념을 활용하여 정치권력과 정치체제의 안정성을 평가해 볼 필요가 있다. 물론 정통성이라는 개념 자체가 상당히 모호한 표현이기 때문에, 이에 대한 다양한 해석 역시 가능하다. 그럼에도 불구하고, 정통성이란 국가권력의 정당성에 대한 일반 국민의 믿음이라고 정의를 내릴 수 있다.[8] 이는 위로부터의 공포나 압력, 특수한 이해관계에 근거한 것이 아니라, 도덕적 권위와 신념에 기초하여 국가질서와 명령에 복종하려는 국민들의 정치적 의사 표시인 셈이다. 그런 맥락에서 볼 때, 특정 국가의 정치권력이 국민으로부터 정통성을 확보하게 될 경우 정치체제의 안정성은 비교적 잘 유지된다. 반면, 정치권력의 정통성이 약화되거나 상실된다면 정치체세의 불안성성이 한층 더 증대됨으로써 정치적 위기상황에 직면할 개연성이 한층 더 커진다. 이처럼 정통성은 정치권력과 정치체제를 정당화시켜 주는 역할을 담당하고 있으며, 정치체제의 민주적 성향을 파악하는 지표로도 충분히 활용될 수 있다.[9]

정치권력과 정치체제의 정통성 수준은 국가의 규범과 가치체계를

---

7 S. M. Lipset, *Political Man: The Social Base of Politics* (Baltimore: Johns Hopkins University Press, 1981), p. 64.

8 R. Barker, *Political Legitimacy and State* (Oxford: Clarendon Press, 1990), p. 11.

9 진미경, "현대 민주주의와 정당성 이론," 『한국정치학회보』, 제27집, 제2호 (서울: 한국정치학회, 1993), p. 98.

규정해 주는 정치이념과 정치지도자의 리더십, 정치권력의 획득과 정치체제의 유지와 연관된 정치체계의 구조와 기능 등을 통해 추론해 볼 수 있다. 특히 현대 국가에서 정치체제의 정통성이란 합법적, 합리적 권위의 창출을 의미한다.[10] 정치 지도자나 정당은 권력 확보와 정권 유지를 위해서 국민적 지지와 동의가 필요하다. 그래서 이들은 다양한 정책적 수단을 동원하거나 정치제도의 운용을 통하여 정치권력의 정당성을 증진하려는 작업을 추진해 나간다. 만일 정치권력이 민주적 원칙과 절차에 따라 합리적으로 정치제도를 운영하고 있다는 국민의 평가를 받는다면, 정치체제의 정통성은 이전 시기보다 한층 증진될 수 있을 것이다. 하지만 정치권력에 대한 국민의 불만이 공공연하게 표출되어 정통성이 약화하거나 상실되는 상황에 놓이게 된다면, 정치적 위기가 도래하여 정치체제의 변화 가능성은 더욱 증대될 수밖에 없다.

또한, 효율성 개념을 이용하여 정치권력과 정치체제의 안정성을 측정해 보는 것 역시 가능하다. 여기서 효율성이란 정치체제가 보유하고 있는 능률성과 효과성을 동시에 포괄하는 개념이다. 다시 말해서, 효율성은 정부의 기본 구조와 기능을 충족시켜 주는 정치체제 자체의 실질적 성과(Performance)를 의미함과 동시에, 조직 자체의 능률적 활동으로 현실화되는 목적의 달성 수준을 말한다.[11] 그런 이유로 정치권력과 정치체제가 지속적으로 유지되기 위해서는 정치체제의 효율성을 확보할 필요성이 있다. 만일 그 반대의 상황이 발생한다면,

---

10 S. N. Eisenstadt (ed.), *Max Weber: On Charisma and Institution Building* (Chicago: Chicago University Press, 1968), p. 46.

11 A. Etzioni, *Modern Organizations* (Englewood Cliffs, NJ: Prentice-Hall, 1964), p. 8.

정치권력과 정치체제의 변동이 초래될 수 있기에 그렇다.

이처럼 효율성 개념은 정치권력과 정치체제의 지속성 여부와 밀접한 연계성을 지닌다. 여기서 정통성이 부족한 권위주의 체제를 단적인 사례로 들 수 있겠다. 권위주의 국가의 통치자는 대체로 정치체제의 효율성 제고에 최대한의 국가적 역량을 집중하곤 한다.[12] 이런 전략적 행보는 자신의 집권을 정당화하고 권력을 유지하기 위한 일종의 정치적 술수이다. 이들은 경제성장과 사회발전을 바탕으로 정치체제의 효율성을 확보함으로써 정권의 부족한 정통성을 만회하고자 많은 노력을 기울인다. 그러나 경제성장을 목표로 하는 제반 정책이 실패로 끝나거나 소기의 성과를 이루지 못한다면, 정치체제의 효율성이 크게 약화할 수밖에 없다. 이 경우에 정치체제의 안정성은 심각한 도전에 직면하면서 급격한 정치변동이 촉발될 수 있다.[13]

이상의 논의에서 볼 때, 정치권력과 정치체제의 정통성과 효율성 요인은 상호 배타적인 것이 아니라 밀접한 상관관계가 있으며, 정치체제의 안정성과 정치변동에 지대한 영향을 미치는 핵심 변수라고 할 수 있다. 여기서 정통성과 효율성 수준에 기초하여 정치체제의 유형을 분류해 볼 필요성이 있다. <표 1>에서 잘 나타나고 있듯이, 정치체제의 유형은 크게 네 가지로 구분될 수 있는데, 분류 기준은 정치권력과 정치체제가 함유한 정치적 정통성과 경제적 효율성의 수준 차이에 따른 것이다.[14] 먼저, 안정적 민주주의 체제는 정통성과 효율성

---

12 일반적으로 정통성이 부족한 권위주의 국가의 지도자는 경제발전의 실질적인 성과를 국민에게 제시하면서 정권의 정통성을 확보하려는 경향이 강하다. 예를 들자면, 탈 소비에트 공간의 러시아, 벨라루스, 카자흐스탄, 우즈베키스탄 등을 들 수 있다.

13 S. Haggard & R. R. Kaufman, *The Political Economy of Democratic Transitions* (Princeton: Princeton University Press, 1995), pp. 6-7.

〈표 1〉 정통성과 효율성 기준에 입각한 정치체제 유형 분류

		정통성	
		높음	낮음
효율성	높음	안정적 민주주의	안정적 권위주의
	낮음	불안정한 민주주의	불안정한 권위주의

수준이 모두 높은 데 비해, 불안정한 민주주의 체제는 정통성은 높지만, 효율성은 낮은 편이다. 또한, 안정적 권위주의 체제는 정통성은 낮지만, 효율성은 높은 수준이지만, 불안정한 권위주의 체제는 정통성과 효율성이 모두 낮은 편이다. 이처럼 정통성 수준은 정치체제의 민주성을 구분해 주며, 효율성 수준은 정치체제의 안정성을 나타내 준다.

이상에서 설명한 것처럼, 정통성과 효율성 개념은 정치변동을 분석하는 데서 상당히 유용한 도구이다. 이 글에서는 이 두 개념을 활용하여 오렌지 혁명 이후 우크라이나의 정치권력과 정치체제 변화를 추적할 것이고, 유센코와 야누코비치 정치체제의 유형을 정의해 보고자 한다.

Ⅲ. 유센코의 정치권력: 오렌지 혁명과 민주주의 정치체제

2004년 12월에 시행된 대통령 선거는 우크라이나 역사발전에서 매우 중대한 전환점이었다. 동부와 서부 지역에 정치적 기반을 둔 친러시아와 친 유럽 성향 대선 후보들 간의 치열한 대권 경쟁, 우크라이

14 W. Case, *Elite and Regimes in Malaysia: Revisiting a Consociational Democracy* (Clayton, Australia: Monash Asia Institute, 1996), pp. 4-8.

나의 지정학적 가치와 전략적 중요성을 고려한 미국과 러시아의 적극적인 선거 개입과 첨예한 대립구도 등이 비화함에 따라, 우크라이나 대선에 대한 대내외적 관심이 크게 고조될 수 있었다. 게다가, 당시 출구조사의 예측을 빗나간 선거결과가 나오자, 야당 지도자와 지지자들이 선거의 공정성 여부에 심각한 의문을 제기하면서 투쟁세력을 규합해 나갔다. 부정선거를 규탄하는 군중의 시위행렬이 본격화되면서 무혈 시민혁명으로 발전하게 되었다. 시민혁명 과정에서 서방측의 중재로 두 후보자는 재선거 시행에 극적인 합의를 하게 되었고, 결국 야당세력을 대표하는 유센코가 친정부 후보였던 야누코비치를 물리치고 권좌에 오를 수 있었다. 선거운동을 통해 우크라이나의 유럽통합 노선을 주창한 유센코 후보의 당선으로 우크라이나의 민족정체성 확립작업과 국가발전 노선에서 중대한 변화가 예고되었다. 유센코 대통령은 우크라이나 민주주의의 수호자로 여겨졌으며, 서방 세계로부터 큰 지지와 기대를 한 몸에 받았다.

취임 직후 유센코 대통령은 티모셴코(Tymoshenko) 총리를 수장으로 하는 오렌지 연합정부를 구성하였다. 하지만 오렌지 정부의 국정운영은 예상보다 짧게 끝나고 말았다. 대통령과 총리 사이에 사유화 정책을 둘러싼 이견이 표면화되면서, 오렌지 정부 출범 7개월 만에 유센코 대통령이 경제적 후퇴와 정치적 권력 갈등을 빌미로 티모셴코 내각을 해산했기 때문이다.[15] 그 결과 오렌지 혁명세력은 집권 초

15 오렌지 연합세력의 지도자였던 유센코와 티모셴코의 정치적 대립과 갈등은 집권 초부터 어느 정도 예상된 결과였다. 정치적 성향의 차이(자유주의자 유센코, 포퓰리스트이자 국가주의자 티모셴코), 상호 신뢰성의 부족, 우크라이나 정치과정에서 주도적인 역할을 담당하려는 경쟁심 등이 오렌지 연합군의 분열을 초래하였다고 볼 수 있다. A. N. Lushnycky & M. Riabchuk (ed.), *Ukraine on Its Meandering Path Between East and West* (Bern: Peter Lang AG,

부터 정치적으로 분열되었고, 일련의 정치과정에서 권력 장악을 목표로 한 경쟁과 갈등관계로 전락하고 말았다. 또한, 오렌지 혁명의 정적이자 의회 내부의 주도세력이었던 지역당의 강력한 견제와 도전을 받게 되었다. 결국, 유셴코 집권 시기(2005~2010년) 우크라이나의 전반적인 정치상황은 집권 초기 국민의 기대와는 전혀 다른 방향으로 전개되었다. 오렌지 혁명집단의 분열과 대립, 야누코비치와의 연립정부 수립, 의회 내 주요 정파 간 첨예한 권력 투쟁, 대통령과 행정부 그리고 대통령과 의회의 대립, 의회 해산과 조기 총선 실시 등 정치적 혼란이 끊임없이 지속되었던 것이다.

정치권력과 정치체제의 정통성 확보 차원에서 유셴코 대통령은 집권 시기 내내 이전 정권과는 다른 성격의 대내외 정책 노선을 추진해 나갔다. 국내 정치적 측면에서 본다면, 언론자유 보장, 공정선거 시행, 야당세력과의 협상과 타협, 삼권분립 존중, 시민사회 운동 허용 등 유셴코 대통령은 재임 동안 우크라이나 민주주의 체제 확립에 일익을 담당했다.[16] 외교 안보적으로 유셴코 정부는 기존의 친 러시아 정책 대신에, 우크라이나의 유럽통합 과정에의 참여를 천명하였다.[17] 특히 그는 우크라이나의 NATO와 EU 가입을 위한 제반 정책적 노력을 기울여 나갔다.[18] 유셴코의 이러한 정치적 행보는 민주주의자이자, 민

2009), p. 93.

16 오렌지 혁명 이후 우크라이나 민주주의에 대해서는 다음 논문을 참고하기 바람. Ivan Katchanovski, "The Orange Revolution? The Orange Revolution and Political Change," *Post-Soviet Affairs*, Vol. 24, No. 4 (2008), pp. 351-382.

17 2005년 취임 이후 유셴코 대통령은 최소 10년 안에 우크라이나의 NATO와 EU 가입을 실현하여 자국의 유럽 정체성을 분명하게 확립하겠다는 국정목표를 제시하면서, 탈 러시아 행보를 선언했다. Сергей Толстов, "Внешнепол итический Курс Украины после Оранжевой Революции," *Центральная Азия и Кавказ,* том 41 (Сен.-Окт. 2005), стр. 102.

족주의자로서 정권의 정통성을 추구한 것이었다. 이는 자신의 정치적 지지기반이었던 서부 지역 유권자의 입장을 고려함과 동시에, 서방 세계의 정치적 지원을 확보하여 러시아 측으로부터의 안보 위협에서 벗어나기 위한 전략적 선택이었다.

그러나 유센코 정부는 집권 초기부터 정치적 도전과제에 직면하게 되면서 정책 추진에 많은 한계를 드러낼 수밖에 없었다. 첫째, 2006년 1월 1일에 발효된 우크라이나의 개정 헌법을 들 수 있을 것이다. 이는 2004년 오렌지 혁명 당시 재선거 시행을 위한 정치적 타협의 결과물이었다. <표 2>에서 명확하게 알 수 있듯이, 개정 헌법의 가장 중요한 특징은 대통령의 권한을 상대적으로 축소함과 동시에, 총리와 의회의 권한을 크게 확대했다는 점에 있었다.[19] 이로써 우크라이나의 권력구조는 기존의 대통령 중심제에 의원 내각제의 성격을 가미한 혼합 통치 형태로 변경되었다. 이것은 본질상 유센코 집권 시기 내내 대통령과 행정부 간에 지속적인 권력 투쟁의 발단이 되었다고 볼 수 있다. 둘째, 우크라이나 의회 선거제도가 변경되었다. 이전의 선거제도였던 다수 투표제를 폐기하면서, 2006년 이후 시행되는 총선부터 정당명부 비례대표제도(Party-list Proportional Election System)를 채택하였다.[20] 이는 의석 배분 기준선으로 정당 지지율 3%를 설정하고, 이를 초과하

---

18 유센코 집권 시기 우크라이나의 서방정책에 대한 자세한 내용은 다음 논문을 참고하기 바람. Martin Malek, “The Western Vector of the Foreign and Security Policy of Ukraine: Continuities and Ruptures under President Victor Yushchenko(2005-2009),” *Journal of Slavic Military Studies*, Vol. 22, No. 4 (November 2009), pp. 515-542.

19 http://www.ciaonet.org/atlas/UA/Politics/Background/20070129_5548.html (검색일: 2011.05.30)

20 http://en.wikipedia.org/wiki/Ukrainian_parliamentary_election,_2006 (검색일: 2011.05.30)

〈표 2〉 2006년 개정 헌법에 입각한 대통령, 총리, 의회의 주요 권한[21]

	책임 권한 범위
대통령	• 외교 안보 부처(외무장관, 국방장관, 국정원장)에 대한 임명제청
총리	• 외교 안보 부처를 제외한 모든 각료 지명 • 주지사 임면
의회	• 국무총리, 국무위원, 중앙 정부의 기관장에 대한 임명권 행사 • 모든 장관들에 대한 심의와 이들에 대해 거부권 행사

는 정당들에만 득표율에 기초하여 의석을 배분하는 제도였다. 새로운 의회 선거법의 채택으로 정당은 우크라이나 정치무대의 주요한 행위자로 부상하게 되었다. 그런데 문제는 집권당인 우리 우크라이나가 2006년과 2007년 두 차례에 걸친 총선에서 기대 이하의 성적을 거둠에 따라, 의회 내에서 정치적 입지와 영향력이 그다지 크지 않았다는 것이다.[22] 셋째, 독립 이후 모든 선거과정에서 발현된 지역주의 투표성향이 또 다른 중요한 문제였다. 특히 우크라이나의 동부와 서부 지역에 정치적 근거지를 두고 있는 정당 간의 첨예한 대결구도와 지역주의의 격화로 말미암아 정치적 혼란과 사회적 갈등은 점차 증대될 수밖에 없는 상황이었다. '지역들의 국가'(State of Regions)라고 명명될 정도로 우크라이나의 지역적 분할 구조는 국민통합, 국가적 단일성 내지는 사회적 통합성 확립에서 심각한 장애 요인으로 작용하였다.[23]

21 http://ru.wikipedia.org에서 재구성 (검색일: 2011년 5월 25일)

22 2006년 총선 결과 1위는 지역당(지지율: 32.14%, 의석수: 186석), 2위는 티모센코 블록(지지율: 22.29%, 의석수: 129석), 3위는 우리 우크라이나(지지율: 13.95%, 의석수: 81석)가 차지하였다. 2007년에도 동일한 선거결과가 나왔는데, 구체적인 지지율과 의석수는 지역당(34.37%, 175석), 티모센코 블록(30.71%, 156석), 우리 우크라이나(14.15%, 72석) 순이었다. 결과적으로 우리 우크라이나의 의회 내 영향력은 지역당과 티모센코 블록에 비해 상당히 축소될 수밖에 없었다. 더 자세한 선거결과는 우크라이나의 선거관리위원회(http://www.cvk.gov.ua) 사이트를 참고하기 바람.

정치권력과 정치체제의 효율성 측면에서 볼 때, 유센코 통치 시기 우크라이나의 경제상황은 지속적인 경기침체 국면을 벗어나지 못하였고, 집권 말기에는 최악의 경제 사태에 직면하고 말았다. <표 3>의 경제지표에서 유추해 볼 수 있는 것처럼, 우크라이나의 경제현실은 이전 시기와 비교하면 상당히 불안정한 상태를 유지했으며, 심지어 2009년에는 마이너스 15%에 달하는 엄청난 수준의 경제하락을 기록하게 되었다. 이와 더불어, 쿠츠마 시기부터 우크라이나의 시장개방과 경제발전의 주요한 걸림돌로 간주되었던 사회 전반에 걸친 정경유착과 부정부패의 고리 역시 해소되지 않은 채, 여전히 만연한 상태였다.

우크라이나의 경제적 혼란은 다양한 원인이 복합적으로 작용한 결과물이었다. 그중에서 우크라이나의 경제위기를 가져온 주요 동인은 다음과 같이 정리해 볼 수 있다. 먼저, 2006년과 2009년 두 차례에 걸쳐 러시아와 우크라이나 간에 가스 분쟁이 발발하여 우크라이나 경제에 큰 충격을 가했다는 사실이다. 가스 가격의 지속적인 인상[24]은 물가상승과 주요 산업의 국제경쟁력 하락에 직접적인 영향을 미쳤고, 국민의 불만이 더욱 커지는 계기가 되었다. 둘째, 2008년 하반기 세계 금융위기의 여파는 우크라이나의 금융시장을 비롯한 경제 전반에 걸쳐 엄청난 충격과 혼란을 안겨주었다는 점이다.[25] 2008년 10월 우크

23 James Sherr, "Ukraine's Security: The Interplay of Internal and external Factors," Michael Emerson (ed.), *Reading in European Security* (Brussels: CEPS, 2007), p. 158.

24 러시아산 수입 가스의 가격은 유센코 집권 이후 지속적이며 큰 폭으로 상승하였다. 2005년 1,000 큐빅 미터 당 50달러에서 2006년 95달러, 2007년 135달러, 2008년 179.5달러, 2009년 360달러로 가스가격이 상승하였다.

25 http://fellowsblog.kiva.org/2008/10/22/the-global-financial-crisis-in-ukraine/ (검색일: 2011.05.31)

〈표 3〉 유센코 집권 시기 우크라이나의 주요 거시경제지표[26]

	2005년	2006년	2007년	2008년	2009년
GDP 증가율(%)	2.7	7.3	7.9	2.1	-15.1
산업생산증가율(%)	2.8	5.8	10.2	-3.8	-20.7
소비자물가증가율(%)	13.5	9.1	12.8	25.2	15.9
경상수지(십억 달러)	2.5	-1.6	-5.9	-12.8	-1.5
경상수지(GDP 대비 %)	2.9	-1.5	-3.7	-7.2	-1.3
환율(흐리브나/달러)	5.10	5.04	5.03	5.24	8.07

라이나 정부는 자국의 경제위기를 해결하기 위해 국제통화기금(IMF)에 구제금융을 긴급하게 요청해야 하는 처지로 전락하고 말았다. 그 결과 2009년 유센코 정부는 2000년 이후 최악의 경제성과를 기록하게 되었다. 이처럼 심각한 경제적 위기 상황의 도래로 오렌지 혁명세력의 지도자였던 유센코 정부의 정치적 위상과 대국민 신뢰도는 큰 폭으로 추락할 수밖에 없었다. 그에 비례하여 당연히 유센코 정치권력과 정치체제의 효율성 수준 역시 하락하게 되었다.

Ⅳ. 야누코비치의 정치권력: 반동정치와 권위주의 정치체제

2010년 대선에서는 2004년과는 정반대의 선거결과가 나왔다. 야누코비치 후보가 오렌지 혁명세력의 지도자들이었던 현직 대통령 유센코와 총리 티모센코를 결선투표 끝에 모두 물리치고 우크라이나의 새로운 대통령으로 선출되었기 때문이다. 이는 2004년 대통령 재선거

26 http://www.ukrstat.gov.ua/에서 재구성.

패배에 대한 야누코비치의 정치적 설욕전이었을 뿐 아니라, 반 오렌지 혁명의 시작을 알리는 역사적 사건이었다.

러시아의 푸틴 대통령과 마찬가지로, 야누코비치 대통령도 취임과 동시에 중앙권력의 강화를 목표로 한 '권력의 수직화 작업'에 착수하였다. 그는 행정부, 사법부, 입법부에 대한 자신의 통제력을 구축함과 동시에, 정치적 영향력을 증대시키는 데 우선적인 관심을 집중하였다. 이뿐 아니라, 야누코비치의 집권 이후 언론자유 축소와 비판적 언론매체 탄압, 반정부 성향의 시민사회 단체에 대한 검열 강화, 야당 지도자에 대한 감찰 활동 등이 본격적으로 진행되고 있는 중이다.[27] 이런 점에서 야누코비치 대통령은 민주주의 사회의 가장 중요한 작동원리이자 핵심 가치인 삼권분립 정신에 중대한 훼손을 가하고 있다. 결과적으로 2006년 개정 헌법의 시행으로 대통령 못지않은 위상을 정립했던 우크라이나 의회와 내각의 영향력과 역할이 이전 시기와 비교하면 큰 폭으로 줄어들었다.[28] 이들은 사실상 야누코비치 혹은 대통령 행정실의 결정을 추인하는 일종의 허수인이자, 정치적 관망자로 전락해버렸다. 반면, 대통령은 삼권을 장악한 유일한 정치 행위자로 자리매김함으로써 우크라이나에 슈퍼 대통령제가 출현할 수 있는 중요한 발판을 마련하였다. 현재 집권 여당인 지역당은 우크라이나 의회 내에서 다수파를 형성하고 있을 뿐 아니라, 2010년 10월 지방선거에서 압승을 거둠에 따라 지방자치단체에 대해서도 막강한 통제력을 발휘할 수 있게 되었다.

27 http://www.acus.org/new_atlanticist/yanukovych-report-card-one-year-power (검색일: 2011.06.30)

28 Olexiy Haran, "From Victor to Victor: Democracy and Authoritarianism in Ukraine," *Demokratizatsiya*, Vol. 13, No. 1 (Spring 2011), pp. 97-98.

정치권력과 정치체제의 정통성 확립 차원에서 볼 때, 야누코비치 대통령은 과거 쿠츠마 시기로의 회귀적인 정책노선을 견지하면서 일종의 반동정치를 펼치고 있다. 대외 정치적 측면에서, 야누코비치 정부는 러시아와의 관계개선 작업에 우선적인 관심을 기울이면서 우크라이나의 NATO 가입 중단을 선언했는데, 이는 자신의 지지기반인 동부지역 유권자의 정치적 성향과 러시아와의 경제협력 증진을 고려한 정책 방향이었다. 국내 정치적으로, 야누코비치 대통령은 국가발전의 대전제로서 정치 안정을 확립해야 한다는 대의명분 아래 '러시아식 관리 민주주의 체제'를 우크라이나에 착근해 나가고 있다. 이를 뒷받침하는 주된 근거는 다음과 같다.

첫째, 야누코비치는 헌법재판소와 검찰청 등과 같은 사정기관의 책임자에 동향 출신의 측근 인사들을 임명했다.[29] 그런 이유로 이들 기관의 정치적 독립성은 현저하게 줄어들 수밖에 없었고, 사법부는 정부의 법률적 후원자로 변모하였다. 단적인 사례로 작년 헌법재판소는 두 가지 중요한 판결을 통해 야누코비치 정부의 권력 강화 작업에 큰 도움을 주었다. 2010년 3월 우크라이나 헌법재판소는 국회의원들에게 야당을 탈당하여 친정부 연합세력에 가담할 수 있도록 허용했다.[30] 그 덕택에 지역당은 의회에서 다수세력을 형성할 수 있게 되었고, 대통령의 충직한 조력자로서 정국안정에 일익을 담당하고 있다. 또한 2010년 10월 1일 우크라이나 헌법재판소는 오렌지 혁명 이후 진행된 권력구조의 개편작업을 불법 행위로 규정하면서, 대통령 중심의 통치체제를 명문화했던 1996년 헌법체제로의 복귀를 선언해 주었

29 http://russiaprofile.org/experts_panel/33157.html (검색일: 2011.06.30)
30 http://www.bbc.co.uk/news/world-europe-11451447 (검색일: 2011.06.30)

다.[31] 이는 대통령의 권한 확대와 의회의 역할 축소를 의미하는 중요한 판결이었다.

둘째, 유센코 시기와는 달리, 야누코비치 집권 이후 우크라이나 정보기관의 역할이 크게 증대되고 있는 추세이다.[32] 심지어 일각에서는 우크라이나에서 경찰국가의 출현 가능성마저 제기되고 있다. 야누코비치 정부는 정치 개혁과 부정부패 척결의 당위성을 계속 강조하면서, 주요 야당 지도자들과 반정부 성향 인사들에 대한 전 방위적 사정 작업을 진행 중인 상황이다. 특히 자신의 정적이었던 티모셴코와 그 측근들을 대상으로 삼아 정략적 차원의 사법조사를 벌이는 등 일련의 정치적 탄압을 가하고 있다.

이처럼 야누코비치 정부 출범 이후 우크라이나 사회에서는 민주주의 가치에 역행하는 중차대한 정치적 변화들이 지속적으로 나타나고 있다. 야당과의 대화 채널 부재, 시민사회 단체들과의 공식적 논의 부족, 정부에 대한 의회의 견제장치 마비, 대통령의 손에 무소불위의 권한 집중 등이 대표적인 사례에 포함된다. 현재 야누코비치 정권은 기존의 민주주의 체제를 대신하여 권위주의 통치체제를 구축해 나가고 있다. 그런데 야누코비치 정치체제는 발전방향과 성격에서 기본적으로 푸틴의 러시아 통치 모델과 매우 유사한 편이다.[33] 이 점에 대해서 서방의 정치 분석가들도 대체로 공통된 평가를 하고 있다. 이들은 야

---

31 Haran, op. cit., p. 98.

32 http://www.kyivpost.com/news/nation/detail/101743/ (검색일: 2011.06.30)

33 야누코비치 대통령도 자신의 권력 강화와 권위주의 체제 확립을 위해 측근들의 고위직 등용, 후원 네트워크를 최대한 적극적으로 활용하고 있다. Katerina Malygina, "Ukraine as a Neo-Patrimonial State: Understanding Political Change in Ukraine in 2005-2010," *Journal for Labour and Social Affairs in Eastern Europe*, Vol. 13, No. 1 (Spring 2010), p. 10.

누코비치 정부가 민주적 개혁을 심각하게 퇴행시키고 있으며, 우크라이나 사회에 러시아식 관리 민주주의 정치체제를 이식하고 있다고 지적한다.[34] 이를 반영하고 있듯이, 최근에 발표된 Freedom House의 공식자료를 보면, 우크라이나의 민주화 수준은 이전의 '자유로운'(free) 등급에서 현재 '부분적으로 자유로운'(partly free) 등급으로 하향 조정되었음을 알 수 있다.[35] 하지만 야누코비치와 그의 추종자들은 이러한 외부로부터의 부정적 평가들에 대해 동의를 표시하지 않았다. 오히려 이들은 경제회복을 위해 강력한 중앙권력 건설을 통한 정국안정은 불가피한 선택이라는 명백히 다른 정치적 논리를 내세우면서 자신들의 입장을 정당화시키는 데에만 열중하고 있다.[36]

현재 우크라이나에서 강력한 대통령 권력을 구심점으로 하는 권위주의 체제가 확립되고 있다는 것은 주지의 사실이다. 야누코비치 정부의 강력한 권력의지에 힘입어 정치적 안정성 역시 이전 시기보다는 비교적 잘 유지되고 있다. 그럼에도 불구하고, 중요한 문제는 야누코비치 정부에 대한 국민 여론의 지지율이 계속 감소하고 있는 추세라는 점이다. <표 4>의 여론조사 결과에서 알 수 있는 것처럼, 야누코

34 http://www.aminuk.org/index.php?idmenu=12&idsubmenu=178&language=en (검색일: 2011.06.30)

35 http://www.freedomhouse.org/template.cfm?page=594 (검색일: 2011.07.01)

36 친정부 집단의 대표자들은 우크라이나에서 권력 수직화 작업은 불가피한 정치적 선택이라는 점을 강조하면서, 세 가지 대응 논거를 제시했다. 첫째, 우크라이나의 실제적인 국가역량과 현재의 혼란스러운 경제적 상황을 가장 우선적으로 고려하여 최적의 통치방안을 찾아야 한다. 둘째, 오렌지 혁명 이후 지속되고 있는 무질서한 정국을 안정시킬 수 있는 유일한 방안이 바로 권력의 중앙화이다. 셋째, 강력한 중앙정부만이 정국안정을 토대로 현재의 경제적 혼란을 치유할 수 있다. 이들은 사실상 푸틴이 강대국 건설이라는 미명 아래 도입했던 러시아식 관리 민주주의를 추종하고 있다. http://www.worldaffairsjournal.org/new/blogs/motyl/Viktor_Yanukovych_Terminator (검색일: 2011.07.01)

〈표 4〉 야누코비치 대통령의 국정운영에 대한 여론조사 결과[37]

	2010년 5월	2010년 8월	2010년 10월	2010년 11월	2011년 2월	2011년 4월
지지	39.1%	24.5%	21.5%	18.6%	17.4%	10.6%
반대	26.7%	36.7%	35.2%	42.5%	46.4%	49.0%

비치 정부의 비민주적이고 독단적인 국정운영 행태에 대한 우크라이나 시민의 불만이 점점 더 커지고 있다. 결국, 그에 비례하여 야누코비치 정치권력의 정통성은 점점 약화되고 있다고 하겠다.

정치체제의 효율성 차원에서 본다면, 2010년 2월 야누코비치 대통령 취임 당시 우크라이나의 경제현실은 경제위기 상황과 크게 다를 바 없었다. 2009년 우크라이나의 경제지표가 대표적인 사례인데, 세계 금융위기와 가스 분쟁의 여파로 2000년대 이후 가장 저조한 수준을 기록했기에 그렇다. 우크라이나의 경제상황 악화는 정권 교체의 가장 핵심적 원인 가운데 하나로 작용하였다. 따라서 2010년 2월 출범한 야누코비치 정부는 경제회복과 민생안정에 전력을 다할 수밖에 없는 처지였다. 집권 이후 야누코비치는 당면한 경세위기를 타개하여 정치체제의 효율성을 높이고, 이를 토대로 정치권력의 정통성을 확고히 하는 방안을 마련해 나가고자 했다.

그러한 연장선상에서 야누코비치 대통령은 2010년 4월 21일 러시아 대통령과 전격적인 빅딜을 성사시켰다. 양측의 협약을 따르면, 모스크바는 우크라이나에 대한 가스 공급 가격을 대략 30% 정도 인하해 주었고, 그 대신에 키예프는 러시아 함대의 세바스토폴 주둔 기간을 25년 연장하는 것에 합의했다.[38] 이러한 정치적 거래는 러시아와

37 http://www.uceps.org/eng/poll.php?poll_id=90에서 재구성.
38 http://www.kyivpost.com/news/nation/detail/64794/print/ (검색일: 2011.07.02)

의 관계개선을 통해 경제적 활로를 모색하고자 했던 야누코비치의 전략적 판단의 결과였다. 이 밖에도, 야누코비치 대통령은 2010년 6월 2일 국정연설을 통해 10년 내 Big 20에 진입하기 위한 5개년 경제개혁안(2010~2014년)을 발표하면서, 향후 지속적인 경제발전을 이룩하여 삶의 기준을 유럽 수준으로 끌어올리겠다는 청사진을 밝혔다.[39] 이러한 경제적 목표달성을 위해 야누코비치 정부는 국내산업의 발전과 일자리 창출 등 경제 활성화 전략에 우선적인 강조점을 두었고, 외자 유치에도 많은 관심과 노력을 기울이고 있다.

야누코비치 집권 이후 세계경제의 회복 추세에 힘입어서 우크라이나의 거시경제 지표는 조금씩이나마 호전되고 있다.[40] 그렇지만 국제기준에서 본 우크라이나의 경제적 역량, 즉 경제구조와 경제환경, 주요 산업의 경쟁력 등에서 우크라이나는 아직까지 많은 한계를 지니고 있다. 게다가, 야누코비치 정부가 전면적인 시장개방과 경제개혁정책을 강력하게 추진할 의사가 있는지도 현재로선 확실하지 않은 상황이다. 그런 까닭에 야누코비치 통치기에 우크라이나 경제가 회복세를 유지할 가능성은 존재할 수 있겠지만, 임기 내에 실질적이고 획기적인 경제성장을 기대하기는 다소 힘들다고 전망할 수 있다.

V. 결 론

상술한 것처럼, 본 논문은 우크라이나의 정치권력과 정치체제의

39 http://www.sras.org/ukrainian_press_june_2010 (검색일: 2011.07.02)

40 야누코비치 집권 첫 해인 2010년 우크라이나의 GDP 성장률은 4.2%였고, 2011년에도 4%를 기록할 것이라고 우크라이나 중앙은행은 전망하고 있다. http://www.bank.gov.ua/engl/default.htm (검색일: 2011.07.02)

변동을 정치적 측면의 정통성과 경제적 차원의 효율성 개념을 중심으로 고찰해 보았다. 오렌지 혁명 이후 우크라이나에서 발생한 정치변혁은 정통성과 효율성 수준, 그리고 양자 간의 상호작용과 밀접한 연관성을 갖고 있다. 특히 정치체제의 효율성 수준은 정치권력의 부족한 정통성을 보완해 주는 핵심 기제로 작용했을 뿐 아니라, 정치체제의 유지 및 변동과정에서 결정적인 영향력을 행사하는 핵심 변수였다. 탈 소비에트 우크라이나에서도 경제발전은 정권의 미래를 좌우할 수 있었던 중대 사안이었기 때문이다.

유센코의 정치권력과 정치체제에서 정통성 수준은 쿠츠마 정권과 비교하면 상대적으로 높은 편이었지만, 그에 비해 효율성은 상당히 낮은 수준이었다. 유센코 대통령이 기존의 권위주의 체제를 민주주의 체제로 전환하는 데서 상당한 성과를 거두었음은 부인할 수 없는 사실이다. 하지만 오렌지 세력의 분열과 권력 경쟁, 대통령과 야당 주도의 의회 사이에서 갈등 심화 등 유센코 집권 시기 여야 정치 세력 간에 지속적인 정쟁이 발생함에 따라, 유센코 정치체제의 정통성 수준은 계속 하락할 수밖에 없었다. 이에 더하여, 가스 분쟁과 세계 금융위기 등 외부적 충격이 가해지면서 우크라이나에 경제위기가 도래하였다. 경제적 혼란의 여파로 유센코 정권의 효율성 수준이 추락함으로써 정치체제의 변동이 촉발될 수 있었다. 이러한 사실에 근거하여 유센코 정권을 불안정한 민주주의 체제라고 정의할 수 있다.

야누코비치의 정치권력과 정치체제의 경우, 정통성 수준은 집권 이후 점차 낮아지고 있으며, 효율성도 현재 기준으로 높은 수준이라고 평가하기에는 다소 무리가 따른다. 현재 야누코비치 대통령은 정국 안정과 경제위기 극복이라는 국정 슬로건을 내걸고 권력의 수직화 작업을 진행해 나가고 있다. 물론 야누코비치는 권위주의 체제를 구축하여 국정을 주도적으로 운영해 나가는 부분에서만큼은 큰 성과를 거두고 있다. 그러나 야누코비치 정권의 국정수행에 대한 국민의 불만은 점차 커지고 있다. 만일 야누코비치의 집권 시기 정치체제의 효율성이 현재보다 한층 저하될 경우, 우크라이나에서 정치권력과 정치체제의 변동이 또다시 발생할 개연성이 큰 편이다. 이런 점에서 야누코비치 정권을 불안정한 권위주의 체제라고 평가해 볼 수 있다.

결론적으로 오렌지 혁명 이후 우크라이나의 정치권력과 정치체제의 변동경로를 규정해 보자면, 유센코 시기 불안정한 민주주의 체제에서 야누코비치 시기 불안정한 권위주의 체제로 전환하고 있는 상황이다.

참고문헌

구영록 외. 『정치학 개론』. 서울: 박영사, 1995.

진미경. "현대 민주주의와 정당성 이론." 『한국정치학회보』, 제27집, 제2호. 서울: 한국정치학회, 1993.

Barker, R. *Political Legitimacy and State.* Oxford: Clarendon Press, 1990.

Etzioni, A. *Modern Organizations.* Englewood Cliffs, NJ: Prentice-Hall, 1964.

Case, W. *Elite and Regimes in Malaysia: Revisiting a Consociational Democracy.* Clayton, Australia: Monash Asia Institute, 1996.

Eisenstadt, S. N. (ed.). *Max Weber: On Charisma and Institution Building.* Chicago: Chicago University Press, 1968.

Gel'man, Vladimir. "Out of the Flying Pan, into the Fire? Post-Soviet Regime Changes in Comparative Perspective." *International Political Science Review*, Vol. 29, No. 2 (2008).

Haggard, S. & Kaufman, R. R. *The Political Economy of Democratic Transitions.* Princeton: Princeton University Press, 1995.

Haran, Olexiy. "From Victor to Victor: Democracy and Authoritarianism in Ukraine." *Demokratizatsiya*, Vol. 13, No. 1 (Spring 2011).

Katchanovski, Ivan. "The Orange Revolution? The Orange Revolution and Political Change." *Post-Soviet Affairs*, Vol. 24, No. 4 (2008).

Kuzio, Taras. "The National Factor in Ukraine's Quadruple Transition." *Contemporary Politics*, Vol. 6, No. 2 (June 2000).

. "Regime Type and Politics in Ukraine under Kuchma." *Communist and Post-Communist Studies*, Vol. 38, No. 2 (June 2005).

Lipset, S. M. *Political Man: The Social Base of Politics.* Baltimore: Johns Hopkins University Press, 1981.

Lushnycky, A. N. & Riabchuk, M. (ed.). *Ukraine on Its Meandering Path Between East and West.* Bern: Peter Lang AG, 2009.

Malek, Martin. "The Western Vector of the Foreign and Security Policy of Ukraine: Continuities and Ruptures under President Victor Yushchenko (2005~2009)." *Journal of Slavic Military Studies*, Vol. 22, No. 4 (November 2009).

Malygina, Katerina. "Ukraine as a Neo-Patrimonial State: Understanding Political Change in Ukraine in 2005-2010." *Journal for Labour and Social Affairs in Eastern Europe*, Vol. 13, No. 1 (Spring 2010).

Sherr, James. "Ukraine's Security: The Interplay of Internal and external Factors." Michael Emerson (eds.), *Reading in European Security* (Brussels: CEPS, 2007).

Толстов, Сергей. "Внешнеполитический Курс Украины после Оранжевой Революции." *Центральная Азия и Кавказ,* том 41 (Сен.-Окт. 2005).

http://www.freedomhouse.org/template.cfm?page=594 (검색일: 2011.06.30)

http://www.ciaonet.org/atlas/UA/Politics/Background/20070129_5548.html (검색일: 2011.05.30)

http://en.wikipedia.org/wiki/Ukrainian_parliamentary_election,_2006 (검색일: 2011.05.30)

http://fellowsblog.kiva.org/2008/10/22/the-global-financial-crisis-in-ukraine/ (검색일: 2011.05.31)

http://www.acus.org/new_atlanticist/yanukovych-report-card-one-year-power (검색일: 2011.06.30)

http://russiaprofile.org/experts_panel/33157.html (검색일: 2011.06.30)

http://www.bbc.co.uk/news/world-europe-11451447 (검색일: 2011.06.30)

http://www.kyivpost.com/news/nation/detail/101743/ (검색일: 2011.06.30)

http://www.aminuk.org/index.php?idmenu=12&idsubmenu=178&language=en (검색일: 2011.06.30).

http://www.freedomhouse.org/template.cfm?page=594 (검색일: 2011.07.01)

http://www.worldaffairsjournal.org/new/blogs/motyl/Viktor_Yanukovych_Terminator (검색일: 2011.07.01).

http://www.kyivpost.com/news/nation/detail/64794/print/ (검색일: 2011.07.02)

http://www.sras.org/ukrainian_press_june_2010 (검색일: 2011.07.02)

http://www.bank.gov.ua/engl/default.htm (검색일: 2011.07.02)

5

우크라이나 선거에 나타난 지역주의 연구

— 오렌지 혁명 이후의 선거과정을 중심으로

박 정 호

Ⅰ. 들어가는 말

소비에트 연방의 붕괴 이후 우크라이나는 포스트소비에트 공간(post-soviet space)의 신생 주권국가로 국제정치 무대에 등장할 수 있었다. 다른 탈 소비에트 공화국들과 마찬가지로, 독립 직후 우크라이나(Ukraine) 지도부도 국가 형성(nation building)과 민족 정체성(national identity) 확립이라는 중차대한 국가적 과제에 직면하게 되었다. 그런데 우크라이나의 경우 상기의 두 가지 핵심 국정과제에 대해 보다 각별한 관심을 부여해야만 하는 특수한 상황에 놓여 있었다. 이는 본질적으로 국가 주권과 안보 확립의 문제, 정치적 민주화와 경제 개혁 정책의 추진 여부는 물론이고, 동부 지역에 주로 거주하는 러시아인들과 서부 지역에 근거지를 둔 민족주의 성향의 우크라이나 주

민들 간의 지역 통합의 과제 등과도 밀접한 연관성을 갖고 있었던 사안이었기 때문이다.[1]

특히 우크라이나 동부와 서부 지역을 중심으로 발현되고 있는 지역주의 문제는 독립이후 진행된 국가 건설과정에서 우크라이나 사회의 대단히 중요한 현안 과제로 부상하였다.[2] 한 국가 내에 존재하는 민족들 혹은 지역들 간의 갈등과 대립은 국가적 통합성과 사회적 안정성 확립에 있어서 분명한 장애 요인으로 간주되었기에 더욱 그러했다. 게다가, 동부와 서부의 지역주의 현상이 오랜 기간에 걸쳐 형성된 역사적 발전과정의 결과물이라는 점을 감안한다면, 본 사안은 결코 단기간 안에 해결될 수 있는 성격의 문제가 아니었다고 볼 수 있다. 우크라이나는 지정학적으로 "동"(러시아)과 "서"(유럽)의 중간 지대에 위치하고 있었던 까닭에, 역사적으로 두 지역의 정치와 문화에 지대한 영향을 받을 수밖에 없었던 국가였다. 여기에서 "동"이란 동방정교의 세계와 비잔틴의 문화 전통, 그리고 러시아 사회와 국가를 상징하는 것인데 비하여, "서"란 전체로서의 유럽권의 문화 및 유럽세계, 보다 구체적으로는 중동부 유럽을 의미한다고 볼 수 있다.[3] 이처럼 우크라이나가 러시아와 유럽 국가들로부터 지대한 사회 문화적 영향을 받아 왔다는 사실은 동일한 슬라브 민족(slavic nation)의 일원이면서도 러시아와는 근본적으로 다른 역사적 발전과정을 경험해 왔다고 주장하는 핵심 논거임과 동시에, 우크라이나의 독특한 민족 및

---

1 Kubicek, P., 2000, 273

2 우크라이나 지역주의에 관한 대표적인 논문들은 다음을 참조하시오. Birch, Sarah., 2000; Kubicek, P., 2000; Kuzio, T., 1996; Hesli, V. L., 1998; Katchanovski, I., 2006; Malanchuk, O., 2005; Solchanyk, Roman., 1994; Rodgers, P., 2006

3 홍석우, 2008, 14-15

지역 정체성이 발현하게 된 근원적인 배경이라고 하겠다.

그러한 이유로 우크라이나는 종종 ‘지역들의 국가’(state of regions)라고 명명되고 있다.[4] 동부와 서부를 필두로 하는 우크라이나의 개별 지역들이 고유한 사회 문화적 정체성을 토대로 지역성(locality)을 강하게 표출하고 있었다는데 주된 원인이 있었다. 이러한 지역적 특성에 기초한 유권자들의 투표 성향은 독립이후 현재까지 우크라이나 선거과정에서 거의 예외 없이 표출되었던 일반적인 현상이었다.[5] 이처럼 지역주의 현상은 신생 독립국 우크라이나의 정치과정 전반에 걸쳐서 주요한 정치적 및 사회적 균열구조로 작용해왔다. 대표적인 사례로 2004년 대선에서는 미국과 러시아의 적극적인 선거 개입 아래 부정 선거 시비가 비화됨에 따라, 역사상 최초로 재선거가 실시되기도 했다. 그러한 상황적 맥락 속에서 당시 동부와 서부 지역 출신 후보자들, 즉 야누코비치(Yanukovich)와 유센코(Yushchenko) 간의 첨예한 대결과 갈등 구조는 더더욱 격화될 수밖에 없었다. 결과적으로 오렌지 혁명 이후 우크라이나에서 지역주의 현상은 이전 시기보다 한층 심화되고 있는 추세라고 말할 수 있을 것이다. 이를 통해 볼 때, ‘동서분할 구도’로 대변되는 우크라이나의 독특한 정치 지형은 지역주의 현상의 본원적인 성격과 동인에 대한 현재적 재조명을 요청하고 있다고 볼 수 있다.

이상의 맥락을 종합하여 본 연구는 우크라이나 선거에 나타난 지역주의 현상을 고찰하는데 기본적인 서술 목적을 두고 있다. 이와 함

---

4 Sasse, G., 2005, 69-100

5 우크라이나 선거와 지역주의 투표 성향에 대해서는 다음의 논문을 참조하시오. Kuzio, T., 1994; Myagkov, M. & Ordeshook, C., 2005; Willson, A. & Birch, Sarah., 1999; Makhorkina, A., 2005

께, 본고는 독립이후 우크라이나 국가와 사회 발전의 새로운 분기점이 되었던 2004년 오렌지 혁명이후의 선거과정(2006년과 2007년 총선, 2010년 대선)을 주된 연구대상으로 설정함과 동시에, 이 시기 우크라이나 대선과 총선에서의 지역별 투표율 분석에 연구의 초점을 맞추고자 한다. 이를 통해 대선 후보자와 정당의 지역별 지지율 분포와 정당의 지역균열지수를 추적함으로써 우크라이나 지역주의 현상의 실제적인 수준을 파악해 볼 계획이다. 결국 본 연구 작업은 이러한 경험적 접근을 활용하여 우크라이나 지역주의 현상의 동인과 특성, 정치적 함의 등을 규명하고자 한다. 이는 우크라이나 정치 현실과 사회 전반의 객관적인 이해에 필요한 중요한 시사점을 제시해 줄 수 있을 것이다.

Ⅱ. 이론적 논점과 연구 방법

일반적으로 특정 국가의 정치과정은 그 국가의 정치적 갈등과 사회적 균열작용의 흐름을 반영하고 있다.[6] 특히 정치과정에서 발현되는 지역주의 현상은 선거과정과 밀접한 연관성을 갖는 사안으로 평가된다. 유권자들은 선거제도라는 민주적 과정에 참여하여 자신들의 다양한 정치적, 사회적, 경제적 요구사항들 뿐 아니라, 지역적 이해관계들을 분출시킬 수 있는 기회를 제공받고 있기 때문이다. 그런 까닭에 지역을 매개로 하는 특정 정당과 후보자에 대한 유권자들의 관심 증대는 지역주의 투표성향으로 표출되고 있다. 이러한 지역주의 현상

6 Taagepera, R., 1999, 531

이 정치과정의 중요한 변수로 등장함에 따라, 지역주의에 대한 학문적 논의들 역시 본격적으로 진행될 수 있었다. 이를 종합하여 본 절에서는 지역주의에 대한 개념 정의, 정치적 성격, 접근 방법 등을 고찰해 보고자 한다.

먼저, 지역주의에 대한 개념 정의의 문제이다. '지역주의'(regionalism) 혹은 '정당의 지역화'(regionalization of political party)란 개별 유권자와 정당의 정치적 행위들이 집약되어 선거결과로 나타나는 현상을 의미한다.[7] 이는 선거 결과가 지역적 균열이나 지지기반을 중심으로 재편되는 것을 전제로 할 뿐 아니라, 어느 한 지역이 특정 후보자나 단일 정당에 의해 지배되는 상황을 규정해 주는 것이다. 지역주의와 정당의 지역화 현상은 본질상 지역적 균열구조의 존재, 지역주의 혹은 지역감정을 자극하는 정당의 적극적인 득표 활동, 유권자들의 지역정당에 대한 절대적 지지 등과 밀접하게 결합되면서 선거 결과를 통해 분명하게 표출되고 있다.[8]

이와 함께, 지역주의 현상의 정치적 성격에 대한 이해가 필요하다. 선거과정에서 표출되고 있는 지역주의 현상은 상반되는 성격의 두 가지 측면 모두를 포괄하고 있다고 하겠다. 먼저, 지역주의 투표성향 자체가 유권자들의 합리적 선택(rational choice)의 일환이라는 사실을 감안해야 한다.[9] 따라서 유권자들은 투표를 통해 특정 정당 혹은 후보자들에 대한 일체감이나 귀속감을 증진시킬 수 있을 것이다. 이는 지역주의 현상의 긍정적인 측면이라고 말할 수 있다. 반면, 부정적인

7 Rose, R., 1975
8 박상훈, 1999, 1-2
9 조기숙, 2000, 46

측면에서 볼 때, 지역주의 경향은 공공연한 사회적 갈등과 정치적 혼란을 초래할 개연성이 상당히 크다는 점이다. 지역주의 선거와 정당의 지역화 현상은 지역 할거주의를 초래함으로써 국민통합과 국가적 통일성 확립, 민주정치의 발전을 저해할 수 있다.[10]

끝으로, 지역주의 현상과 정당의 지역화 문제에 대한 접근 방법을 고찰해야 한다. 상기 문제에 대한 다양한 측면의 학문적 논의들이 진행되어왔다고 볼 수 있는데, 여기서는 지역주의에 대한 세 가지 연구 방법론을 중심으로 정리해 보고자 한다.

첫째, 사회균열론(social cleavage theory)적 입장에서 지역적 균열과 선거, 지역주의 사이의 관계성을 설명하는 방법이다. 대의 민주주의를 실시하고 있는 현대 국가에서 각 정당의 성격은 사회구조에 따라 규정되는데, 선거를 통한 정당의 동태적 변화는 사회구조의 변화와 밀접한 연관성을 갖는다.[11] 정당은 정치적 동원의 핵심 행위자로 간주되지만, 정당이 조직하는 대안과 균열은 유권자들의 편성구조인 사회적 균열로부터 큰 영향을 받는다.[12] 상기 접근법이 정당의 지역화 현상이나 지역주의의 정치적 혹은 사회 구조적 요인을 분석하는데 용이할 수 있다. 하지만, 개별 정당을 단순히 사회구조의 변화를 반영하는 수동적 존재로 간주하고 있다는 한계를 지닌다.

둘째, 정치동원론(political mobilization theory)적 시각을 들 수 있다. 정치동원론에 따르면, 정당은 수동적 존재가 아니며 정치적 환경을 통해 유권자들을 동원하는 능동적 행위자로 정의된다.[13] 또한 정당은

---

10 김만흠, 1994, 220-233
11 Lipset, S. M., 1967, 1-64
12 Harrop, M., 1987, chapter 7
13 Wolinetz, S. B., 1988, 5

유권자의 사회적 균열과 선호도에 따른 정당의 선거 전략과 정책 대안을 입안한다.[14] 이 과정에서 정당은 선거에서 승리를 쟁취할 목적 아래 지역에 기반을 둔 사회적 균열구조 혹은 지역정서를 적극적으로 활용하여 유권자들을 동원할 수 있다. 그러나 본 접근법이 정당의 선거운동을 지나치게 능동적으로 판단하고 있을 뿐 아니라, 구조화된 지역적 균열과 정치적 환경의 제약 요인을 간과하고 있다는 점이 중요한 문제점이다.

셋째, 합리적 선택이론(rational choice theory)이다. 이러한 접근 방법은 기본적으로 개인의 합리성과 사회적 선택을 규정해 주고 있는데, 특히 행위자들의 정책 결정과정에 주목하고 있다.[15] 유권자들은 선거과정에서 제시된 다양한 경쟁적 정책 대안들 가운데 자신들의 개인적 선호도에 맞는 합당한 방안을 선택한다.[16] 그런 이유로 지역주의 현상이 유권자들의 합목적적 선택에 의한 결과물이라고 간주하고 있다. 하지만, 본 이론은 지역주의 현상 자체를 지나치게 긍정적으로 평가하고 있을 뿐 아니라, 유권자들의 개인적 합리성에 대한 객관적 기준 설정에 대한 문제가 제기될 수도 있다는 점이다.

우크라이나에서 '지역'과 '지역주의' 문제는 독립이후 우크라이나 정치와 사회 분야의 대표적인 관심 사안으로 자리매김하게 되었다. 정치적인 측면에서 보자면 대체적으로 우크라이나의 선거와 지역주의 관련 주제들이 연구의 대상이 되었다면, 사회적 관점에서는 동부와 서부의 지역 정체성(regional identity)에 대한 문제들이 가장 큰 주

---

14 Norris, P., 2004, 98-101
15 Buchanan, J. M. & Tullock, G., 1962, 31-39
16 Ware, A., 1996, 318-322

목을 받았던 이슈였다.[17] 이 가운데 우크라이나의 선거와 지역주의에 대한 기존의 연구 성과들은 대부분 선거과정에서 발현된 우크라이나 유권자들의 투표 행태와 정치적 태도에 대한 분석에 초점을 맞추고 있었다.[18] 이와 더불어, 비록 예외적인 경우가 있기는 하지만, 기존 연구들은 대체적으로 다음의 세 가지 측면에서 공통점을 갖고 있다고 볼 수 있다. 첫째, 주로 단일 선거를 분석의 대상으로 설정하고 연구 작업을 진행했다는 점이다. 둘째, 개별 정당 혹은 대통령 후보자들에 대한 지역 유권자들의 지지 요인을 파악하는데 연구의 기본 목적을 두었고, 이를 위해 지지율을 토대로 하는 통계 분석 작업을 진행했다는 사실이다. 셋째, 대부분 2004년 오렌지 혁명 이전의 선거과정에 대한 연구들이라는 점이다.

이상을 고려하여 본 논문은 기존의 단일한 선거 분석을 탈피할 것이고, 시기적으로는 유센코 집권이후 실시된 세 차례의 선거과정과 그 결과를 종합적으로 고찰하고자 한다. 이를 바탕으로 본고는 우크라이나 지역주의 현상의 실제적인 수준과 발생 원인에 대한 심층직인 분석 작업을 실시할 것이다. 또한 선거과정과 결과를 통해 표출되는 우크라이나 지역주의와 정당의 지역화 현상을 평가하기 위해 다음의 두 가지 연구 방법을 활용하고자 한다. 먼저, 대선 후보자와 정당에 대한 지역별 지지율 분석이다. 이는 지역주의 현상을 가시적으로 파악할 수 있는 가장 기본적인 접근법으로 평가되며, 정당체계의 대표성 문제와 깊은 상관관계를 갖고 있는 사안이라고 하겠다. 특정

17 대표적으로 다음의 두 논문을 참조하시오. Katchanovski, I., 2006; Malanchuk, O., 2005

18 Katchanovski, I., 2006, 508-509

지역에서 특정 후보자 혹은 정당의 지지율이 높고 지속될 경우 지역주의 현상이 발현된 것으로 정의해 볼 수 있다.[19] 이밖에, 정당의 지역화 수준을 측정할 목적아래 지역 균열지수를 통한 평가 방법을 이용할 것이다. 특정 지역에서 특정 정당의 득표율과 여타 지역에서 특정 정당의 평균 득표율의 차이 분석을 통해 지역균열지수를 측정해 볼 수 있다.[20] 일반적으로 서구 민주주의 국가에서 정당의 지역적 균열은 언어, 인종, 종교, 전통, 문화, 역사의 차이에 주된 근거를 두고 있으며, 이들 국가들의 지역균열지수는 대략 20을 크게 넘지 않는 것으로 간주된다.[21] 이 기준에 입각해서 특정 지역에서 특정 정당의 지역균열지수가 일정기간 동안 20을 넘을 경우에 정당의 지역화 현상이 발생한 것으로 판단해 볼 수 있다.

Ⅲ. 우크라이나의 선거와 지역주의 투표

1991년 소연방에서 독립을 획득한 이후부터 우크라이나에서 경쟁선거와 정당정치가 본격적으로 실시되기 시작하였다. 대체적으로 우크라이나에서 일련의 선거과정은 민주적 절차에 입각해서 큰 차질없이 진행되었다.[22] 그럼에도 불구하고, 1990년대 우크라이나의 선거과정에서 지역주의 투표성향이 지속적으로 표출됨에 따라, 동부와 서

19 이갑윤, 1998, 25-26

20 최영진, 2002, 12

21 박상훈, 1999, 20

22 독립이후 우크라이나에서는 대선(1991년, 1994년, 1999년, 2004년, 2010년)과 총선(1998년, 2002년, 2006년, 2007년)이 실시되어 정치과정의 제도화가 확립되고 있다고 볼 수 있다

부 지역을 둘러싼 정치적 혼란과 사회적 갈등은 점차 증대될 수밖에 없었다. 우크라이나의 지역분할구조는 본질상 국민통합과 국가적 통일성 확립에 있어서 중대한 장애요인으로 작용하였다. 이러한 현실 상황 속에서 지역주의 대결구도는 더욱 격화되어 갔고, 2004년 대선 과정에서 마침내 시민혁명이라는 가장 극단적인 형태로 분출되고 말았다. 그 결과 우크라이나에서 사상 초유의 대통령 재선거가 실시되었고, 재선거에서 승리를 거두었던 오렌지 연합 세력들이 새로운 정부를 구성하여 국정을 운영해 나갔다. 유센코 집권 기간 동안 여당과 야당세력들 간에 첨예한 정치적 갈등과 투쟁이 발발하여 우크라이나 정국은 큰 위기 상황에 봉착해 있었으며, 총 두 차례의 총선(2006년과 2007년)과 한 차례의 대선(2010년)을 통해 정치 세력들은 국민들의 심판을 받게 되었다.

1. 총선 분석

2004년 오렌지 혁명 당시 유센코와 야누코비치 후보는 정치적 협상을 통해 재선거 실시를 위한 전제 조건이었던 헌법 개정문제에 전격적으로 합의했다. 이러한 의견일치 덕분에 2005년 헌법에 대한 개정이 이루어질 수 있었고, 2006년 1월 1일 부로 개정 헌법은 효력을 발휘하게 되었다. <표 1>에서 알 수 있듯이, 개정 헌법의 가장 중요한 특징은 대통령의 권한을 크게 축소함과 동시에, 총리와 의회의 권한을 대폭 강화한 데 있었다.[23] 게다가, 의회 선거제도에 있어서도 새로

23 http://www.ciaonet.org/atlas/UA/Politics/Background/20070129_5548.html(검색일: 2010년 3월 30일)

〈표 1〉 2006년 개정헌법에 입각한 대통령, 총리, 의회의 주요 권한 구분

행위자	권한 범위
대통령	• 외교 및 안보 부처(외무장관, 국방장관, 국정원장)에 대한 임명제청
총리	• 외교 및 안보 부처(외무, 국방, 국정원장)를 제외한 모든 각료 지명 • 주지사 임명 및 해임
의회	• 국무총리, 국무위원, 중앙 정부의 기관장에 대한 임명권 행사 • 모든 장관들에 대한 심의와 이들에 대해 거부권 행사 가능

출처 : http://ru.wikipedia.org에서 재구성(검색일: 2010년 2월 25일)

운 방법이 도입되었다는 점이다. 이전 선거와는 달리, 2006년부터 실시되는 총선에서는 정당명부 비례대표제도(party-list proportional election system)를 근간으로 국회의원을 선출하게 된 것이다. 이는 의석 배분 기준선으로 정당 지지율 3%를 설정하고, 이를 넘는 정당들에게만 득표율에 기초하여 의석을 배분해 주는 제도였다.

<표 2>에서는 유센코 집권 시기 두 차례에 걸쳐 실시된 총선의 결과를 주요 정당별로 비교해 주고 있다. 2006년 3월 26일 총선과 2007년 9월 30일 조기총선에서 잘 나타나는 것 같이, 야누코비치가 지도하는 지역당이 총선에서 오렌지 혁명 세력들(티모센코 블록과 우리 우크라이나·대중의 자치방어 블록)을 물리치고 두 번 모두 1위를 차지하였다. 또한 이전 선거에 비해 2007년 총선에서 티모센코 블록이 가장 괄목할만한 성과를 올렸다. 결과적으로 지역당과 티모쉔토 블록은 총선이후 연립정부 구성과 정국 운영과정에서 주도적인 역할을 담당할 수 있었다.[24]

<표 3>에서 나타나는 바와 같이, 2006년과 2007년 총선에서 지역

24 2007년 총선에서 티모센코 블록은 이전 선거에 비해 지지율 면에서 가장 좋은 성적을 거두었다. 그 결과 티모센코는 새로운 연립정부 구성 과정에서 총리로 임명되었고, 오렌지 군단은 재결합에 성공하였다

〈표 2〉 2006년과 2007년 우크라이나 총선 결과(주요 정당별 득표율과 의석수)

정당명	득표율(%)		득표수(명)		의석수(석)		의석 변동(수)
	2006년	2007년	2006년	2007년	2006년	2007년	
지역당	32.14	34.37	8,148,745	8,013,918	186	175	-11
티모센코 블록	22.29	30.71	5,652,876	7,162,174	129	156	+27
우리 우크라이나·대중의 자치방어 블록	13.95	14.15	3,539,140	3,301,012	81	72	-9
우크라이나 공산당	3.66	5.39	929,591	1,257,397	21	27	+6
리트빈 블록	2.44	3.96	619,905	924,568	0	20	+20
우크라이나 사회당	5.69	2.86	1,444,224	668,185	33	0	-33

출처: http://www.cvk.gov.ua에서 재구성(검색일: 2008년 2월 26일)

〈표 3〉 2006년과 2007년 총선의 주요 정당별 지역 득표율

지역 구분	지역당		티모센코 블록		우리 우크라이나		우크라이나 공산당		리트빈 블록	
	2006	2007	2006	2007	2006	2007	2006	2007	2006	2007
전체 지지율(%)	32.14	34.37	22.29	30.71	13.95	14.15	3.66	5.39	2.44	3.96
동부지역 전체	67.7	66.5	5.6	7.5	2.82	3.4	3.6	7.3	-	2.2
도네츠크	73.6	72.1	2.5	3.9	1.4	1.6	3.1	6.0	0.3	1.0
하리키프	51.7	49.6	12.7	16.4	5.9	8.1	4.6	8.3	2.3	4.6
루한스크	74.3	73.5	3.7	5.0	2.0	1.7	4.4	8.4	0.7	2.4
서부 지역 전체	6.5	8.3	32.7	48.9	30.8	29.1	1.3	1.8	-	3.2
르비브	3.0	4.2	33.0	50.4	38.0	36.0	0.7	1.0	0.7	1.1
이반-프랑크	1.9	3.0	30.4	50.7	45.1	36.8	0.6	0.8	1.0	1.0
테르노필	2.0	3.0	34.5	51.6	34.2	35.2	0.4	0.7	1.4	1.6
남부지역 전체	50.7	54.6	10.3	13.6	6.5	6.5	4.7	7.7	-	4.6
크리미아	58.0	61.0	6.5	6.9	7.6	8.2	4.5	7.6	1.3	3.9
세바스토폴	64.3	64.5	4.5	5.0	2.4	2.3	4.8	10.3	1.5	2.5
중부지역 전체	25.5	30.6	25.7	34.8	10.9	11.8	5.04	6.4	-	4.7
폴타바	20.4	24.8	26.8	37.9	13.2	14.5	5.4	6.5	2.2	4.9
체르카시	10.7	15.5	38.3	47.0	12.2	15.3	4.4	4.9	3.0	4.9
북부지역 전체	17.9	16.7	24.9	45.5	17.5	16.1	5.3	4.9	-	5.7
키예프	11.8	15.0	39.2	46.2	15.8	15.8	3.0	4.6	3.3	6.6
키예프(주)	9.9	13.0	44.5	53.4	11.6	15.1	2.3	2.9	2.8	5.1

출처: http://www.cvk.gov.ua의 통계자료를 바탕으로 재구성(검색일: 2010년 3월 26일)
* 진한 색 표시는 우크라이나 동부와 서부 지역의 주요 정당별 득표율 비교임

당, 티모센코 블록, 우리 우크라이나 당이 각각 1위, 2위, 3위를 차지하였다. 지역당이 동부 지역에서 압도적인 지지를 얻었던 데 비해, 서부 지역에서는 별 다른 성과를 거두지 못했다. 반면 티모센코 블록과 우리 우크라이나 당은 서부 지역에서 선전을 펼쳤지만, 동부 지역에서의 지지율은 가장 낮았다.

두 차례의 총선 결과를 기준으로 볼 때, 특정 지역에 정치적 기반을 보유하고 있는 주요 정당들이 해당 지역에서 좋은 성과를 거두었음을 알 수 있었다. 특히 동부와 서부 지역을 대표하는 정당들의 지역별 지지율이 가장 확실한 증거라고 하겠다. <표 4>와 <표 5>에서는 우크라이나 선거에서 표출된 지역주의 현상과 정당들의 지역화 수준을 파악할 목적으로 주요 정당들의 지역균열지수를 두 가지 측면에서 계산해 보았다.[25] 하나는 동부와 서부 지역 전체를 대상으로 했고, 다른 하나는 동부와 서부 지역을 대표하는 주요 도시들을 표본으로 설정했다. <표 4>와 <표 5>에서 제시된 지역균열지수를 통해 판단해본다면, 2006년과 2007년 우크라이나 총선에서 동부와 서부를 중심으로 지역주의 현상과 정당의 지역화가 발생했다고 볼 수 있다. 특히 지역당의 경우, 동부 지역에서 2006년 42.5%, 2007년 38.9%라는 지역균열지수를 기록함으로써 정당의 지역화 현상이 심화되었다. 서부 지역에서는 티모센코 블록과 우리 우크라이나 당이 각각 20% 내외의 지역균열지수를 나타냄에 따라, 지역화 현상이 지속되고 있다는 평가를 내릴 수 있을 것이다.

25 지역균열지수란 특정 정당이 특정 지역에서 획득한 득표율과 기타 지역들에서 확보한 평균 득표율의 차이를 의미한다

〈표 4〉 동부와 서부 지역에서 주요 정당들의 지역균열지수

지역과 지역균열지수(%)		지역당		티모센코 블록		우리 우크라이나	
		2006년	2007년	2006년	2007년	2006년	2007년
동부 지역 전체	지지율	67.7	66.5	5.6	7.5	2.8	3.4
	타 지역 평균 지지율	25.2	27.6	23.4	35.7	16.4	15.9
	지역균열지수	42.5	38.9	-17.8	-28.2	-13.6	-12.5
서부 지역 전체	지지율	6.5	8.3	32.7	48.9	30.8	29.1
	타 지역 평균 지지율	40.5	42.1	16.6	25.4	9.4	9.5
	지역균열지수	-34	-33.8	16.1	23.5	21.4	19.6

출처: http://www.cvk.gov.ua의 통계자료를 바탕으로 재구성(검색일: 2010년 3월 26일)

〈표 5〉 동부와 서부 지역 대표 도시에서 주요 정당들의 지역균열지수

지역과 지역균열지수(%)			지역당		티모센코 블록		우리 우크라이나	
			2006년	2007년	2006년	2007년	2006년	2007년
동부	도네츠크	지지율	73.6	72.1	2.5	3.9	1.4	1.6
		타 지역 평균 지지율	25.6	26.7	25.2	34.7	15.9	15.8
		지역균열지수	48.0	45.4	-22.7	-30.8	-14.5	-14.2
	하리키프	지지율	51.7	49.6	12.7	16.4	15.9	8.1
		타 지역 평균 지지율	26.5	27.5	24.8	34.2	15.3	15.6
		지역균열지수	25.2	22.1	-12.1	-17.8	0.6	-7.5
	루한스크	지지율	74.3	73.5	3.7	5.0	2.0	1.7
		타 지역 평균 지지율	25.6	26.6	25.1	34.6	15.8	15.8
		지역균열지수	48.7	46.9	-21.4	-29.6	-13.8	-14.1
서부	르비브	지지율	3.0	4.2	33.0	50.4	38.0	36.0
		타 지역 평균 지지율	28.3	29.3	24	32.9	14.5	14.5
		지역균열지수	-25.3	-25.1	9	17.5	23.5	21.5
	이반-프랑크	지지율	1.9	3.0	30.4	50.7	45.1	36.8
		타 지역 평균 지지율	28.4	29.3	24.1	32.9	14.2	14.5
		지역균열지수	-26.5	-26.3	6.3	17.8	30.9	22.3
	테르노필	지지율	2.0	3.0	34.5	51.6	34.2	35.2
		타 지역 평균 지지율	28.4	29.3	24	32.8	14.6	14.6
		지역균열지수	-26.4	-26.3	10.5	18.8	19.6	20.6

출처: http://www.cvk.gov.ua의 통계자료를 바탕으로 재구성(검색일: 2010년 3월 26일)

2. 대선 분석

우크라이나에서는 대통령 선출 방식으로 결선투표 제도를 채택해서 시행하고 있다. 그에 따르면, 1차 투표에서 50% 이상의 지지를 받은 후보가 대통령 당선자로 확정된다. 만일 해당자가 없을 경우에는 1차 투표에서 1위와 2위를 차지한 두 명의 후보자들이 2차 결선투표에 참가할 수 있는 자격을 획득하며, 2차 투표에서 1위를 차지한 후보가 대선의 최종 승자로 결정되는 방식이었다.

2010년 우크라이나 대선은 소연방으로부터 독립 이후 실시되는 다섯 번째의 대통령 선거였다. 이번 선거는 무엇보다도 2004년 시민혁명을 통해 집권에 성공했던 오렌지 혁명세력에 대한 정치적 심판의 무대라는 점에서 매우 중요한 역사적 의미를 함유하고 있었다. 따라서 본 선거는 향후 우크라이나의 정치 지형도와 대내외적 정책방향을 판가름할 수 있는 중차대한 시금석이었다.

<표 6>의 우크라이나 중앙선관위 공식 발표 결과에 따르면, 2010년 1월 17일에 실시된 우크라이나 대선 1차 투표에서 야누코비치 후보가 약 35%의 지지율로 1위를 기록했으며, 티모센코 후보가 25%의 지지를 받으면서 2위를 차지하였다. 그 뒤를 이어 티힙코와 야세뉵 후보가 3위와 4위를 각각 기록하면서 현직 대통령인 유센코를 앞서게 되었다. 이들은 비록 2차 결선투표 진출에는 실패했지만, 킹 메이커의 역할을 기대할 수 있는 유리한 고지를 점령하였다. 반면, 유센코 후보는 5%라는 매우 낮은 지지율에 그친 가운데, 향후 자신의 정치적 미래조차 불투명한 상황에 처해버렸다.

<표 7>에서는 2010년 우크라이나 대선 1차 투표 결과를 바탕으로

〈표 6〉 2010년 우크라이나 대선 1차 투표 결과

순위	후보자 이름	투표수(명)	지지율(%)	순위	후보자 이름	투표수(명)	지지율(%)
1	야누코비치	8,686,642	35.32	11	모로즈	95,169	0.38
2	티모센코	6,159,810	25.05	12	코스첸코	54,376	0.22
3	티힙코	3,211,198	13.05	13	수프룬	47,349	0.19
4	야세뉵	1,711,737	6.96	14	프로티브시흐	40,352	0.16
5	유센코	1,341,534	5.45	15	파바트	35,474	0.14
6	시모넨코	872,877	3.54	16	라투쉬니아크	29,795	0.12
7	리트빈	578,883	2.35	17	브로드스키	14,991	0.06
8	티아니복	352,282	1.43	18	니아보콘	8,334	0.03
9	흐리첸코	296,412	1.20	모든 후보 반대		542,819	2.20
10	볼로슬로프스카야	102,435	0.41				

출처: 우크라이나 중앙선거관리위원회(http://www.cvk.gov.ua)
* 진한 색 표시는 2차 결선투표에 참가할 수 있는 후보자들을 표시한 것임

주요 대선 후보자들의 동부와 서부 지역 지지율을 비교해 보았다. 동부 지역을 대표하는 야누코비치 후보와 서부 지역의 후보임을 자처하는 티모센코와 유센코 사이에 큰 폭의 지지율 격차가 발생하였음을 알 수 있다. 이들은 자신들의 지역적 근거지에서 상대적으로 큰 지지를 받았을 수 있었지만, 상대 지역에서는 고전을 면치 못하였다. 특히 세 후보자들의 1차 투표 지지율이 각각 35.32%, 24.05%, 5.45%

〈표 7〉 2010년 우크라이나 대선 1차 투표의 동부와 서부 지역 결과(%)

지역	주요 도시	야누코비치	티모센코	티힙코	야세뉵	유센코
동부	도네츠크	76.0	4.3	7.2	2.7	0.6
	루한스크	71.0	6.5	9.4	2.3	0.6
	하리키프	50.1	10.6	18.8	5.9	1.4
서부	르비브	5.6	34.7	4.7	11.0	30.7
	이반-프랑크	5.1	38.9	4.3	13.8	25.0
	테르노필	9.8	35.6	4.8	9.9	26.4

출처: 우크라이나 중앙선거관리위원회(http://www.cvk.gov.ua) 통계 자료를 재구성
* 진한 색 표시는 동부와 서부 지역을 근거지로 하는 후보자들의 지지율을 표시했음

였다는 점을 감안해서 평가해 본다면, 지역주의 투표의 영향력이 1차 투표에서도 발휘되었다고 볼 수 있다.

2010년 2월 7일에 실시된 2차 결선 투표 결과, 야누코비치 후보가 우크라이나의 새로운 대통령에 선출되었다. 그는 2004년 대통령 재선거에서 유센코에게 2,200,000표 차이로 아쉬운 패배를 당했지만, 2010년 대선에서는 오렌지 혁명 세력들을 모두 제압하고 승리를 쟁취할 수 있었다. <표 8>에서 나타나고 있는 것처럼, 결선 투표에서 야누코비치는 48.95%, 티모센코는 45.47%를 각각 득표하였다. 또한 동부와 서부 지역에서 두 후보의 지지 기반은 완전히 상반된 것이었을 뿐 아니라, 특정 후보에 대한 지역 유권자들의 표 집중 현상이 분명하게 나타났다. 동부와 서부를 대표하는 주요 지역들에서 야누코비치와 티모센코는 전체 득표율에 거의 두 배에 달하는 지지를 얻었기 때문이다.

이상에서 유센코 통치 시기 우크라이나의 선거와 지역주의 투표 성향을 고찰한 결과를 종합해 볼 때, 2004년 오렌지 혁명에서 가장

〈표 8〉 2010년 우크라이나 대선 2차 투표의 동부와 서부 지역 결과(%)

		야누코비치	티모센코
전체 득표수(명)		12,481,266	11,593,357
전체 득표율(%)		48.95	45.47
동부	도네츠크	90.44	6.45
	루한스크	88.96	7.72
	하리키프	71.35	22.43
서부	르비브	8.60	86.20
	이반-프랑크	7.02	88.89
	테르노필	7.92	88.39

출처: 우크라이나 중앙선거관리위원회(http://www.cvk.gov.ua) 통계 자료를 재구성

극명한 형태로 발산된 지역주의 현상이 유센코 집권 시기 총선과 대선에서도 뚜렷하게 표출되었다고 볼 수 있다. 특히 지지율과 지역균열지수의 분석 결과를 통해 동부와 서부 지역에서 정당의 지역화 현상은 심각한 수준이라는 사실을 확인할 수 있었다.

Ⅳ. 우크라이나 지역주의 현상의 동인 분석

우크라이나는 다양한 특색을 보유하고 있는 지역들[26]로 구성된 국가라고 정의할 수 있다. 그런 까닭에 우크라이나는 종종 '지역들의 국가'라고 명명되기도 한다. 이 중에서 드네프르강을 경계로 좌우에 위치하고 있는 동부와 서부 지역은 실제적으로 우크라이나를 대표하는 지역이라고 말할 수 있다. 동부와 서부 지역은 우크라이나 경제의 핵심 산업인 공업과 농업의 중심지일 뿐 아니라, 양 지역의 유권자들은 독특한 지역 정체성을 바탕으로 지역주의 경향을 강하게 발산하고 있기에 그렇다.[27]

동부의 경우, 크리미아 자치 공화국(Autonomous Republic of Crimea) 다음으로 많은 러시아인들이 거주하고 있으며, 우크라이나에서 가장

26 우크라이나는 일반적으로 4개(동부, 서부, 남부, 중부 지역) 지역으로 구분되고 있다. 일부 학자들의 경우 2개(동부와 서부) 지역에서 8개(동부, 동중부, 북중부, 남부, 크리미아, 서중부, 남서부, 서부)지역으로 분류하는 경우도 있다. 8개 지역 분류는 역사적 발전 경험, 인구학적 요인, 경제 발전 형태 등에 기초하여 지역을 보다 세분화한 것이다. 8개 지역 분류에 대한 보다 자세한 내용은 다음의 논문을 참조하시오. Barrington, L. W. & Herron. E. S., 2004

27 동부와 서부 지역은 우크라이나를 대표하는 지역이다. 양 지역의 특성과 차이점에 대해서는 다음의 논문을 참조하시오. Rodgers, P., 2006; Kubicek, P., 2000

산업화되고 도시화된 지역이다. 동부 지역 주민들은 주로 러시아어를 사용하고 러시아 문화에 친숙한 편이고, 러시아와 긴밀한 유대관계를 적극 지지하고 있다. 반면, 서부 지역에는 순수 혈통의 우크라이나인들이 집중적으로 거주하고 있다. 이들은 우크라이나어를 구사하며, 대체적으로 반 모스크바 정서를 표현하고 있는 민족주의자들이다.

<표 9>를 통해 파악할 수 있듯이, 우크라이나 내에 존재하는 동부와 서부 지역은 완전히 대비되는 역사발전과정, 인종적 구성, 문화와 전통, 경제 구조 등을 보유하고 있다고 하겠다.[28]

이러한 맥락에서 볼 때, 우크라이나 지역주의 현상과 발생 원인에 대한 종합적인 분석 작업은 중요한 의미를 함유하고 있다고 하겠다. 여기서는 동부와 서부 지역을 분석 대상으로 삼고 우크라이나 지역주의 현상의 동인을 다층적(역사적, 정치적, 경제적) 관점에서 추론해 보고자 한다.

먼저, 역사적 발전과정에 있어서 동부와 서부 지역 간에 본질적인 차이점이 있었다는 점을 들 수 있다. 우크라이나가 지정학적으로 "동"과 "서"의 중간지대에 위치해 있었던 관계로 양 지역은 오랜 기간 동안 동방과 서방을 대표하는 외부 세력들에 의해 각각 지배와 예속을 당하였다. 이 가운데 1654년 페레야슬라프(Pereyaslav) 협정의 체결은 동부 지역의 운명을 결정해 준 역사적 사건이었다. 그 이후부터 러시아 제국에 의한 식민지화와 산업화(19세기 말과 20세기 중엽) 정책이 본격적으로 추진되면서 동부 지역에서 중대한 변화들이 발생하기 시작했다. 그런 이유로 동부 지역에서 우크라이나의 고유한 민족

28 역사적 측면에서 동부와 서부 지역의 정체성 문제에 대해서는 다음의 글을 참조하시오. 홍석우, 2008, 12-33

〈표 9〉 우크라이나 동부 및 서부 지역의 특성 비교

비교요인	동부지역	서부 지역
위치	러시아의 국경과 인접	동유럽 국가들의 국경과 인접
인구	우크라이나 전체인구의 약 20%에 해당하는 러시아인들이 대거 거주	대부분의 우크라이나인들 거주
종교	정교 신봉	동방 가톨릭 신봉
역사	제정 러시아 시기부터 러시아 지배 소련시기 러시아화 정책 진행 러시아화 수준 높음 러시아로부터 큰 영향	2차 대전이후부터 러시아 지배 스탈린의 농업 집산화로 큰 손실 2차 대전과정에서 엄청난 인명 피해 러시아화 수준 낮음 폴란드와 리투아니아로부터 큰 영향
문화	러시아 문화생활 일반화 러시아어 사용 러시아에 대한 친근감 큼	우크라이나 문화생활 일반화 우크라이나어 사용 서유럽에 대해 친근감 큼
산업	공업 중심 러시아와 밀접한 연관성 보유	농업 중심
대표 도시	도네츠크, 루한스크, 하리키프	르비브, 테르노필, 이반-프랑크
정치적 성향	친 러시아 성향 강함 친 러시아 외교노선 지지 친 서방정책 추구에 반감 러시아와 긴밀한 경제협력 주장 CIS 체제 참여 지지	탈러시아 성향 강함 친 서방 외교노선 지지 친 러시아 정책 추구에 반감 NATO 및 EU 가입 주장 CIS 체제 이탈 지지

출처: Rodgers, P., "Understanding Regionalism and the Politics of Identity in Ukraine's Eastern Borderlands," Nationalities Papers, 34-2 (2006)에서 재구성

정체성을 형성할 수 있는 가능성은 크게 줄어들었던 반면, 우크라이나가 러시아의 일부임을 인정하는 '소 러시아주의'(Little Russianism)는 오히려 크게 확산될 수 있었다.[29] 이에 비해, 서부 지역은 오랜 기간 폴란드의 지배를 경험하였음에도 불구하고, 상대적으로 자치를 향유할 수 있는 기회가 많았다.[30] 그 덕택에 서부 지역의 주민들은 자신들의 본원적인 민족 정체성을 보다 잘 보존할 수 있었다.

29 Burant, S. R., 1995, 3
30 Birch, Sarah., 2000, 1021-1022

이와 함께, 2차 세계 대전까지 동부와 서부의 역사적 발전 경험 역시 대단히 중요한 결정 요인이라고 할 수 있다. 1917년 이후 동부 지역에 형성되었던 공산주의 정치체제가 서부의 모든 지역에서는 2차 대전이후에야 수립될 수 있었다는 점이다. 그 기간 동안 서부 지역에서 가족 집단은 사회화 과정에 있어서 중요한 역할을 담당했던 존재였다.[31] 이를 통해 볼 때, 소연방으로부터 독립을 획득하기 이전까지 동부와 서부의 전체 지역이 한 국가 내에 공존한 경험은 역사적으로 대략 반세기에 불과한 것이었다. 결과적으로 우크라이나 동부와 서부 지역 사이에는 오랜 역사 발전과정에서 형성된 정치적, 사회적, 문화적, 종교적 차별성이 존재하게 되었다.[32] 이러한 지역 정체성의 차이는 독립이후 우크라이나의 민족 정체성 형성과정에 있어서 중요한 역할을 담당하였을 뿐 아니라, 지역주의와 민족주의 운동이 발흥하게 된 근본적인 동인이었다.

둘째, 양 지역 간에 정치문화의 내용과 성격이 본질적으로 달랐다는 사실이다. 동부와 서부 지역의 독특한 정치문화는 우크라이나의 역사적 분할과정을 통해 창출된 정치적 산물이자, 역사적 결과물이었다. 18세기 말 러시아와 오스트리아-헝가리 제국의 분할, 20세기 초 소련과 폴란드, 루마니아, 체코슬로바키아의 분할 등이 그 대표적인 사례였다. 이러한 지역적 분할은 동부와 서부 지역에서 독특한 민족 정체성과 정치문화를 형성하게 만들어 준 핵심 요인으로 작용할 수 있었다. 역사적 경험과 유산이 정치문화의 주요한 원천임과 더불어,

31 Katchanovski, I., 2006, 512

32 우크라이나 동부 및 서부 지역주의의 특징과 차이에 대해서는 다음의 논문을 참고하시오. 우준모, 1997; 홍석우, 1996; 문명식, 2001; E. Krapacheva, 2006; Paul. Pirie, 1996

공유된 역사적 경험은 동일한 방향에서 개인들의 가치 기준을 형성하는데 큰 역할을 담당했기 때문이다.

러시아 제국은 우크라이나 동부 지역에서 러시아화 정책을 강력하게 추진해 나갔다. 예를 들자면, 지역 자치제도의 폐지, 정치조직의 활동 금지, 우크라이나어 사용 제한 등의 정책을 통해 러시아 제국의 정체성 조성 작업이 본격적으로 진행되었던 것이다.[33] 그 연장선상에서 러시아 제국은 우크라이나인을 지역 집단으로, 우크라이나어를 러시아어의 방언으로 취급해버렸다. 결국 동부 지역은 오랜 러시아의 통치와 러시아화 정책의 결과로 친 러시아와 친 공산주의 경향이 일반화될 수 있었다.

이와 비교해 볼 때, 서부 지역에서는 동부지역과 전혀 다른 상황이 전개되었다. 무엇보다도 서부 지역의 역사적 제반 조건들이 우크라이나 민족주의와 민족 정체성 확산에 상당히 유리한 편이었다. 오스트리아-헝가리 제국이 러시아 제국보다 상대적으로 발전된 민주적 정치체제를 보유하고 있었던 까닭에 우크라이나 지식인들은 민족주의 사상의 전파와 민족 정체성을 형성할 수 있는 보다 큰 가능성을 제공받았다.[34] 따라서 서부 지역은 동부를 비롯한 다른 지역들에 비해 보다 광범위하고 많은 경쟁선거의 경험을 보유하게 되었다. 게다가, 서부 지역의 경우 언어, 교육, 종교 정책 등에서 우크라이나의 고유한 민족 정체성을 발전시켜 나갈 수 있었다. 이처럼 양 지역에서 형성된 독특한 정치문화는 본질적으로 우크라이나의 역사적 분할의 결과로 발생하게 되었고, 정치체제의 상이성과 러시아 및 소비에트 제국으로

33 Katchanovski, I., 2006, 511

34 Katchanovski, I., 2006, 511

부터의 지배 기간의 차이에 기초를 두고 있다고 볼 수 있다.

셋째, 동부와 서부 지역 간에 경제적 기반 여건과 관련된 차이들이 존재하고 있었다. 동부 지역의 경제구조는 중공업을 중심으로 형성되어 있었던 반면, 서부 지역에서 경제활동의 핵심 토대는 농업이었다.[35] 또한 1944년 소련에 병합된 서부 지역은 경제적으로 동부 지역에 비해 상당히 낙후된 상태를 유지하고 있었다. 따라서 양 지역 간에 사회적 발전 수준(급여 수준, 사회 복지, 실업률 등)에서도 상당한 차이들이 존재할 수밖에 없었다. 소비에트 시절부터 동부는 우크라이나 전체에서 산업화 수준과 인구 밀도가 가장 높은 지역이었다. 게다가, 동부 지역은 국가의 기간산업(특히 제철과 군수 부문 등)의 중심지였던 관계로 다른 지역들에 비해 많은 특혜와 특권을 향유할 수 있었다.

소연방의 해체로 우크라이나가 포스트 소비에트 공간의 독립국가로 출범함에 따라, 동부와 서부 지역의 시민들은 경제발전과 생활수준의 향상을 원했다. 하지만, 우크라이나의 실제적인 경제상황은 기대와는 전혀 다르게 진행되었다. 이는 소련 시기의 경제적 연계망 붕괴, 우크라이나의 에너지 의존형 경제 구조, 체제이행 과정의 혼란 등이 복합적으로 작용해서 초래되었던 결과였다.

독립이후에도 동부와 서부 지역 간 경제 여건의 차이는 일련의 선거과정에서 지역주의 투표로 극명하게 표출되었다. 대체적으로 동부 지역 유권자들은 산업에 대한 국가의 전폭적인 지원을 주창하는 후보 혹은 정당을 지지하였다. 그러나 서부 지역 주민들은 다른 지역에 위치하고 있는 산업을 지원한다는 명분아래 국가 기금을 전용하는

35 Birch, Sarah., 2000, 1026

문제에 분명한 반대 의사를 표시하곤 했다. 이밖에도, 경제 개혁정책의 방향 설정 문제에 있어서도 양 지역의 주민들은 상반된 입장을 나타내고 있었다.[36] 동부 지역의 유권자들이 자국의 산업 발전을 위해 국가의 재정 지원과 경제 개혁정책의 속도 조절을 요청함과 동시에, 러시아와 전통적 형태의 호혜적 경제관계 구축을 기대했다. 그렇지만, 서부 지역의 거주자들은 시장 개혁정책에 한층 유연한 태도를 보였으며, 동유럽을 포함한 서방국가들과의 경제적 유대관계를 발전시킬 수 있는 정책 방안을 더욱 선호하였다.

V. 맺는말

이상에서 본고는 우크라이나의 선거과정에서 표출된 지역주의 현상과 동인을 종합적인 관점에서 고찰하였다. 특히 우크라이나 민주주의와 정치발전의 전환점이었던 오렌지 혁명이후 유센코 시기의 선거과정의 분석에 초점을 맞추었다. 유력 대선 후보자들에 대한 지지율 분석과 주요 정당들에 대한 지역균열지수를 측정하였고, 이를 바탕으로 우크라이나 선거에서 나타난 지역주의 현상의 발전 수준을 평가해 보았다. 결과적으로 2004년 대선과 오렌지 혁명이후 동부와 서부 지역에서 지역주의 혹은 정당의 지역화 현상이 심화되고 있음을 알 수 있었다.

이러한 결과들을 통해 본다면, 1991년 국가 독립이후부터 현재까지 우크라이나에서 '지역'과 '지역주의' 요인은 정치과정의 중요한

36 Barrington, L. W. & Herron E. S., 2004, 71

변동을 초래할 수 있는 핵심 요인으로 작용해왔다고 볼 수 있다. 우크라이나의 오랜 역사 발전과정의 결과물이었던 동부와 서부 지역의 분할 구조는 독립 이후에도 지속적으로 유지되고 있을 뿐 아니라, 일련의 선거과정에서 큰 영향력을 행사하고 있기에 그렇다. 그런 이유로 신생 독립국 우크라이나에서 실시된 거의 모든 총선과 대선에서 동부와 서부를 중심으로 하는 지역주의 현상이 지속적으로 표출되었던 것이다.

우크라이나는 독특한 성격을 함유하는 지역들로 구성된 국가인데, 이 중에서 동부와 서부 지역은 매우 특별한 정치적 함의를 지니는 공간이었다. 무엇보다도 동부와 서부 지역은 각각 독특한 정체성을 보유하고 있었던 관계로 양자 간의 차이와 간극은 상당히 크다고 하겠다. 이는 본질적으로 우크라이나의 역사 발전과정에서 형성된 지역 분할구조가 확고하게 자리매김하고 있기 때문이었다. 동부 지역은 역사적으로 러시아로부터 지대한 영향과 지배를 받아왔다. 그래서 동부 지역 유권자들은 러시아어를 구사하며, 친 러시아 정책을 적극 지지하고 있다. 이들은 종종 지역적 이해관계를 목적으로 국민통합과 국가적 안정성에 방해가 되는 분리주의 경향성을 표출하기도 했다. 반대로, 서부 지역은 오랜 기간 동유럽 국가들의 영향권 아래 놓여 있었고, 동부 지역에 비해 상대적으로 큰 자치와 정치적 권리를 경험할 수 있었다. 그 덕택에 서부 지역 주민들은 자신들의 고유한 민족 정체성을 유지할 수 있었다. 이들은 우크라이나어를 사용하며, 서부 지역이 우크라이나 민족주의의 진정한 본향임을 자처하고 있다.

이처럼 한 국가 내에 위치하고 있는 동부와 서부 지역은 완전히 상반되는 성격의 역사 발전과정, 인종적 구성, 문화와 전통, 경제 구조

등을 보유하고 있었다. 이에 기초한 동부와 서부의 지역주의는 독립 이후 우크라이나의 정치적, 경제적, 사회 문화적 균열구조를 촉진시킨 주요한 동인이었다고 볼 수 있다. 특히 2004년 대선과정에서 동서 지역주의가 가장 극명하게 분출됨으로써 오렌지 시민 혁명과 재선거라는 사상 초유의 사태가 발생하게 되었던 것이 대표적인 사례였다.

유센코 집권 시기 일련의 선거과정에서 지역적 균열현상은 지속적으로 표출되었다. 2006년과 2007년 총선, 2010년 대선에서 나타난 지역주의 투표성향은 우크라이나의 지역 분할구조와 정치 사회적 현실을 분명하게 반영해 주는 중요한 지표였다. 이는 우크라이나의 국가적 통합성과 정체성 문제를 여실히 드러내 주었던 구체적인 사례였다고 볼 수 있다. 동부와 서부 지역에 정치적 기반을 둔 정당들과 대선 후보자들은 선거과정에서 지역 대결구도를 적극적으로 활용하면서 지역 유권자들을 정치적으로 동원하였다. 이 과정에서 동부와 서부 지역 간에 내재되어 있었던 정치적, 사회적, 문화적 갈등 양상이 투표를 통해 지역주의 현상으로 표출되고야 말았던 것이다. 이는 유센코 통치 시기 우크라이나의 정치적 혼란과 사회적 갈등의 주요한 원천이었다. 또한 우크라이나 동부와 서부 지역의 특수성과 입장차이는 단일한 정치 공동체 형성과 대내외 정책의 방향설정에 있어서도 중대한 장애 요인으로 작용하였다. 결국 우크라이나 선거에서 나타난 지역주의 현상의 핵심적인 동인은 우크라이나의 역사 발전과정에서 형성되었던 지역적, 인종적 분리와 정치문화의 차이에 기초한다고 정의해볼 수 있다.

참고문헌

김만흠 (1994) "정치균열, 정당정치 그리고 지역주의". 『한국정치학회보』, 28/2: 215-237

문명식 (2001) "우크라이나 민족주의와 러시아". 『슬라브연구』, 17/2: 1-32

박상훈 (1999) "한국 지역정당체계의 합리적 기초에 관한 연구: 합리적 선택이론을 통해 본 민주적 이행기 유권자 투표행위 분석". 고려대학교 대학원 정치학 박사학위논문

우준모 (1997) "우크라이나 민족과 민족주의의 진로". 『러시아 지역연구』, 1: 63-94

이갑윤 (1998) 『한국의 선거와 지역주의』. 도서출판 오름

조기숙 (2000) 『지역주의 선거와 합리적 유권자』. 나남출판사

최영진 (2002) "한국 지역주의와 민주주의의 위기: 대표성, 통치능력, 안정성을 중심으로". 『국가전략』, 8/2: 5-28

홍석우 (2008) 『코사크와 오렌지 혁명의 나라』. 한국외국어대학교 출판부

홍석우 (1996) "우크라이나의 종교와 민족주의". 임영삼, 황영삼 공편. 『소련과 동유럽의 종교와 민족주의』. 한국외국어대학교 출판부

Barrington, Lowell W. & Herron. Erik S. (2004) "One Ukraine or Many? Regionalism in Ukraine and Its Political Consequences". Nationalities Papers, 32/1: 53-86

Birch, S. (2000) "Interpreting the Regional Effect in Ukrainian Politics". Europe-Asia Studies, 52/6: 1017-1041

Buchanan, James M. & Tullock, G. (1962) The Calculus of Consent: Logical Foundations of Constitutional Democracy. Ann Arbor: The University of Michigan Press

Burant, Stephen R. (1995) "Foreign Policy and National Identity: A Comparison of Ukraine and Belarus". Europe-Asia Studies, 47/7: 1-28

Harrop, M. (1987) Elections and Voters: A Comparative Introduction. London: Macmillan

Hesli, Vicki L., et als. (1998) "Political Party Development in Divided Societies: the Case of Ukraine". Electoral Studies, 17/2: 235-256

Katchanovski, I. (2006) "Regional Political Divisions in Ukraine in 1991-2006". Nationalities Papers, 34/5: 507-532

Krapacheva, E. (2006) "Ukraine in Search of Balance: the (In)Compatibility of its Western Aspirations with Close Relations with Russia." International Graduate Student Symposium in University of Toronto

Kubicek, P. (2000) "Regional Polarisation in Ukraine: Public Opinion, Voting and Legislative Behaviour". Europe-Asia Studies, 52/2: 273-294

Kuzio, T. (1996) "Kravchuk to Kuchma: The Ukrainian Presidential Elections of 1994". Journal of Communist Studies and Transition Politics, 12/2: 117-144

Kuzio, T. (1994) "Ukrainian Nationalism". Journal of Contemporary European Studies, 2/4: 79-95

Lipset, Seymour M. (1967) Party Systems and Voter Alignments: Cross-National Perspectives. New York: The Free Press

Makhorkina, A. (2005) "Ukrainian Political Party and Foreign Policy in Election Campaigns: Parliamentary Elections of 1998 and 2002". Communist and Post-Communist Studies, 38: 251-267

Malanchuk, O. (2005) "Social Identification versus Regionalism in Contemporary Ukraine". Nationalities Papers, 33/3: 345-368

Myagkov, M. & Ordeshook, Peter C. (2005) "The Trail of Votes in Ukraine's 1998, 1999, and 2002 Elections". Post-Soviet Affairs, 21/1: 56-71

Norris, P. (2004) Electoral Engineering: Voting Rules and Political Behaviour. New York: Cambridge Univerdity Press

Pirie, Paul S. (1996) "National Identity and Politics in Southern and Eastern Ukraine". Europe-Asia Studies, 48/7: 1079-1104

Rodgers, P. (2006) "Understanding Regionalism and the Politics of Identity in Ukraine's Eastern Borderlands". Nationalities Papers, 34/2: 157-174

Rose, R. (1975) Regional Differentiation and Political Unity in Western Nations. London: Sage

Solchanyk, Roman. (1994) "The Politics of State Building: Centre-Periphery Relations in Post-Soviet Ukraine". Europe-Asia Studies, 46/1: 47-68

Taagepera, R. (1999) "The Number of Parties As a Function of Heterogeneity and Electoral System". Comparative Political Studies, 32/5: 531-548

Ware, A. (1996) Political Parties and Party Systems. New York: Oxford University Press

Willson, A. & Birch, S. (1999) "Voting Stability, Political Gridlock: Ukraine's 1998 Parliamentary Elections". Europe-Asia Studies, 51/6: 1039-1068

Wolinetz, Steven B. (1988) Parties and the Systems in Liberal Democracies. London: Routledge

http://www.ciaonet.org/atlas/UA/Politics/Background/20070129_5548.html(검색일: 2010년 3월 30일)

http://www.cvk.gov.ua/(검색일: 2010년 3월)

6

우크라이나의 경제개방과 경제성장

윤 성 학

I. 경제개방과 경제성장의 정치경제학

1. 연구 목적

경제개방과 경제성장의 상호관계는 정치경제학의 오랜 논쟁 주제이다. 아담 스미드(A. Smith) 이후 고전파 경제학자들은 자유로운 국제무역이 성장의 엔진 역할을 한다는 주장[1]을 발전시켜온 반면, 주류 경제학의 케인즈(J. Keynes)와 스티글리츠(J. Stiglitz)에서부터 좌파의

1 경제개방에 대한 긍정적인 지지 배후에는 자유시장(free market)이 최적의 결과를 가져온다는 시장의 효율성을 강조하는 신자유주의가 존재하고 있다. 1990년대 신자유주의는 정부예산삭감, 자본시장 자유화, 외환시장개방, 관세인하, 민영화, 노동시장 유연화, 외국자본에 의한 M&A 허용, 규제완화, 재산권보호 등의 정책패키지를 의미하는 워싱턴 컨센서스(Washington Consensus)라는 정책적 권고를 갖고 체제전환국가들에게 경제개방을 촉구하였다.

종속 이론가들은 경제개방 그 자체만으로는 성장을 달성할 수 없을 뿐더러 오히려 불평등과 구조적 위계화를 초래한다고 강조한다.[2] 경제개방의 효과에 대한 논의는 1980년대 남미와 동아시아 사례를 계기로 한편으로는 이념적이지만 다른 한편으로는 보다 실증적인 논쟁으로 이어져 왔다. 극단적으로 경제개방에 반대하는 종속 이론가들의 주장에 따라 1980년대 일부 남미 경제는 일종의 보호주의적이며 폐쇄적 경제체제에 바탕을 둔 수입대체산업화(ISI; import substitution industrialization) 전략을 채택한 반면, 동아시아 국가들은 수출 지향적 공업화정책(Export-oriented industrialization)을 추진하였다. 양 이론의 역사적 발전 경로는 1980년대 이후 보호주의적 무역정책을 실시한 남미가 경제성장에 실패한 반면, 대외개방 전략을 채택한 한국 등 동아시아 국가들은 경제성장에 성공함에 따라 경제개방이 경제성장으로 연결된다는 신자유주의 이념이 보편적인 진리인 것처럼 만들어버렸다.[3]

1980년대의 경험은 1990년대 시장경제로의 체제전환을 추진하였던 구사회주의 국가들의 경제개방에도 중요한 영향을 미쳤다. 남미의 실패와 동아시아의 성공 신화를 바탕으로 IMF 등 국제기구들은 체제

---

2 케인즈주의자들은 선진국의 경제개방 그 자체가 새로운 개입주의에 불과하다고 보고 있으며, 종속이론가들은 경제개방으로 인해 개발도상국이 선진자본주의 체제에 포섭됨으로써 실질적인 성장은 불가능하다고 주장하면서 분명한 차이점을 보여주고 있다.

3 신무역이론(new trade theory)들은 시장실패의 맥락에서 경제주체들의 행위에 대한 제도적 환경의 중요성을 강조하며, 이를 위해 정부의 빈곤해결과 소득분배개선노력, 교육 및 의료등의 공공재 공급, 금융시장에 대한 적절한 규제 필요성을 주장한다. 보다 근본적으로 산업정책, 선별적 자유무역정책, 기술정책 등의 측면에서 정부 자신이 제도 및 경제발전에 가장 적합한 정책을 선택하여야 한다고 주장한다. Krugman, P (1994) 281-285.

전환 국가들에게 경제개방과 경제개혁을 적극 요구하였다. 신자유주의적 패러다임에 기초한 워싱턴 컨센서스(Washington Consensus)는 체제전환 국가들에게 정부예산 삭감, 자본시장 자유화, 외환시장 개방, 관세인하, 민영화, 노동시장 유연화, 외국자본에 의한 M&A 허용, 규제완화, 재산권보호 등의 정책 패키지를 요구하였다. 사회주의 모델 실패에 대한 반작용으로 1990년대의 러시아와 2000년 중반 우크라이나는 신자유주의 패러다임에 입각한 경제개혁과 경제개방을 추진하였다. 러시아를 중심으로 폴란드와 대부분 동유럽 사회주의 국가들은 '시장'을 도입하기 위해 가격 자유화와 민영화, 무역 규제 완화 등의 급진적 개혁정책을 추구하였다.[4]

우크라이나의 크라프추크(L. Kravchuk) 초대 대통령도 시장경제를 도입하기 위하여 위로부터 강력한 자유화 조치, 특히 상품에 대한 가격 자유화와 무역을 대폭 개방하였다. 사회주의 계획경제에서 시장이 위로부터 도입된 결과, 우크라이나는 1992년에 무려 1,445%에 달하는 천문학적인 인플레이션을 기록하게 되었다. 이 기간 동안 GDP도 러시아가 13.7% 하락한데 비해 우크라이나는 18.5%나 떨어졌으며, 1993년에는 우크라이나의 경제는 보다 악화되어 전년 대비 GDP가 러시아는 8% 하락한데 비해 17%나 떨어졌다. 1994년에는 재정긴축으로 인플레이션은 어느 정도 완화되었으나, GDP는 전년대비 36%나 급격하게 축소시키는 원인이 되었다.

4 Williamson, J (1990) 123-128.

〈표 1〉 1990년대 우크라이나 거시경제 지표[5]

구분	1993년	1994년	1995년	1996년	1997년	1998년
실질 GDP성장률(%)	-14.2	-23	-11.8	-10.1	-7.5	2
산업생산(%)	-8	-27.3	-12.7	-5.1	-4.5	1
소비자물가상승률(%)	10,156	401.1	181.1	39.7	5.4	10
무역수지(10억$)	-2.5	-2.6	-2.7	-4.1	-1.8	-6.1
수출(10억$)	12.5	13.9	14.2	14.1	5.1	17.9
수입(10억$)	15	16.5	16.9	18.2	6.9	24
환율($/gm리브나)	12,610	104,200	179,400	1.886	1.857	2.05

1994년 등장한 쿠츠마 정권은 러시아의 에너지 우산 아래 보수적인 안정화 정책으로 2000년대 초반 높은 경제성장을 달성하였다. 쿠츠마 정권도 외국인 투자를 우대하는 등 개방적인 성격이 없었던 것은 아니었지만, 기본적으로 무역과 투자에 폐쇄적이며 실질적으로는 러시아 경제에 크게 의존하고 있었다.

2004년 오렌지 혁명 이후 등장한 유센코 정부는 경제체제 개방을 통해 러시아에 대한 의존을 탈피하고 EU 국가들과의 접근을 통해 경제성장을 추구하였다. 2008년 7월 유센코 정부는 기대해왔던 WTO 가입에 성공하였지만, 곧 이어 심각한 경제위기를 맞이하게 되었다. 우크라이나 정부는 2008년 10월 26일 미국발 글로벌 금융위기에 따른 외화 유출, 환율 폭락, 은행의 대량 예금인출 사태로 CIS 국가들 가운데 처음으로 IMF에 구제금융을 신청하였다.

유센코 하의 우크라이나의 경제개방 사례는 경제개방과 경제성장에 대한 새로운 인과관계 및 효과에 대한 중요한 사례를 제공해주고 있다. 이 논문에서는 우크라이나의 경제개방의 효과를 교역과 자본시

5 자료: WEFA and PlanEcon(1998).

장 측면에서 분석할 것이고 준비되지 않은 경제개방은 국제경쟁력의 하락을 초래하고 결국 외국자본의 논리에 따라 경제가 의존될 수밖에 없음을 규명해 보고자 한다. 즉 경제개방 그 자체가 성장을 담보하는 것이 아니라, 준비되고 전략적인 개방과 성장 모델에 기초한 정책적 일관성으로 정치가 안정되어 있을 경우에만 경제개방이 성장으로 연결될 수 있다는 것을 비교 분석을 통해 확인해 볼 것이다.

2. 연구의 이론적 기초 및 가정

신자유주의자들은 시장개방이 경제성장을 가속화한다는 가설을 이론적, 실증적 연구를 통해서 입증하고 있다. 프랑켈과 로머(Frankel and Romer)도 무역이 성장을 유발한다는 것을 보여주었다.[6] 시장개방에 따른 시장의 범위 확대로 경제의 양적 규모가 확대되며, 모방 및 학습을 통한 질적 생산성이 향상된다. 즉 교역을 통해 수입제품에 체화되어 있는 기술지식은 수입증가와 함께 증가하며 수출이 증가할수록 이를 수입하는 국가에서 수출제품의 품질개선이나 비용절감에 도움이 되는 피드백이 증가한다는 것이다. 시장개방은 품질 향상과 기술혁신에 긍정적 영향을 미친다는 것이 바로 이들의 주장이다.

경제개방의 또 다른 효과는 생산요소 조달구조의 효율화를 통해

6 Frankel and Romer는 무역이 소득에 미치는 영향을 지리적 특성이라는 도구변수를 활용하여 실증 분석하였다. 소득수준을 GDP 대비 수출이나 수입비중에 대해 회귀분석하면 양의 상관관계가 도출된다는 것이다. 반면 소득에 영향을 주는 다른 정책변수 즉 통화정책이나 재정정책은 무역정책과 상관관계를 가질 가능성이 크기 때문에 이들 정책들이 회귀식에서 누락되는 경우 무역정책은 오차항과 상관관계를 갖게 되어 소득효과를 확인하는 변수로 적합하지 않게 된다. Frankel, A., Romer, D. (1999) 379-399.

성장기반을 확충하는 데 기여한다. 자유주의자들에 의하자면, 시장개방은 생산요소 조달 구조의 효율성을 제고한다. 경제개방은 생산요소 조달의 비용절감을 통해 생산성 향상과 후생수준 향상을 가능하게 하는 것이다. 생산요소 조달구조의 효율성 제고 효과는 특화와 경쟁의 확대에 기초한 '무역의 이익'에 추가되는 '시장개방의 이익'이라고 할 수 있다. 무역자유화와 대외 지향적 공업화 전략의 우월성은 1960년대에서 1980년대에 걸친 개도국의 경제성장 성과에 대한 포괄적인 사례연구를 통하여 이미 증명되었다고 볼 수 있다. 발라사(B. Balassa)는 동아시아 국가들이 중남미 국가들에 비하여 높은 경제성장을 이룰 수 있었던 것은 대외지향형 무역체제와 연관이 있다는 결론을 도출하고 있다.[7]

세계화가 본격적으로 시작되는 1990년부터는 자본시장 자유화가 경제개방의 주요 기준으로 제기되었다. 경제개방이 단순한 교역을 넘어 시장 중심의 경제체질 개선과 세계경제와의 효과적인 분업구조를 갖추기 위해 자본시장이 자유화되어야 한다는 것이다. 특히 이행기 경제에서 부족한 자본과 선진 경영체계를 갖추기 위해 사유화와 금융시장 개방이 중요한 경제개방 지표로 등장하게 되었다. 최근에는 IT 기술과 세계경제의 글로벌화가 보다 높은 수준에서 진행됨에 따라 교역과 자본을 넘어 기술이 개방화된 체제를 타고 성장을 주도한

7 Balassa, B. (1988). 그러나 대외지향적 발전전략이 자유무역주의와 궤를 같이 하는가에 대해서는 논란이 있다. 동아시아 신흥공업국을 보더라도 싱가포르와 홍콩은 자유무역주의에 가까웠으나, 한국과 대만은 오랜 기간 동안 보호무역정책을 견지하여왔다고 볼 수 있다. 최근 개도국이 유치산업보호를 포기하고 자유무역주의를 채택한다면 결코 선진국 수준으로 성장할 수 없다는 장하준의 주장도 신자유주의에 대한 정면 도전이라고 할 수 있다. Chang, H. J. (2004) 101-106.

다는 주장도 제기되고 있다.[8]

일반적으로 경제개방은 교역을 통하거나 혹은 생산요소 중에 자본의 이동을 통해 경제성장에 영향을 미친다. 생산 요소 가운데 국가간 노동의 물리적 이동은 EU 지역을 제외하고 매우 어렵기 때문에 주로 노동이 체화된 상품의 교역이 개방화의 중요한 지표로 작용하였다. 교역에 기초한 경제개방도의 지표로는 재화와 용역의 수출 또는 수입, 즉 국제교역의 대외의존도를 들 수 있다.[9] 자본시장의 이동에 기초한 경제개방도의 지표로는 외국인투자와 민영화, 금융시장의 개방 등을 들 수가 있다.

그러나 신자유주의적 개방 찬성론자들에 대항하여 보다 실증적 자료를 바탕으로 동아시아의 사례가 개방과는 전혀 무관하고 오히려 국가의 개입과 전략이 더욱 핵심적인 요소라는 주장이 제기되었다. 한국과 일본 등 동아시아 국가들의 경제개방의 내용을 시기별로 보다 구체적으로 살펴볼 것 같으면, 이들 국가들은 수출을 중심으로 세계경제와의 적극적인 교역을 시도하였지만, 자국의 산업과 자본시장은 성장이 어느 정도 이루어진 다음에 세계 시장에 개방하였다. 반면 1990년대 동남아의 태국이나 남미의 아르헨티나는 자본시장을 포함

---

8 Grossman과 Helpman 등에 의해 제기되고 있는 '신성장이론(new growth theory)'은 경제개방이 기술변화에 영향을 주고 기술변화는 장기 경제성장에 영향을 줄 수 있다고 보고 있다. 실제 러시아 석유업계의 2000년 이후 높은 생산성은 서구의 새로운 기술을 적극 받아들인 결과이며, 이것은 우크라이나 철광업계도 비슷할 것으로 추측된다. Grossman, M., Helpman, D. (1992) 234-256.

9 Jeffrey Sachs는 경제개방정도를 관세, 환율조작, 수출의 정부독점의 정도 등 개방의 다양한 측면들로부터 0~1까지의 종속변수 값으로 나타내었다. 그의 분석에 따르면 개방도가 높은 국가일수록, 1인당 평균 GDP는 높은 것으로 나타났다. 즉 경제개방은 경제성장으로 연결된다는 것이다. Jeffrey, S. (1997) 234-294.

한 경제체제를 전면 개방하였지만, 의미 있는 경제성장을 달성하는데 실패하였다. 따라서 웨이드는 경제개방이 곧 경제성장으로 직접적으로 연결되지는 않으며, 보다 중요한 것은 개방 정책을 집행하는 국가의 능력, 즉 지도자나 엘리트, 관료구조, 효율적인 집행능력을 주목하여야 한다고 주장하였다.[10]

보통 '후기 케인지안(Post Keynsian)'이라고 불리는 발전경제학자들은 역사적으로 지금의 선진국들조차 경제발전과정에서 결코 경제개방에 기초하지 않았다는 점을 강조한다. 선진 국가들은 발전의 사다리를 기어 올라갈 때에는 보호무역과 국가개입에 강하게 의존하였지만, 이제는 후진국들에 대해 자유무역을 설교하는 '사다리 차버리기(kicking away the ladder)'를 하고 있다는 것이다.[11] 한국을 비롯한 동아시아 국가들도 실제적으로는 경제개방을 통해 성장하였다기보다는 전략적인 수출 지향적 공업화모델 덕분에 성공하였다. 1980년대 동아시아 경제에 대한 실증적 연구를 바탕으로 암스덴(A. Amsden)은 '발전국가(developmental state)' 모델을 제시하였는데, 그의 견해에 따르면 강력한 정부주도 하의 산업정책, 국가주도 하의 금융시스템, 적절한 수입보호정책 등이 동아시아 경제성장의 원인이었으며 개방은 그 이후에 추진되었다는 것이다.[12]

전략적 무역 이론가들은 경제개방의 과정에서 정부정책의 역할을 중요하게 간주한다. 특히 후진국이나 체제전환국의 정부들은 산업정책 및 선별적 자유무역정책, 기술정책 등의 측면에서 자신의 제도 및

---

10 Wade, R. (1991) 123-135.

11 Chang, H. J. (2002) 24.

12 Amsden, A. (1989) 123-138.

경제발전에 가장 적합한 정책을 수행하여야 한다. 국가가 특정 산업에 대해 집중적인 지원을 통해 전략적으로 해당 산업을 육성할 수 있으며, 경우에 따라 적절하고 효율적인 국가개입은 경제성장에 도움이 될 수 있다는 것이다. 유센코 정부에 의해 추진된 우크라이나의 개방정책도 이와 같이 정부 역할을 강조하는 전략적 무역이론의 입장에서 분석할 것이다. 결국 우크라이나의 경우는 준비되지 않는 개방이 경제적 파국으로 연결될 수 있다는 단적인 사태이며, 전략적 무역이론의 이론적 입장의 타당성을 잘 설명해줄 수 있을 것이다.

3. 연구 방법

이 논문에서는 우크라이나의 경제개방을 교역과 자본시장 측면에서 살펴보고 이것이 우크라이나의 경제성장에 어떠한 영향을 미쳤는가를 살펴볼 것이다. 이를 위해 같은 CIS 국가이며 우크라이나와 비슷한 산업 구조와 인구를 가지고 있지만, 경제개방 전략을 추진하기보다 강력한 정부 통제 아래 폐쇄적인 정책을 추구하고 있는 우즈베키스탄과의 비교를 통해 경제 개방화가 경제성장에 어떠한 영향을 미치고 있는가를 간접적으로 비교할 것이다. 즉, 산포도를 통해 개방국가와 폐쇄적인 국가를 구분하여 분석하는 것이다.

시장개방의 경제적 효과는 해당국의 시장개방 정도와 구조적 특징에 따라 달라진다. 시장개방의 경제적 효과를 추정하기 위해 '교역도'를 비교할 것이다. 교역도는 GDP 대비 연간수출과 수입의 합(무역규모)의 비율로 정의된다. 한 나라의 경제규모를 GDP로 나타내고 외국과의 교역을 수출과 수입의 합으로 표시한다면, 교역도는 상품과 용역의 이동 측면에서 이 나라의 세계화, 개방화 정도를 나타낸다고 할 수 있다.[13] 무역이 GDP에서 차지하는 비중은 무역정책(개방정책)에 의해 영향을 받을 수도 있지만 경제 환경의 변화 등과 같은 다른 변수들에 의해서도 영향을 받는다. 따라서 교역도와 함께 개방 정도를 간접적으로 추정하는 무역정책을 살펴보아야 한다. 무역정책으로는 보통 관세, 수량제한, 다양한 비관세장벽 등 여러 가지 수단들이 동시에 활용될 수 있다. 이를 위한 대표적인 지표로는 관세율이 있다.

마지막으로 본 논문에서는 연구의 범위를 유센코 정부가 개방정책을 추진하였던 2004년에서 2009년까지로 한정할 것이다. 사실상 경제개방의 장기적 효과에 관한 분석은 방대한 데이터와 다양한 변수들로 인해 실질적으로 연구가 힘든 주제라고 하겠다. 2005년은 오렌지 혁명이후 우크라이나의 개방정책이 본격적으로 시작하는 해이고, 2009년은 개방정책에 반대하는 보수적인 정권이 들어선 시기이다. 같은 시기에 명백히 다른 경제정책을 취한 두 나라는 결국 2009년 글로벌 금융위기를 통해 결과가 극명하게 나뉘게 된다. 우크라이나는 성장률 저하와 계속되는 경상수지 적자로 IMF 구제금융을 신청하게 된 반면, 우즈베키스탄은 7% 이상의 고성장을 유지하였다. 이러한 결과는 적어도 경제개방 그 자체만으로 성장을 담보하지 않는다는 중요한 사실을 발견하는데 있어서 상당히 의미 있는 비교라고 말할 수 있을 것이다.

13 비교역재가격의 국가간 차이를 조정하기 위해 실질 개방도(real openness)변수를 보통 도입한다. 실질 개방도는 다음과 같이 정의된다. real openness = (imports + exports) / purchasing power parity GDP. Alcala, F., Ciccone, A (2004) 613-646.

Ⅱ. 우크라이나 경제개방화의 대내외적 조건과 전략

2004년 11월 발생한 오렌지 혁명은 독립 우크라이나가 러시아의 영향력을 벗어나 본격적인 경제개방과 경제개혁으로 가는 새로운 시대를 열었다. 2004년 부정으로 얼룩진 대통령 선거 결과에 대한 거부로 시작된 대중 혁명은 대통령 선거 결과를 뒤집고 유센코 정권을 탄생시켰다. 우크라이나의 시민혁명에 의해 탄생된 유센코 정권은 국내외의 큰 기대와 관심 속에 출발했다. 특히 우크라이나 경제는 서구화와 개방으로 크게 성장할 것으로 예상되었다.

유센코 정권은 집권 정당성을 민주화와 경제성장에서 찾았다.[14] 1991년 등장한 탈 소비에트 국가들의 지도자들이 집권 정통성을 사회주의 체제의 해체와 민족주의에서 찾았던 반면, 유센코 정부는 민주주의와 서구화, 경제 정책적으로는 경제개방을 집권 정당성으로 간주하였다. 유센코에 의하면, 우크라이나는 카자흐스탄이나 아제르바이잔과 같은 원유국가(petro-state)[15]가 아니라 이미 세계적인 수준에 올라선 과학대국이며 항공산업, 조선업 등 경쟁력 있는 제조업을 갖고 있는 국가이다. 또한 억압적이고 독재적인 체제로는 자유롭고 창의적인 기업가 정신과 질 높은 노동력을 고양할 수 없으며, 우크라이나는 가톨릭의 서부와 정교의 동부 문제, 소련 잔재 청산을 위해서라도 민주주의와 경제성장이 동시에 발전하여야 한다는 것이다.

그러나 유센코 정부는 민주주의와 경제개방을 추진하는데 필요한

14 *Economist* (May 7, 2007). 유센코 대통령과의 인터뷰.

15 원유국가는 에너지자원 수출이 GDP의 절반이상을 차지하고 권위주의 국가통치로 부의 재분배가 이루어지지 않고 일부 계층만 배를 불리는 나라들을 의미하는데, 사우디아라비아, 나이지리아 등이 있다.

강력한 정치적 기반[16]을 갖지 못했다. 무엇보다 정부 구성 초기부터 티모센코(Y. Tymoshenko)와의 갈등은 그렇지 않아도 취약한 유센코 정부의 법률 및 제도적 한계를 더욱 훼손시켰다.[17] 유센코 대통령과 티모센코 총리와의 갈등은 결국 2005년 9월 티모센코 총리의 해임과 2006년 3월 총선에서 결정적 분열로 나타났고, 이 틈을 틈타 보수적인 지역당은 총선에서 승기를 잡을 수 있었다. 2006년 총선에서 조성된 유센코, 야누코비치(V. Yanukovych), 티모센코 등 3당 경쟁 구조는 유센코 정권 말기까지 계속 지속되어 의회 내 정파 간의 치열한 분열과 대립을 조장하였을 뿐만 아니라, 대통령과 내각의 행정도 필요할 때마다 견제할 수 있는 상황을 만들어 놓아 일관적인 정책 추진을 불가능하게 만들었다.

2007년 5월, 유센코는 다시 의회를 해산하고 야누코비치 정부를 퇴진시키고 오렌지 연정을 재구성하였으나, 해묵은 내분과 정쟁으로 국정 혼란은 계속되었다. 2007년 12월 티모센코는 의회에서 과반수에 한 표 많은 226표로 총리 인준을 겨우 받았다. 연정 합의에 의해 새 내각에서 티모센코는 경제를 맡고, 유센코는 외교, 국방, 사회분야를 맡기로 합의하였지만 다시 대통령과 정부, 의회는 대립하게 되었다.

---

16 출범 초기 유센코 정부는 우리우크라이나당(Our Ukraine), 티모센코당(Bloc Yuliya Tymoshenko), 사회당 등으로 구성되어 있었는데, 최대당인 우리우크라이나당은 8개 정파가 연합한 상태라서 내부 투쟁이 치열하였다. 반면 지역당과 공산당은 의회의 과반수에 육박하였다. 유센코는 의회 다수파를 형성하기 위해 2006년, 2007년 내각을 해산하고 총선을 치렀지만 결국 오렌지 연합의 분열만 결과하였을 뿐 정치적 기반은 갈수록 축소되고 국민의 지지도 사라지게 되었다. 허승철 (2009) 참조.

17 유센코 정부는 법률적, 제도적 한계도 동시에 갖고 있었는데, 헌법 개정을 졸속으로 서둘러 대통령의 권한을 충분히 확보하지 못하였으며, 혁명 직후 기존 의회를 바로 해산하고 선거를 치러 새로운 의회를 구성하지 못한 것도 정치적 실수라고 할 수 있을 것이다.

티모센코당은 사안에 따라 지역당과 정책 연합을 추진하였고 대통령은 의회에서 올라오는 대부분의 법안에 거부권을 행사하고, 국가안보위원회의와 주지사에 대한 직접 통제로 국정을 이끌어 갔다.

연약한 정치기반으로 인기 위주의 정책도 경제정책에 악영향을 주었다. 세제와 관세 제도의 개선으로 재정 수입이 5% 가까이 늘고, 재정 적자 규모도 GDP의 2.3%로 절반 정도 줄어들었지만, 티모센코 총리의 '인기영합(polulist)' 정책은 곧 경제에 부정적 영향을 미치기 시작했다. 공무원 임금을 일률적으로 60% 인상했으며 유가가 상승 중인데도 석유 가격을 통제하여 주유소가 문을 닫았다. 티모센코는 2010년 대통령 선거를 의식해 2008년에 90년대 초 인플레이션과 화폐 개혁으로 명목 가치를 상실한 예금을 보상한다고 발표하고, 예금증서를 소지한 사람들에게 1인당 200불씩 보상해주었다. 그녀는 예금상환에 필요한 자금 마련을 위해 우크르텔레콤(Ukrtelekom) 등 약 400개의 기업을 민영화 대상으로 선택해 국제 입찰에 붙였다.

정치 불안과 인기위주 정책이 판치면서 2004년 12%에 달했던 경제성장률도 뒷걸음질 치기 시작했다. 오렌지혁명을 통해 유센코 정권이 출범하면서 민주화에 따른 후광과 EU의 적극적인 우크라이나 지원으로 높은 경제성장률이 예상되었으나, <표 2>에서 보듯이 2.4%라는 초라한 결과를 초래하였다. 2005년 우크라이나 경제의 낮은 성장률과 경제침체의 직접적인 원인은 주요 수출품목인 금속 및 금속 제련제품[18]의 생산 및 수출 감소를 비롯한 전반적인 제조업의 부진, 환율 절

---

18 금속 및 금속 제련제품은 우크라이나 총수출의 42%를 차지하고 있는데, 2005년 생산이 1.5%로 감소하면서 수출 또한 전년 대비 8% 증가한 180만 톤에 그쳤다. 이러한 부진은 국제 금속시장의 경쟁심화 및 수출환경 악화에 기인한다.

상과 에너지 자원 및 자본재의 수입 증가로 인한 무역적자의 심화 때문이다. 특히 철강시세 하락과 국내경기 회복에 따른 수입 수요 증가 등이 맞물려 상품수지가 12억 달러 적자로 반전되면서 약 7억 달러의 무역적자를 기록하였다.

수출 증가세의 둔화와는 반대로 총수입의 30% 이상을 차지하는 원유, 가스 등 에너지 자원의 수입은 2004년 대비 8% 증가하였으며, 총수입의 17%를 차지하는 전자, 기계 등 자본재의 수입은 전년 대비 30% 이상이나 증가하였다. 제조업이 침체에 빠진 상태에서 유센코 정부는 사회지출을 크게 증가시켰으며, 이는 수입 수요 증가의 가장 큰 원인으로 작용하였던 것이다. 정치적 측면에서 2005년 급작스러운 경제침체는 오렌지 혁명의 가장 중요한 파트너였던 티모센코 블록이 유센코 정권에 참여하지 않음으로써 사회적 비용이 증가하였기 때문이라고 볼 수 있다.

〈표 2〉 우크라이나 거시경제 지표[19]

구 분	2001년	2002년	2003년	2004년	2005년	2006년	2007년
GDP(억$)	380	424	501	649	817	1,102	1,415
1인당GDP($)	783	883	1,055	1,381	1,745	2,046	3,063
경제성장률(%)	9.2	5.2	9.6	12.1	2.4	7.4	7.4
소비자물가상승률(%)	12	0.8	5.2	9	13.5	10.5	12.7
환율($/HRN, 연말)	5.3	5.33	5.33	5.3	5.05	4.85	4.78
수출(백만$)	17,091	18,669	23,739	33,432	35,024	38,800	46,700
수입(백만$)	16,893	17,959	23,221	29,691	36,159	42,400	54,500
외환보유액(백만$)	2,955	4,241	6,731	9,302	19,110	21,843	31,100

19 자료 : EIU, State Statistics Committee(www.ukrstat.gov.ua) 종합하여 재구성.

러시아와의 관계 악화도 우크라이나의 경제에 부정적인 요인으로 작용하였다. 2006년 1월 러시아와의 가스 분쟁으로 인한 가스공급 중단 사태가 발생했다. 러시아는 2005년 1,000입방미터 당 50불이던 가스 가격을 2006년부터 230불로 올린다고 발표하였고, 우크라이나 정부가 이를 거부하자 러시아는 2006년 1월 1일부터 가스 공급을 전면 중단하였다. 2005년 7월 러시아 국회 두마도 소련에서 독립된 국가들(그루지아, 몰도바, 우크라이나, 벨라루스, 발틱 3국)은 국제 가스시장에서 형성된 가격에 러시아 가스를 수입해야 한다는 결의를 만장일치로 통과시켰으며,[20] 푸틴 정부는 마침내 2006년 우크라이나에 공급하는 가스 가격을 서유럽에 공급하고 있는 시장 가격에 가까운 정도로 올리겠다는 통고를 하였던 것이다. 이는 우크라이나에게 엄청난 경제적 부담감으로 작용할 수밖에 없었다. 따라서 우크라이나 정부는 러시아와의 협상 중단을 선언하였고, 이에 따라 2006년 1월 1일 가스프롬은 우크라이나로 가는 가스공급을 전격 중단하였다. 러시아는 집권 후 친 서방정책을 추진하였던 유센코 정권에 대한 가장 큰 압력수단으로 가스 가격 인상이라는 무기를 사용한 것이다. 가스 공급가는 2007년 130 달러에서 2009년에는 평균 약 208 달러로 계속 상승하였고, 2010년에는 305달러까지 올랐다.

국민을 실망시키는 오렌지연합의 분열과 경제 실적 악화, 그리고 러시아와의 지속되는 갈등 속에서 유센코 정부는 서구화와 경제개방을 통해 집권 정당성을 확인하려고 하였다. 유센코 정권의 외교 정책

---

20 2005년 소련에서 독립한 국가들이 러시아 가스를 수입하는 가격은 1,000m3 50-80달러인데 반해, 유럽 국가들은 이 가격의 3-4배 정도의 가격에 러시아 가스를 수입하고 있었다.

의 핵심은 유럽 통합과 나토 가입, WTO 가입을 통한 국제 경제체제 편입이었다. 유센코 대통령은 정권 초기 유럽 통합, 나토 가입 등 오렌지 혁명에서 공약한 친 서방정책을 밀고 나갔다.

결국 유센코 정부는 혼란한 국내 정치적 상황[21]에도 불구하고 2008년 7월 WTO 가입에 성공하여 152번째 회원국이 되었다. 유센코 정부는 WTO 가입을 위해 2006년 국회에서 압도적인 지지로 자동차 산업 개발법안, 교통수단 수입에 관한 법안, 위탁 생산된 비철금속 조각 수출금지 법안, 은행거래법안 등 WTO 가입에 필요한 23개 법안 중 7개 법안을 통과시켰으며, 지속적인 수입규제 완화정책에 나섰다. 유센코 정부는 2006년 12월 대만과 쌍무협정을 체결하고 장애요인 중 하나인 금융시장 개방 등에 대한 국내법을 개정함으로써 미국, EU 등으로부터 긍정적인 반응을 얻었으며, WTO 가입의 가장 큰 걸림돌을 제거하였다. 2006년 2월 미국과 EU가 우크라이나를 시장경제국으로 인정함으로써 우크라이나는 WTO 가입의 마지막 심사를 통과하였다.

유센코 정부는 WTO 가입이 교역을 보다 더 활성화하고 상품과 서비스 부문의 시장개방에 따른 국가경쟁력을 강화할 것으로 기대하였다. 특히 수출의 40%이상을 차지하는 철강 부문에서 쿼터제가 사라지면서 무역 보복조치나 덤핑 시비 없이 EU 시장으로의 수출 확대를 예상하였다. 또한 우크라이나의 시장 개방에 따른 외국인 투자가의 적극적인 진출로 국내 경제가 성장할 것으로 기대하였다. Economist는 우크라이나의 WTO 가입에 따른 GDP 효과는 성장률이 약

21 우크라이나의 WTO 가입 성공은 유센코 대통령과 티모센코 총리와의 정책 연합의 효과가 크게 작용하였다. 특히 티모센코 개인적인 인기와 정치력을 바탕으로 WTO 가입 최종 장애물이었던 고철과 해바라기씨 등의 수출에 부과했던 수출관세를 폐지함으로써 EU의 지지를 이끌어 내었다.

1.5-1.7% 상승할 것으로 예상하였다.

유센코 정권이 추구한 또 다른 경제개방화 전략은 국영기업의 과감한 국제 매각에 입각한 민영화 정책이다. 유센코 정부는 우크라이나 국영기업 민영화를 외국인 투자자의 접근을 실질적으로 제한한 러시아와 달리 국제 입찰을 통해 과감하게 개방하였다. 유센코 정부의 적극적인 민영화 정책에 힘입어 2004년에 약 1,100개, 2005년에는 890개의 우크라이나 국영기업들이 국제입찰을 통해 민영화되었다.[22] 대부분의 매각 기업은 우크라이나 내의 개인이나 기업들이 차지하였지만, 대규모 자본이 필요한 기업의 경우 외국인들이 구매하였다. 2005년 10월 우크라이나 최대 철강회사 크리보리즈스탈(Kryvorizhstal)[23]은 경매를 통해 인도에 본사를 둔 독일 기업인 MIttal Steel에게 48억 달러에 매각되었다.

민영화와 함께 유센코 정부는 시장을 개방하여 유통, 금융, 건설 등 서비스 산업에 외국인투자를 적극 유치하였다. 2005년부터 키예프를 비롯한 대도시에는 유럽계 할인 유통점이 본격적으로 등장하였으며, 외국계 금융회사들도 규제 완화를 기회로 우크라이나 시장에 진출하게 되었다. 이에 따라 우크라이나에 대한 FDI가 크게 증가하여 2005년도에는 80억 달러를 넘어서는 급증세를 보였다.[24] 우크라이나에 투

---

22 2004년의 민영화는 주로 중소 규모 기업의 민영화인 반면 2005년은 중대 규모의 민영화가 진행되었다.

23 2004년 6월 쿠츠마 대통령 사위 핀축과 아흐메토프는 30억 달러 이상의 가치가 있다고 여겨지는 우크라이나 최대 철강회사 크리보리즈스탈(Kryvorizhstal)을 겨우 8억 달러에 인수했다.

24 우크라이나에 대한 FDI는 글로벌 금융위기를 거치면서 2007년 약 80억 달러의 규모가 2009년 44억 달러, 2010년에는 46억 달러로 축소된다. 자료는 *Social and economic development of Ukraine* (January 2011).

자한 주요 국가들로는 독일, 사이프러스, 오스트리아, 영국, 네덜란드 등 유럽 국가와 미국과 버진 아일랜드 등 미주 지역 국가, 러시아, 폴란드, 헝가리 등이 전체 투자의 85% 이상을 차지하고 있다. 2005년에는 EU 국가들의 투자가 증가하였으며, 러시아의 에너지, IT 분야의 대기업도 우크라이나에 대한 투자를 확대하였다.

우크라이나에 대한 FDI 가운데 주목해야 할 분야는 금융산업이다. 금융업에 대한 외국인 투자는 2005년도에는 6.4%에 머물렀으나 2006년도에는 금융산업에 대한 규제가 풀리면서 외국 자본의 우크라이나 은행 인수가 큰 폭으로 증가하였다. Calyon Bank, Citi Bank, Raffison Bank, HVB Bank, Bank PEKA, Kre○it Bank, SEB 등은 단독 및 합작 형태로 우크라이나 금융시장에 진출하였으며 주택 및 자동차, 가전 등의 소액 담보대출로 시장을 장악하였다. 2006년 외국 자본의 우크라이나 은행 자본 참여 비율은 연초 19.5%에서 연말 27.6%로 8.1% 증가하였으며, 우크라이나의 은행 영업 이익은 2006년도 총 46억 gm 리브나(약 9억 달러)로 진년보다 200% 이상 신장되었다.

그러나 금융시장의 개방은 2008년 글로벌 금융위기를 곧 바로 우크라이나의 경제위기로 전이하게 만들었다. 2009년 우크라이나는 러시아에 대한 가스 채무가 눈덩이처럼 불어나면서 재정이 악화되기 시작했고, 국제 원자재 가격의 상승으로 인플레이션이 가속화되었다. 설상가상으로 우크라이나 수출의 40%를 차지하는 철강 값이 8월부터 크게 하락하면서 무역수지도 급격히 악화되어버렸다. 은행들이 예금 지급을 유예하기 시작했고, 주택 모기지가 중단되자 거의 모든 민간 건설 역시 중단될 수밖에 없었다. 자동차나 전자제품에 대한 할부 금융도 모두 중단되면서 내수 경기가 얼어붙기 시작했다. 은행에서는 예금 인출 사태가 일어나고, 흐리브나 가치가 폭락하면서 환율이 급격히 상승했다. 정부는 외환보유고를 풀어 환율 폭등을 막아보려 했지만, gm리브나 가치는 계속 하락해버렸다. 국제적 금융 경색으로 800억 달러에 달하는 외채의 연장도 어려워지면서 우크라이나 정부는 결국 IMF에 긴급 구제금융을 신청하기에 이르렀다. 10월 14일부터 시작된 긴급 구제금융 협상은 10월 25일 의회가 긴급 구제금융 지원 법안을 통과시키면서 국내적 절차가 마무리되었고, 다음날인 26일 IMF는 2년에 걸쳐 165억 달러를 지급하기로 결정하였다.

우크라이나의 개방화 전략은 결국 취약한 유셴코 정부의 정치적 기반과 러시아와의 관계 악화에 따른 경상수지 적자 확대, 그리고 섣불리 개방한 금융시장의 역풍으로 큰 혼란에 빠졌다. 철강이외에 원유나 가스, 광물 등 자원 수출에 기초한 외화 수입원이 거의 없고, 국제적 경쟁력을 갖춘 공산품의 생산 기반이 전무한 우크라이나는 외화 차입에 의존한 내수 부양 경제 정책의 후유증을 단단히 겪게 되었다. 2008년 1-3분기 동안 6% 이상을 유지하던 경제성장률도 4분기에 -8%로 떨어졌고, 2009년 1분기와 2분기 성장률은 -20.3%와 -17.8%를 기록할 정도로 경제는 심각하게 추락했다. 2009년 산업 생산은 전년 동기 대비 30% 이상 감소하였으며, 경제성장률은 마이너스 12%를 기록하기에 이르렀다.

Ⅲ. 우크라이나 개방화 실적의 비교 분석

우크라이나의 경제개방이 경제성장에 어떠한 영향력을 미쳤는지

살펴보기 위해서는 비슷한 경제구조를 갖고 있는 중앙아시아의 우즈베키스탄과 비교해보는 것이 적절하다. 우크라이나의 인구는 우즈베키스탄보다 약 두 배정도 많으며, 면적은 우크라이나가 우즈베키스탄보다 4분의 1정도 많은 반면, 경제적으로 2006년 기준 GDP 규모는 우크라이나가 우즈베키스탄보다 약 8배 정도, 1인당 GDP는 4배가 높다. 우크라이나와 우즈베키스탄은 같은 CIS 국가로서 경제 구조적으로 시장경제로의 체제전환 과정에 있으며, 농업이 전체 GDP 가운데 상대적으로 높은 비중을 차지하고 있다.

비교의 시기는 2004년에서 2008년으로 한정하였다. 이 시기 우크라이나가 경제개방을 추진한 반면, 우즈베키스탄은 IMF와 국제사회의 압박에도 불구하고 무역과 금융에 있어 명백한 폐쇄정책을 추진하였고 치밀한 전략에 따라 산업을 재편성한 시기였다. 명백한 정책방향의 차이는 두 나라를 비교하는데 보다 효과적으로 보인다.

우크라이나에 비해 우즈베키스탄의 가장 큰 차이점은 소련으로부터 분리된 이후 아직 환율, 외환시상, 그리고 수출입에 대한 국가 통제가 여전히 강하게 남아 있다는 점이다. 우즈베키스탄 정부는 2003년 10월 공식적으로 환율에 태환성을 도입하는 등 시장 메커니즘을 기반으로 한 개혁의지를 보였으나, 정부의 환율개입은 계속되고 있다. 경제발전 전략에 있어서도 우즈베키스탄은 남미식의 수입대체 산업화전략을 추진함으로써 국제적으로 고립된 경제구조[25]를 가지고 있는 반면, 우크라이나는 2005년 유센코 집권 이후 지속적인 경제개방 조치를 취해왔으며, 2008년 결국 WTO에 가입하였던 국가였다.

---

25 윤성학 (2009) 32-35.

〈표 3〉 우크라이나와 우즈베키스탄의 비교[26]

구 분	인구		면적	GDP		1인당 GDP
	(천 명)	CIS 비중(%)	(km2)	억$	CIS비중(%)	($)
우크라이나	46,600	17	603,700	1,061	8.7	2,097
우즈베키스탄	26,514	9	447,400	172	1.7	534

경제개방에 따른 경제성장률의 차이는 <그림 1>에서 잘 나타나 있다. 우크라이나는 유센코 정권이후 경제를 대외시장에 개방함에 따라, 외부 충격이 경제에 그대로 잘 반영될 수밖에 없었다. 우크라이나의 2005년 경제 성장률은 2.4%로 CIS 국가 가운데 키르기스스탄 다음으로 낮은 성장률을 기록하였다. 반면, 우즈베키스탄은 카리모프 정부에 의해 경제의 전분야가 통제되고 있기 때문에 외부의 충격 요인을 최대한 통제할 수 있었다. 카리모프 정부는 외환보유고가 부족하면 태환을 지연시키고 수입품 통과를 거부하는 등 반시장적 경제 조치를 거리낌 없이 사용하고 있다. 이에 따라 우즈베키스탄 경제성장률은 당초 정부가 정한 목표에 거의 일치하는 실적을 보여주고 있다.[27]

2008년 글로벌 금융위기는 개방적인 우크라이나와 폐쇄적인 우즈베키스탄간의 결정적인 차이를 보여주고 있다. 글로벌 금융시장으로부터 차입이 거의 없고 국가에 의해 철저하게 통제되는 금융시스템을 운영한 우즈베키스탄은 2008년 이후 8%이상 고도성장하였지만 개방 이후 글로벌 금융시장으로부터 대규모 차입을 시도한 우크라이

26 자료: World Bank(2007).

27 우즈베키스탄 카리모프 정부의 자의적인 경제통제는 경제통계에 대한 불신을 불러일으키고 있다. EIU와 IMF는 우즈베키스탄 정부가 제공하는 통계를 기본적으로 신뢰하지 않는다.

〈그림 1〉 우크라이나와 우즈베키스탄의 경제성장률 추세 비교[28]

(단위 : %)

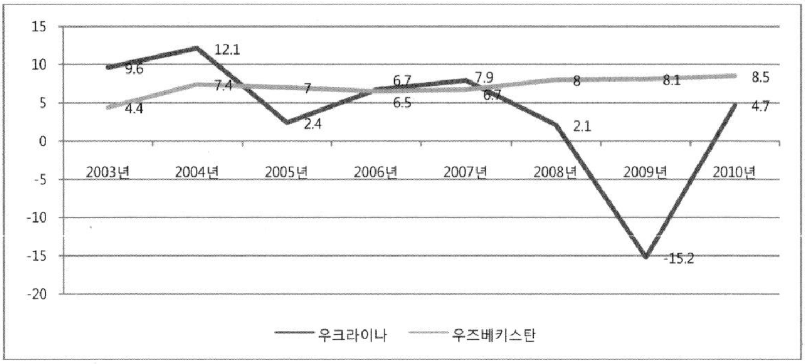

나는 2008년에는 2.1%, IMF 구제금융을 받았던 2009년에는 무려 마이너스 15.2%라는 성장률을 기록하였던 것이다.

경제성장률 추세가 다소 정부에 의해 통제 가능한 통계라면 1인당 GDP 추세 변화는 피부에 다가오는 경제실적의 차이를 잘 보여주고 있다. 우크라이나는 2005년 급속한 성장률 후퇴를 기록하였지만, 1인당 GDP는 지속적으로 상승하였다. 특히 본격적인 경제개방이 착수된 2005년부터 1인당 GDP는 폐쇄적인 경제체제를 유지하였던 우즈베키스탄과 큰 간격을 벌려 놓았는데, 2003년 양 국가 간의 1인당 GDP 차이는 3배에 불과하였으나 2006년에는 4배 이상 벌어졌다. 그러나 글로벌 금융위기가 본격화되면서 우크라이나의 1인당 GDP는 전년 대비 34.5% 감소한 2,568 달러를 기록한 반면, 우즈베키스탄은 글로벌 금융위기와 상관없이 연간 10%이상 지속적으로 상승하는 추세를 보여 주었다.

28 자료 : EIU, State Statistics Committee(www.ukrstat.gov.ua) 종합하여 재구성.

〈그림 2〉 우크라이나와 우즈베키스탄의 1인당 GDP 추세 비교[29]

(단위 : 달러)

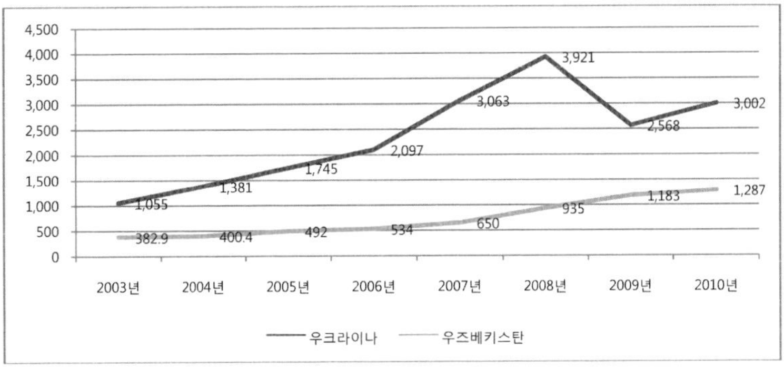

경제개방의 가장 중요한 지표 중의 하나인 교역량 추세도 양 국가 간의 전략적 선택에 따른 차이를 잘 보여주고 있다. <그림 3>에서 알 수 있는 것처럼, 2002년 양국 간의 교역량의 차이는 약 6배에 달했다. 또한 2006년에 우크라이나가 812억 달러의 교역량을 기록한 반면, 우즈베키스탄은 94억 달러에 불과했다. 폐쇄적인 경제체제를 유지하고 있는 우즈베키스탄은 국제 원자재 가격의 폭등과 이머징 마켓의 대규모 투자에 소외되어 2001년 대비 2006년 교역량의 변화는 46% 증가한데 비해, 동기간 동안 우크라이나의 교역량은 139%나 증가했던 것이다. 이것은 무역수지와는 별개로 세계경제의 성장기에는 개방경제가 교역과 성장률에 보다 잘 작동하고 있다는 것을 보여준다.

양국 간의 교역량 비교에서 교역량의 절대 증가도 중요하지만 무역수지도 주목하여야 한다. 우크라이나가 본격적인 개방을 추진한 2007년에는 전년 대비 마이너스 35.8% 증가한 무역수지 적자를 기록

29 자료 : EIU, State Statistics Committee(www.ukrstat.gov.ua) 종합하여 재구성.

〈그림 3〉 우크라이나와 우즈베키스탄의 교역량 및 무역수지 비교[30]

(단위 : 1천 달러)

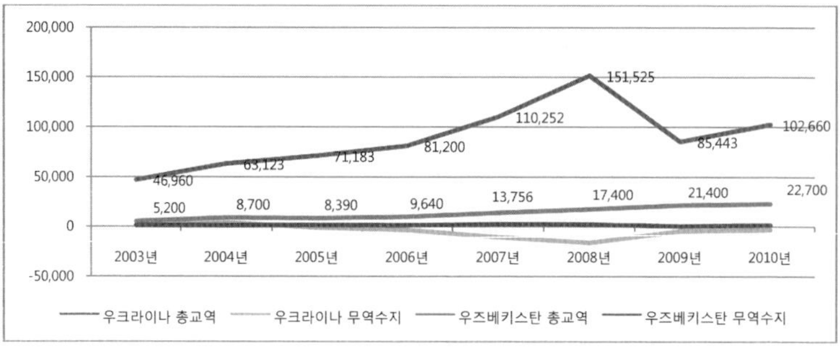

하였으며, 이 추세는 2008년에 절정을 이루게 된다. 반면 수입통제 국가인 우즈베키스탄은 무역수지 흑자 추세를 지속적으로 유지해 오고 있다. 결국 우크라이나의 경우 대규모 무역수지 적자가 2008년 IMF 구제금융의 직접적인 원인이라고 볼 수 있을 것이다.

주류 경제학자들은 무역자유화에 관한 실증연구에서 대체적으로는 개방이 경제성장에 도움이 된다는 결론을 고수하고 있지만, 우크라이나와 우즈베키스탄의 비교 연구는 이와 같은 사실을 부정하고 있다. 물론 개방 시점을 10년 이상 장기로 잡았을 때의 연구는 달라질 수 있지만, 우크라이나의 사례는 준비되지 않는 개방이 대규모 무역수지 적자를 결과하고 나아가 경제성장에도 부정적인 영향을 끼쳤다는 것을 잘 나타내준다. 유셴코 정권 시기 우크라이나의 경제개방화 사례는 수출입을 포함한 전반적인 무역자유화가 성장을 가져오지 못하고 오히려 무역수지 적자가 경제위기를 초래할 수 있음을 보여주는 사례이다.

30 자료 : EIU, State Statistics Committee(www.ukrstat.gov.ua) 종합하여 재구성.

Ⅳ. 결 론

유센코 정부가 제대로 된 정치적 기반을 갖추지 못하였음에도 불구하고 성급하게 개방화를 추진하게 된 근본적인 이유는 우크라이나의 대내외적인 조건과 전략에서 찾아 볼 수 있다. 우크라이나는 1990년대 다소 혼란스러웠던 급진적인 체제전환은 보수적인 쿠츠마 정권에 의해 좌절되고 지역과 산업에 기반을 둔 경제족벌이 등장하였다. 일종의 러시아식 올리가리키인 경제족벌은 경제개혁과 개방화를 반대하였으며, 서구와의 통합보다는 러시아와의 느슨한 연합을 선호하였다. 2004년 오렌지혁명을 통해 집권한 유센코는 이러한 경제족벌을 견제하고 서구와의 통합과 시장경제로의 체제 전환을 위해 다소 급진적이며 준비되지 않는 개방전략을 선택하지 않을 수 없었던 것이다.

유능한 경제관료 출신이자 서구로부터 전폭적인 지지를 받았던 유센코가 재임기간 동안 제대로 정책을 수행하지 못한 것은 개인적 잘못이나 능력 부족보다는 우크라이나가 직면한 이와 같은 대내외적인 환경 때문이다. 특히 대통령의 권한이 충분히 보장받지 못한 상황에서 의회의 다수파를 형성하지 못한 것이 결정적이었다. 두 번의 총선과 연정구성에서 정치적 패배를 당했던 유센코 정부는 이후 통치 능력을 거의 상실하였다. 더욱이 우크라이나의 고질병으로 자리 잡은 정부의 부패와 무능한 관료 집단은 개혁 추진을 실질적으로 가로막았다.

결국 유센코 정부는 준비되지 않은 성급한 개방 전략으로 기존 기득권층과 결별하고 우크라이나를 서구화시키는 작업을 추진하는 길 이외의 다른 대안은 없었다. 2007년 우크라이나의 WTO 가입은 유센코 정부의 개방정책의 전술적 승리였지만 곧 개방의 후유증을 크게 앓기 시작한다. 막대한 무역적자가 누적되고 금융시장이 개방됨으로써 글로벌 위기에 우크라이나의 경제를 노출시켰다. 우크라이나는 2009년 은행들이 예금 지급을 유예하고 주택모기지가 중단되자 모든 민간 건설이 중단되기 시작했다. 자동차나 전자제품에 대한 할부 금융도 모두 중단되면서 내수 경기가 얼어붙었으며, 국제적 경쟁력을 갖춘 공산품 생산 기반이 전혀 없는 우크라이나는 결국 IMF와 두 차례에 걸친 구제금융 지원협정에 합의하고 이에 대한 대가로 고통스러운 예산 축소 및 재정개혁을 강요받았다.

유센코의 신자유주의적 개방 전략은 정부의 정책집행능력과 내부적 자본과 시장, 국제적 조정 능력이 필요하다는 교훈을 주었다. 같은 시기 폐쇄적 경제체제를 유지하였던 우즈베키스탄이 글로벌 위기에도 불구하고 7%이상 높은 성장을 기록한 것은 정책과 정부 능력 차이를 잘 보여준다. 남미나 동남아 사례에서 보았듯이, 경제개방이 곧 경제성장으로 연결되지는 않는다. 경제개방을 실질적인 경제성장으로 연결하기 위해서는 효과적인 국가의 집행 능력과 수출 촉진, 산업성장 등 전략적인 정책이 결합되어야 한다. 실제 WTO 가입은 다른 한편으로 국제수준의 경제 규범의 도입과 수입관세의 완화, 그리고 외국 상품의 국내 유입 등으로 인해 국내 제조업 부문에게는 심각한 위기로 작용하고 있으며, 낙농, 채소 등 일부 농업 부문은 엄격한 안전과 품질 기준으로 생산이 일시적으로 감소할 수도 있다. 따라서 우크라이나 정부는 경쟁력이 취약한 자동차, 조선 등 국내 제조업의 생산성을 향상시키고 필요하다면 강력한 구조조정을 적기에 취해야 하며, 농업 등 저소득층에 대한 사회보장제도도 시급하게 도입하여야 한다. 또한 효과적인 정책 집행을 위해 강력한 정부 개혁이 추진되어야 하는데, 방만한 공공부문의 축소, 행정의 투명성 강화, 고질적인 부패 청산이 추진되어야 할 것이다.

2009년 마이너스 15.1%라는 혹독한 경기침체를 겪었던 우크라이나는 야누코비치 정권이 등장하면서 어느 정도 안정을 찾아가고 있다. 우크라이나 경제는 2010년과 2011년에 이어 2012년에도 4% 내외의 완만한 경제성장을 이어갈 것으로 예상되는 가운데 야누코비치는 신자유주의적 개방보다는 국내산업 보호에 초점을 맞춘 다소 보수적인 성장전략을 추진하고 있다. 야누코비치 정권은 러시아와의 합의를 통해 러시아산 가스 가격 동결, 러시아의 직간접적인 재정지원을 이끌어 냈으며 경제를 안정화시키는데 성공하였다. 우크라이나의 절대적인 에너지 공급국이자 막대한 유럽 수출용 가스의 막대한 통과 수수료를 지불하는 러시아와의 원만한 외교관계는 우크라이나 경제성장의 충분조건이라고 할 수 있다.

우크라이나는 CIS 국가 중 인구 2위, 영토 3위의 국가로 석탄, 철 등 풍부한 광물자원과 비옥한 농토를 보유하고 있으며, 인구도 5천만 명에 육박하여 내수시장의 성장 가능성도 상당히 높다. 실제로 2005년부터 2007년까지 우크라이나의 소매부문(retail sector)은 임금상승, 소비심리 호조 등으로 연평균 25% 이상 성장하였으며, 2006년 기준 소매부문의 시장규모는 약 470억 달러로 추정되고 있어 향후 성장의 주요 동력으로 작용할 것으로 예상된다. 여기에다 우크라이나는 제조업 기반이 풍부하며, 지정학적으로는 동과 서를 중계할 수 있는 물류 기반도 갖추고 있다. 결국 우크라이나 경제의 미래는 성장을 추진할 수 있는 산업경쟁력 확보, 경제체제의 현대화, 그리고 러시아와 서방을 포함한 전략적 투자의 확보와 이를 위한 안정적인 경제정책을 어떻게 효과적으로 추진하느냐에 달려 있다고 볼 수 있을 것이다.

참고문헌

Alcala, F. and Ciccone, A (2004), "Trade and productivity". *Quarterly Journal of Economics.*, 119(2):613-646.

Amsden, Alice H (1989) *Asia's Next Giant* New York: Oxford University Press.

Aslund, A (2009) *How Ukraine Became a Market Economy and Democracy* Peterson Institute for International Economics, Washington DC.

Aslund, A., et McFaul, M., ed. (2006) *Revolution in Orange: the origins of Ukraine's Democratic breakthrough* Washington, D.C.: Carnegie Endowment for International Peace.

Balassa, B. (1988) "Incentive Policies and Agricultural Performance in Sub-Saharan Africa". PPR Working Paper 77, Policy, Planning and Research, The World Bank, Washington, D.C.

Baker & McKenzie (2006) *Doing Business in Ukraina.*

Chang, H.J (2002) *Kicking Away the Ladder: Development Strategy in Historical Perspective*, 형성백 옮김 (2004)『사다리 걷어차기』부키.

______. 2003. *Globalisation, Economic Development and the Role of the State.* Zed Books Ltd.

______ ed. 2003. *Rethinking Development Economics.* Anthem Press.

Frankel, J. A. and Romer, David (1999) "Does Trade Cause Growth?", *The*

American Economic Review. 89(3): 379 - 99.

Haggard, Stephan (1990) *Pathways from the Periphery: The Politics of Growth in the Newly Industrializing Countries* Ithaca: Cornell University Press.

Gene, Grossman M and Helpman Elhanan (1992) *Innovation and Growth: Technological Competition in the Global Economy* MIT Press, Boston, MA,.

Krugman, P. (1994) *Peddling Prosperity*, 김이수 역. 『경제학의 향연』부키.

Jalt, Sengupta K (1994) "Empirical Tests of New Growth Theory: Openness and Growth," *Journal of Economic Integration* 9.

Paul, Romer M (1986) "Increasing Returns and Long Run Growth," *Journal of Political Economy* No., 94.

Przeworski Adam (1991) "A Prologue: The Fall of Communism". in *Democracy and the Markets: Political and Economic Reforms in Eastern Europe and Latin America* Cambridge: Cambridge University Press.

Sachs, Jeffrey and Radelet, Steven(1997) "Asia's Reemergence." *Foreign Affairs,* Vol. 76, No.6.

Solchanyk, Roman (1992) "Ukraine: The Politics of Economic Reform, " *REF/RL Research Report,* Vol.1 No.46.

Stiglitz, J (1994) *Whither Socialism*, 강신욱 옮김. 『시장으로 가는 길』한울 아카데미.

______ (2002) *Globalization and Its Discontents*, 송철복 옮김. 『세계화와 그 불만』 세종연구원.

______ (2004) "Capital-Market Liberalization, Globalization, and the IMF."

Oxford Review of Economic Policy, vol.20, no.1.

Wade, Robert (1990) *Governing the Market in East Asia: The Role of Government in in East Asian Industrialization* Princeton: Princeton University Press.

Williamson, J (1996). "Globalization, Convergence and History." *Journal of Economic History*, vol.56, no.2.

김경순 (1998) "우크라이나 국가형성과 정치변화." 『슬라브연구』 13권 2호.

박정호 (2006) "슬라브 형제국의 두 길: 우크라이나와 벨라루스."

신범식 엮음. 『21세기 유라시아 도전과 국제관계』 한울 아카데미.

윤성학 외 (2009) 『글로벌 금융위기 이후 한국의 대중앙아시아 진출전략』 대외경제정책연구원.

허승철 (2008) 『나의 사랑 우크라이나』 뿌쉬킨하우스.

홍석우 (2007) 『우크라이나: 코자크와 오렌지 혁명의 나라』 한국외대 출판부.

7 우크라이나의 체제전환과 경제발전

윤 성 학

Ⅰ. 사회주의 경제의 유산과 우크라이나의 경제체제 전환 전략

1991년 12월 소비에트 연방체제에서 우크라이나의 독립은 전혀 준비되지 않은 상황에서 갑작스럽게 위로부터 결정되었으며, 독립 우크라이나는 무엇보다도 경제적 안정과 발전, 그리고 사회주의 경제체제를 자본주의 시장경제로 전환하여야 하는 세기적 문제에 직면하게 되었다. 불행하게도 제정 러시아를 거쳐 소비에트 공산주의 체제에 이르는 300년 동안 우크라이나는 단 한 번도 독자적인 경제체계를 발전시켜본 경험이 없었으며, 우크라이나의 경제 시스템은 모스크바의 지령만 수행하는 정교한 전체주의 시스템의 일부에 지나지 않았다.

독립 우크라이나의 경제가 직면한 가장 큰 문제는 우크라이나의 경제 문제를 독자적으로 풀어나갈 수 있는 경제 엘리트나 아이디어가 존재하지 않았다는 점이다. 우크라이나의 초대 대통령인 크라프추크(L. Kravchuk)의 경제자문인 예멜리아노프(O. Yemelianov)가 1992년 3월 24일 '국가경제기본계획(Fundamentals of National Economic Policy)'를 발표하였지만, 여기에 시장경제체제로의 이행을 위한 구체적 계획은 들어있지 않았다.[1] 독립 당시 경제부처의 관리들은 대개 모스크바서 훈련받고 지시만 수행하는 관료에 지나지 않았고 시장경제로의 전환과 독립 우크라이나 경제에 대한 분명한 비전을 전혀 보유하지 못했다.[2] 독립이후 우크라이나의 중앙은행도 단순한 통화 보유처에 불과하였을 뿐, 그 어떠한 통화정책도 세우지 못했다. 정부의 예산과정도 명확치 않았고, 그나마 주어진 예산으로는 공무원 월급도 제대로 지불할 수 없었다. 당시 정부 재정을 부담할 효율적인 세금체계도 없었으며, 관세도 존재하지 않았다. 경제적 데이터는 부정확하고 불완전하며, 우크라이나의 독자 화폐 흐리브나(Hrivna)가 출현하기까지는 독립이후 몇 년의 시간이 더 필요하였다. 우크라이나는 독립국가로서 경제 정책을 구상하고 실현하며, 이를 위한 자원, 메커니즘, 수단을 사실상 결여하고 있었다.[3]

독립이후 크라프추크 초대 대통령은 독자적인 우크라이나식 전략 대신에 러시아식 급진적 경제개혁 모델을 추종하였다. 러시아 모델은 시장경제로의 이행을 위해 단기간에 위로부터 시장을 인위적으로

---

1 A. Aslund (2009), p. 23.

2 우크라이나에 비해 러시아는 시장경제로의 체제전환을 위한 다양한 개혁 시도와 아이디어가 존재하였다. 러시아에는 고르바쵸프의 '시장사회주의' 개혁 노선과 샤탈린의 '500일 경제계획' 등 경제체제 전환과 새로운 성장 동력을 위한 모색이 있었지만 우크라이나는 1994년까지 경제체제 전환에 관한 구상과 아이디어는 제기되지 않았다.

3 A. Motyl (1993), p. 137.

'도입'하는 것이었다. 1980년대 말과 1990년대 초 동유럽과 러시아 등 대부분의 동유럽 사회주의 국가들은 신자유주의 전도사인 워싱톤 컨센서스(Washington Consensus)의 충고에 따라 '시장'을 도입하기 위해 거시경제 안정화, 가격자유화와 사유화, 무역 규제 완화 등의 급진개혁 전략을 채택하였다.[4] 크라프추크가 임명한 경제부총리인 라노비(V. Lanovyi)는 러시아의 급진개혁과 거의 유사한 '경제정책과 시장개혁안(Plan for Economic Policy and Market Reform)'을 제출하였는데, 여기에는 거시경제 안정, 가격자유화, 무역통제 해제, 신속한 사유화 등의 내용을 포함하고 있었다.[5]

사회주의 통제경제에서 시장이 위로부터 강제로 도입되는 과정에서 우크라이나는 1992년에 1,354%를 기록한 러시아보다 더 높은 1,445%라는 살인적인 인플레이션을 기록하였다. 이 기간 동안에 GDP도 러시아가 13.7% 하락한데 비해 우크라이나는 18.5%나 떨어졌으며, 1993년 우크라이나의 경제는 보다 악화되어 전년 대비 GDP가 17%나 떨어졌다. 1994년 재정긴축으로 인플레이션은 어느 정도 약화되었지만, GDP는 전년대비 36%나 급격하게 축소되었다. 독립 당시 우크라이나 경제가 러시아보다 힘들었던 명백한 이유는 구소련 체제로부터 갑자기 단절되어 재정 및 예산을 확보하지 못하였기 때문이었다.

새로운 경제개혁을 추진할 엘리트와 아이디어의 부재와 함께, 사회주의 경제의 유산도 1990년대 우크라이나 경제를 퇴보시켰다. 1992

4 김영진 (2009), p. 109.

5 크라프추크의 초기 가격자유화 정책은 명백히 당시 러시아 가이다르(Y. Gaidar) 총리가 추진한 급진경제개혁 정책을 그대로 우크라이나에 적용한 모델이라고 할 수 있다.

년 독립국가 우크라이나 경제는 과거 소연방에 의해 통합된 경제에서 고립된 자급자족적 경제로 전환하면서 산업생산성의 저하와 만성적인 소비재 부족에 시달렸다. 구소련 붕괴 이전 CIS 공화국들의 경우 산업들 간의 분업 및 협업화로 우크라이나의 공업 비중은 1991년에 32%를 기록하였지만, 붕괴 이후 원자재 조달 곤란, 산업들 간의 유기적인 협조체제 붕괴로 공업생산이 1996년에는 29%로 감소하였다. 또한 농업생산성의 감소에 따른 식량조달의 문제, 생산비 증가에 따르는 원자재 가격문제, 서비스 부문의 부재, 생필품 부족난은 우크라이나인들을 고통스럽게 만들었다. 게다가 과거 중앙통제 계획경제의 관료주의는 부패의 창궐과 지하경제의 번성을 초래하였으며, 이에 따라 사회적 불만을 증가시키고 지역 간, 계층 간 갈등을 야기하였다.

<표 1>에서 보듯이 우크라이나 경제는 독립이후 1991년부터 1993년까지 3년간 기록적인 생산의 후퇴를 가져왔다. 우크라이나의 대표적 산업인 철강(Rolled Steel)을 보자면, 1991년 약 3,200만 톤이 생산되었으나, 1993년에는 2,400민 톤으로 급격히 줄어들었다. 또한 석탄과 시멘트도 마찬가지였다. 산업 생산의 필수적인 전력 생산도 1991년부터 급격한 하락세를 보여 1996년에는 무려 35.2%가 하락한 1,800억 kwh를 기록하였다.

크라프추크의 경제개혁은 러시아 모델을 추종하였지만 개혁 과정에서 과거 공산당 지배세력을 배제하지 못하거나, 혹은 일부 의존함으로써 우크라이나의 경제개혁은 제대로 추진되지 못하였다. 특히 우크라이나 동부와 수도의 토착 공산당 세력은 기업가로 위장한 올리가리키로 변신하여 개혁의 반대세력으로 자리 잡게 되었으며, 크라프추크 시기 인허가를 둘러싼 뇌물과 부패를 만연시켰다.

〈표 1〉 독립이후 우크라이나의 주요 부문 생산통계

구 분	1991년	1992년	1993년	1994년	1995년	1996년
전력(십억kwh)	279	253	230	203	192	181
오일(백만톤)	4.9	4.5	4.2	4.2	4	4.1
가스(십억m^3)	24.3	20.9	19.2	18.3	18.1	18.4
석탄(백만톤)	136	134	116	94.6	83.6	71.7
시멘트(백만톤)	21.7	20.1	15	11.4	7.6	5
Rolled Steel (백만톤)	32.8	29.6	24.2	17	16.5	17.1
광물질 비료 (백만톤)	4.2	3.3	2.5	2.3	2.2	2.3
곡물(백만톤)	38.7	38.5	45.6	35.5	33.9	24.5

자료: PlanEcon and WEFA(1997)

독립이후 우크라이나 국민들은 시장경제로의 개혁의 필요성은 공감하였지만 급진적 개혁정책의 추구로 많은 고통을 받았기 때문에 다소 보수적인 경제 운용의 필요성을 주장하는 쿠츠마((L. Kuchma) 총리를 1994년 선거에서 대통령으로 선출하였다.[6] 한때 총리를 맡다가 밀려난 쿠츠마는 우크라이나 산업기업인협회장으로 친비즈니스적 성향을 내세우며, 신흥 재벌과 기업가들의 지지를 얻었다. 쿠츠마는 크라프추크의 경제 실정을 집중적으로 공격하며, 경제적 안정을 기원하는 국민들의 희망과 올리가리키의 지지, 그리고 러시아와의 관계 개선을 내세우면서 1994년 7월 10일 결선투표에서 52%를 득표하여 대통령에 당선되었다.

6 우크라이나 경제의 정치적 상호 작용에 대해서는 Roman Solchanyk(1992) 참조.

Ⅱ. 쿠츠마 시기의 우크라이나 경제(1994-2004)

크라프추크 정권에서 총리를 역임하면서 산업가와 보수적인 정책을 대변한 쿠츠마는 서부 우크라이나에 기반을 두고 다소 자유주의적 노선을 보였던 크라프추크를 누르고 우크라이나 2대 대통령에 당선되었다. 쿠츠마는 대통령 당선과 동시에, 경제개혁보다는 독립이후 계속 악화되어온 경제난 해결을 최우선적인 과제로 제시하였다. 쿠츠마 경제정책의 핵심은 과거 급진적인 시장경제로의 전환과 개혁을 추진하기보다는 경제안정화에 초점을 맞추었다. 이를 위해 쿠츠마는 크라프추크 대통령 하에 임명된 마솔(V. Masol) 총리를 사임시키고 마르츄크(Y. Marchuk) 제 1부총리를 총리로 임명하였다.[7]

쿠츠마 대통령은 본격적인 경제안정화의 최우선적인 조치로서 강력한 통화정책을 추진하였다. 독립이후 1992년부터 1994년까지 우크라이나는 연간 4,900%에 이르는 하이퍼인플레이션에 시달려 왔다. 쿠츠마는 방만한 재정을 정리하고 통화발행을 엄격히 규제하면서 인플레이션 문제에 적극 대처하였다.[8] 통화의 안정성 확보를 위해 소비

---

7 쿠츠마 대통령은 마르츄크 총리와도 경제개혁과 국정수행 주도권을 두고 갈등이 지속되어 그를 해임하고 1996년 5월 라자렌코(L. Lazarenko) 총리를 임명하였으나 정치적 야심이 큰 라자렌코 총리와도 정책갈등이 심화되면서 1997년 7월 라자렌코 총리도 해임하였다. 후임으로 쿠츠마 대통령은 시장경제 개혁주의자인 푸스토보이첸고(V. Pustovoitenko) 총리를 임명하여 보다 친시장적인 경제개혁 프로그램을 본격적으로 추진하였다.

8 쿠츠마 정부는 재정 지출을 억제하기 위해 기업 및 근로자에 대한 재정지원을 축소하였으며, 이에 따라 1996년 예산 적자 총액은 GDP의 5.6%인 36억 1,700만 흐리브나로서 이는 계획했던 GDP의 6.2%인 46억1,700만 흐리브나보다 줄어들었다. 예산적자 감소는 정부지출 축소, 기업 보조금 삭감, 사회복지 지출삭감 등으로 달성할 수 있었지만 근본적으로 세금 회수 문제는 여전히 해결되지 않았다. 특히 소득세, 부가세 미회수 및 물품세 징수가 현실

자 물가 상승률은 최소한으로(2~3%대) 억제하였으며, 연간 물가상승률 35%를 달성하기 위해 통화증가율을 40.5% 이하로 줄였다. 쿠츠마 정부는 통화 안정을 위해 독립이후 임시 화폐인 Karbovanets(쿠폰)를 사용해 오다가 1996년 9월 독자 화폐인 흐리브나(Hryvnia)를 도입하였다. 쿠츠마 정부의 지속적인 긴축정책의 실시로 1996년 연평균 소비자 물가상승률은 약 40%를 기록했으며, 1997년에는 물가상승률이 5.3%로 급락하였다. 물가안정의 덕택으로 흐리브나 환율도 1997년부터 달러 당 1.8~1.9 사이에서 안정적으로 유지되었다.

쿠츠마 정부의 경제안정화 정책의 결과로 독립이후 산업생산의 침체와 기록적인 마이너스 성장을 보였던 경제는 조금씩 회복되기 시작하였다. 1993년 10,100%던 인플레이션은 1994년 401%, 1995년 181%, 1996년 39%로 줄어들었고, 1997년에는 10%대까지 떨어졌다. 재정 적자폭도 1994년 GDP대비 8.7%에서 1996년 3.2%로 떨어졌다. 재무성이 1995년 처음으로 국채발행에 성공한 것도 정부의 재정정책에 대한 신뢰를 반영한 것이었다.

쿠츠마 정권의 위기는 1997년 발생한 러시아 모라토리엄 사태였다. 독립 이후에도 러시아 경제에 큰 영향을 받고 있었던 우크라이나는 러시아 경제위기로 쿠츠마 등장 이후 다소 안정적이었던 경제가 다시 인플레이션과 마이너스 성장의 위기를 맞이하게 되었던 것이다. 쿠츠마는 우크라이나에 닥치고 있는 경제위기를 해소하기 위해 당시 국립은행장이었던 개혁파 유셴코(V. Yushchenko)를 총리로 임명하여 경제개혁 카드를 마지못해 꺼냈다.

적으로 불가능한 실정이며, 많은 납세자들은 국회에 제출된 세제삭감안에 기대를 걸면서 세금납부를 회피하였으며 이에 따라 지하경제가 번창하였다.

유센코는 러시아의 외환위기가 우크라이나 경제에 미치는 영향을 최대한 축소하기 위해 일단 강력한 외환통제와 통화 안정에 나섰다. 유센코 총리는 1999년 경제위기 타개를 위해 독일 경제자문단과 공동으로 '100일 계획'이라고 불리는 경제개혁 프로그램을 제출하였다.[9] 이 '100일 계획'에는 정부 개혁, 재정 개혁, 사유화 프로그램, 토지 개혁, 부패 척결 등 광범위한 개혁 프로그램이 포함되어 있었는데, 먼저 정부 재정 부문의 개혁을 통해 불합리한 정부 지출 삭감과 투명한 세제정책의 도입으로 세수가 크게 늘어났다. GDP대비 공공 지출은 1997년 44.2%에서 2000년 34.5%로 줄어들었고, GDP대비 재정 적자도 1997년 5.4%에서 2000년 1.1%로 떨어졌다. 우크라이나의 경제는 근본적으로 무역수지 및 경상수지 적자의 단기적인 해소 가능성이 낮았고 외국인투자도 미흡하여 외환 부족 현상이 지속되었지만, 쿠츠마 정부의 적극적인 외환 대책으로 1990년대 말의 금융위기가 극복될 수 있었다.[10]

유센코 총리는 대규모 국영기업의 사유화도 적극 추진하였는데, 2000년 대형 정유공장 네 개가 러시아의 정유회사에 각각 인수되었다. 또한 러시아 모바일 통신회사 MTC는 우크라이나의 UMC를, Alfa 그룹은 Kyivstar를 인수하였다. 전력분야의 사유화도 적극 추진되어 일단 6개의 송배전 회사는 국제 공개 입찰을 통해 사유화되었다.

---

9 A. Aslund (2009), p. 146. 보다 자세한 프로젝트 내용은 키예프 포스트 참조. http://www.kyivpost.com/news/nation/detail/22217/ (검색일 : 2011년 4월 11일).

10 1998년 여름 러시아에 직접적인 영향을 미쳤고, 대외 채무 지불 불능 상태에 빠진 러시아는 8월 17일 모라토리엄(채무불이행)을 선언했다. 우크라이나도 바로 러시아 모라토리엄 선언의 영향을 받았다. 1달러당 1.8~2.25 gm리브나 사이를 오가던 환율은 몇 달 사이 5.5까지 떨어졌다. 은행에서는 예금 인출 사태가 벌어졌고, 정부의 외환 보유고는 5억 달러 이하로 떨어졌다.

<표 2>에서 보듯이 우크라이나 경제는 1997년 러시아 모라토리엄 사태를 반영하여 다시 -7.5%라는 저성장을 기록하였지만, 곧 V자형의 반등을 이루게 되었다. 1997년 소비자 물가는 전년보다 크게 향상된 5.4%를 기록하여 물가 폭등의 긴 터널을 빠져나오기 시작하였으며, 환율도 1997년부터 안정화되었다. 또한 독립이후 계속된 무역수지 적자가 흑자로 반전되었다. 1997년 3/4분기까지 약 5.5억 달러의 무역수지 적자를 기록했으나 4/4분기 들어 수출이 전 분기 대비 43%로 급격히 신장되면서 약 4.2억 달러의 흑자로 반전된 것이다.

쿠츠마 정부는 1998년 러시아에서 시작된 금융위기를 극복하면서 2000년부터 본격적인 성장에 진입하였다. 2005년 1월 유센코 현 대통령이 집권하기 전인 2000~2004년까지의 5년간 우크라이나의 평균 경제성장률은 무려 8.3%에 달하였다. 우크라이나 경제 성장의 원동력은 1998년 이후 대폭적인 환율 평가절하에 따른 수출경쟁력 회복과 국제 철강 가격의 상승 때문이었다. 또한 국제유가 상승으로 러시아로부터 수취하는 파이프라인 수수료 수입이 증가하면서 서비스 수지가 지속적으로 흑자를 유지하고 있는 가운데, 우크라이나에 대한 투자

〈표 2〉 1990년대 우크라이나의 거시경제 지표

구분	1993년	1994년	1995년	1996년	1997년	1998년
실질 GDP성장률(%)	-14.2	-23	-11.8	-10.1	-7.5	2
산업생산(%)	-8	-27.3	-12.7	-5.1	-4.5	1
소비자물가상승률(%)	10,156	401.1	181.1	39.7	5.4	10
무역수지(10억$)	-2.5	-2.6	-2.7	-4.1	-1.8	-6.1
수출(10억$)	12.5	13.9	14.2	14.1	5.1	17.9
수입(10억$)	15	16.5	16.9	18.2	6.9	24
환율($/흐리브나)	12,610	104,200	179,400	1.886	1.857	2.05

자료: WEFA and PlanEcon(1998)

가 유입되고 소비가 살아나면서 경제가 급격하게 성장할 수 있었다.

쿠츠마 정부는 재정규제를 통해 경제성장을 적극 추진하는데 성공하였지만 시장경제로의 전환에는 상당히 소극적이었다. 무엇보다도 시장경제를 위한 최우선적인 조치로 사유화 정책[11]이 제대로 추진되지 못하였다. 좌파 정당의 영향력이 컸던 의회가 사유화에 반대하고 나섰고, 지방 행정기구도 사유화 자금이 자신들에게 돌아오지 않고 중앙으로 집중되었기에 불만을 표시했다. 정부 관료들도 자신들이 통제하고 있는 국영기업의 사유화에 찬성하지 않았다.

1995년 1월에 대규모 사유화가 시작된 이래 29,221개 소규모 기업의 사유화가 1996년 말까지 이루어졌으며, 약 6,130개에 해당하는 중·대형 기업이 주식회사 체제를 확립하였다. 이 가운데 4,251개의 기업이 1996년 말까지 사유화되었다. 그러나 국영기업의 사유화는 주로 소규모 기업에 집중되었으며, 대기업은 여전히 국가가 소유하고 있었다. 실제 구매력이 있는 외국인들은 간접적인 금융지원을 통하여 사유화 프로그램에 참여할 수 있었으나 시유화 증서의 직접 구매를 통한 참여는 제한됨으로써 사유화의 효과를 크게 감소 시켰다.[12] 더욱이 사유화된 기업의 경영은 공산주의 시대의 관리자들이 맡았고, 이

---

11 우크라이나 정부는 1994년 말 대통령령에 의한 중대기업의 사유화 프로그램을 발표하고 1995년부터 본격적인 사유화를 실시하기 위해 우크라이나 국유자산관리기금(SPFU: State Property Fund of Ukraine)을 설립하였다. 우크라이나의 사유화는 러시아와 거의 유사하였지만 러시아처럼 사유화 바우처를 타인에게 판매하는 것은 금지되었고, 사유화 입찰에 직접 사용하거나 사유화 입찰에 나서는 펀드(Trust)에 양도할 수 있었다.

12 외국인투자가들은 우크라이나 의회(RADA)가 제시한 非사유화 대상 기업을 제외하고는 어떤한 기업의 사유화 과정에 참여할 수 있었지만 실제적으로는 모호한 법 체계와 정부관료의 이권개입으로 현실적으로는 사유화의 참여가 불가능하였다. 대표적인 경우가 한국 대우의 자동차 투자이다.

들은 대부분 시장경제에 맞게 기업을 경영하기 보다는 정부에 대해 특혜를 계속 기대하거나 기업의 재매각을 선호하였다. 결국 1997년 사유화 바우처를 통한 사유화는 종결되었고, 이후에는 주로 외부 자본에 의한 기업 인수가 진행되었지만 여전히 대부분의 주요 기업은 해당되지 않았다.

사유화 정책의 표류와 함께 농업 등과 같은 핵심 산업에서는 오히려 개혁이 후퇴하였다. 토지에 대한 사유화는 진행조차 시도되지 못하였으며, 철강 등 핵심 산업은 여전히 강력한 로비에 의해 보조금이 지급되었다. 명목상 지나친 높은 세금과 원칙 없는 조세정책은 대부분의 기업과 개인들을 지하경제로 내몰았다. 그나마 쿠츠마 정부가 추진한 사유재산제 허용, 시장경제체제로의 전환 등의 개혁정책은 의회 및 관료들의 저항으로 표류하거나 제대로 추진되지 못하였다.

철저한 실용주의자인 쿠츠마는 우크라이나가 심각한 경제 위기를 일단 벗어나자 급진개혁에 따른 사회적 반발을 무마하고 정치적 부담에서 벗어나고자 타협의 길을 택하였다. 우선 의회에서 경제개혁에 반대의 목소리를 높여온 공산당, 사회당 등 좌파 정파와 정치적으로 타협하고, 자신의 대통령 선거 자금을 마련해 준 동부의 기업가 집단의 압력에도 굴복하였다. 또한 2기 재선을 위한 재원 마련을 위해 기업가들에 대한 이익 분배를 조종하고 이를 위해 다시 관리경제체제를 채택하는 모습을 보였다. 이 시기부터 쿠츠마는 지역에서 족벌로 자라난 일종의 우크라이나 올리가리키인 경제족벌(Clan)[13]과 유착하

13 러시아의 올리가리키에 해당하는 우크라이나의 경제족벌은 주로 동부 및 수도권에서 자원과 특혜 속에 성장하였다. 푸틴에 의해 된서리를 맞은 러시아 올리가리키들과 달리 우크라이나의 경제족벌은 야누코비치 정권에서도 큰 영향력을 발휘하고 있다. 대표적인 경제족벌로는 우크라이나 철강산업의 최

였다. 1990년대 중앙의 느슨한 지배를 틈타 특히 동부 지역에서는 자원 및 가스 유통 산업을 장악한 올리가르키 집단이 급격하게 성장하였으며, 이들은 선거를 통해 중앙에 대한 영향력을 확대하였고, 특권적 지위를 공고화하였다. 쿠츠마와 지역 경제족벌의 연합은 우크라이나를 부패시켰으며, 시장경제로의 전환에 중대한 방해물로 작용했다.

Ⅲ. 유센코 정권의 신자유주의적 개방화와 우크라이나 경제(2005-2008)

기본적으로 보수적이었지만 현실주의자인 쿠츠마 정부는 1990년대 중반 이후 경제안정화 정책으로 인플레이션을 잡고, 2000년 이후 높은 경제성장률을 기록할 수 있었다. 하지만, 2005년 오렌지 혁명으로 우크라이나의 경제정책은 친서방적이며 보다 시장지향적으로 바뀌게 되었다. 오렌지 혁명의 주역인 유센코는 유럽 통합과 나토 가입, WTO 가입을 통한 시장개방화를 적극 추진하였다.

유센코 정권의 개방화 전략의 핵심은 적극적인 WTO 가입과 국제입찰을 통한 국영기업의 과감한 사유화로 특징된다. 정치적 불안정에도 불구하고 유센코 정부는 WTO 가입을 위해 2006년 국회에서 압도적인 지지로 자동차산업 개발법안, 교통수단 수입에 관한 법안, 위탁생산된 비철금속 조각 수출금지 법안, 은행거래법안 등 WTO 가입에

대 소유주로서 '도네츠크 클랜'의 리더인 아흐메토프(R. Akhmetov), 쿠츠마 대통령 딸과 결혼한 철강 및 언론재벌인 핀축(V. Pinchuk), 가스수입업자인 바카이(I. Bakai), 철강 재벌 라비노비치(V. Rabinovich) 등이 있다. http://una-unso.org.ua/article/artid-179/lang-eng/index.html (검색일: 2011년 3월 2일).

필요한 23개 법안 중 7개 법안을 통과시켰으며, 지속적인 수입규제 완화정책에 나섰다. 유센코 정부는 2006년 12월 대만과 쌍무협정을 체결하고 장애요인 중 하나인 금융시장 개방 등에 대한 국내법을 개정함으로써 미국, EU 등으로부터 긍정적인 반응을 얻었으며, WTO 가입의 가장 큰 걸림돌을 제거하였다. 2006년 2월 미국과 EU가 우크라이나를 시장경제국으로 인정함으로써 우크라이나의 WTO 가입이 가능하게 되었다.

WTO 가입을 위해 유센코 정권이 추구한 또 다른 경제개방화 전략은 국영기업의 과감한 국제 매각에 입각한 사유화정책이다. 우크라이나의 국영기업의 사유화 정책은 보수적인 쿠츠마 정권의 반대로 실질적인 성과는 미미하였다. 대규모 국영기업을 인수할 수 있는 우크라이나의 기업들도 없었을 뿐만 아니라, 외국인투자에 대해서도 폐쇄적이었기 때문이었다. 유센코는 우크라이나 국영기업 사유화를 외국인 투자가의 접근을 실질적으로 제한한 러시아와 달리 국제 입찰을 통해 과감하게 개방하였다. 유센코 정부의 적극적인 사유화 정책에 힘입어 2004년에 약 1,100개, 2005년에는 890개의 우크라이나 국영기업들이 국제입찰을 통해 사유화되었다. 대부분의 매각 기업은 우크라이나 내의 개인이나 기업이 차지하였지만, 대규모 자본이 필요한 기업들은 주로 외국인들이 구매하였다. 우크라이나 최대 철강 기업인 크리보잘 철강사(Krivorozhal Steel Mill)은 2005년 10월 인도에 본사를 둔 독일 기업인 MIttal Steel에게 48억 달러에 경매를 통해 매각되었다. 유센코 정권이 국제입찰 방식의 과감한 사유화 정책을 도입함에 따라, 2007년에는 전년보다 무려 5배 이상 증가한 74억 달러의 FDI를 기록하였다. 활발해진 외국인투자의 유입과 교역 증가 덕분에 우크라이나의 외환보유액은 2006년 218억 달러에서 2007년 311억 달러로 50%이상 급증하였다.

개방정책에 박차를 가한 유센코 정부는 2008년 3월 마침내 WTO에 가입하게 되었다. 우크라이나는 WTO 가입을 통해 전체 수출의 40% 이상을 차지하는 철강 제품이 그동안 쿼터제로 묶여 있던 EU 시장으로의 수출 확대를 기대하였다. 또한 투자분야의 장애요인 제거를 통해 외국인 투자를 적극 기대하였다. Economist는 우크라이나의 WTO 가입에 따른 GDP 효과는 약 1.5~1.7% 정도에 달할 것으로 예상하였다.[14]

실질적으로 우크라이나의 WTO 가입 이후 외국인들은 유통, 금융, 건설 등 주로 서비스 산업에 적극적으로 투자하였다.[15] 2005년부터 키예프를 비롯한 대도시에서 유럽계열의 할인 유통점이 본격적으로 등장하였으며,[16] 외국계열의 금융회사들이 규제 완화를 기회로 적극적으로 우크라이나 시장에 진출하게 되었다. 이에 따라 우크라이나의 외국인 투자가 크게 증가하였다. 특히 2003년부터는 연간 투자액이 10억 달러가 넘어 섰고 2005년도에는 국영 제철소의 매각에 따른 외국 투자 증가로 80억 달러를 넘어서는 급증세를 보였다. 2006년 말 기준으로 우크라이나에 투자한 외국 기업은 11,800여개에 이르며, 법

14 Economist, Apr 14th 2008.

15 우크라이나의 주요 투자 외국인기업으로는 부동산 분야의 Collier, 운송 분야에서 러시아의 MTC, 이탈리아의 IVECO, 기타 GM, Lukoil 등이 있으며, 금융 분야에서 100% 외국 투자 은행은 Calyon Bank, Citi Bank, Raffison Bank, HVB Bank, Bank PEKA, Kredit Bank, SEB 등이 있다. 또한 식품가공업에는 스위스 네슬레와 미국의 FOOD MASTER, KRAFT 등이 있다.

16 금융산업과 함께 외국인 기업은 우크라이나의 유통 분야에 적극 투자하였다. 서유럽 대형유통 업체인 독일의 METRO, ELDORADO 등이 이미 진출하여 있는 등 서구식 유통 체인들이 우크라이나 시장을 확대하였다.

〈그림 1〉 우크라이나의 FDI 추세

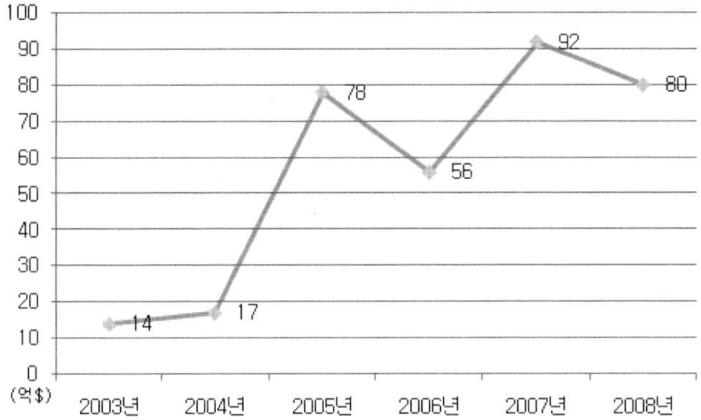

자료 : EIU(2009).

인 소재지는 73%인 8,600개사가 수도 키예프 지역에 집중되어 있다. 러시아에 비해 상대적으로 자원이 부족하고 독립이후 정치적 혼란이 계속되는 우크라이나에 대한 외국인 투자가 2005년 이후 급증한 것은 동과 서를 연결하는 우크라이나의 지경학적 위치에 대한 유럽의 관심뿐 아니라, 유센코 정권의 적극적인 개방화 정책의 결과 때문이라고 할 수 있다.

그러나 우크라이나의 개방은 경제성장으로 연결되지는 않았다. 대내외적인 높은 지지와 세계경제의 호황으로 집권 원년인 2005년에 높은 경제성장률이 예상되었으나, 실질적으로는 2.4%[17]라는 초라한 결과를 기록하였다. 2005년 우크라이나 경제의 낮은 성장률과 경제침체의 직접적인 원인은 주요 수출품목인 금속 및 금속 제련제품[18]의

17 2.4% 경제성장은 연초 정부 목표치였던 8.2%의 1/3 수준에도 미치지 못하는 수준이었다.

18 철강 및 금속 제련제품은 우크라이나 총수출의 42%를 차지하고 있는데, 2005년 생산이 1.5%로 감소하면서 수출 또한 전년 대비 8% 증가한 180만

생산 및 수출 감소를 비롯한 전반적인 제조업의 부진, 환율 절상과 에너지 자원 및 자본재의 수입 증가로 인한 무역적자의 심화 때문이었다. 특히 철강시세 하락과 국내경기 회복에 따른 수입수요 증가 등이 맞물려 상품수지가 12억 달러 적자로 반전되면서 약 7억 달러의 무역적자를 기록하였다. 공업생산증가율도 2004년 12.5%의 1/4 수준인 3.1%를 기록하였으며, 제조업의 전반적인 부진이 두드러지게 나타났다. 특히 제조업은 2004년 14.6%에서 2005년 3.0%로 대폭 하락하였다.

수출 증가세의 둔화와는 반대로 총수입의 30% 이상을 차지하는 원유, 가스 등 에너지 자원의 수입은 2004년 대비 8% 증가하였으며, 총수입의 17%를 차지하는 전자, 기계 등 자본재의 수입은 전년 대비 30% 이상이나 증가하였다. 제조업이 침체에 빠진 상태에서 유센코 정부는 오렌지 혁명 이후 사회지출을 크게 증가시켰으며, 이는 수입수요의 증가의 가장 큰 원인으로 작용했던 것이다. 정치적 의미에서 2005년 급작스러운 경제침체는 오렌지 혁명의 가장 중요한 파트너였던 티모센코 블록이 유센코 정권에 참여하지 않음으로써 사회적 비용이 증가하였기 때문이라고 볼 수 있다.

유센코 정부의 적극적인 개방화 전략은 한편으로는 경제체제를 개선하고 투자 확대에 기여하였지만, 다른 한편으로 2008년 말 우크라이나 경제를 지불불능의 위기로 몰아넣었다. 우크라이나 정부는 10월 26일 미국발 글로벌 금융위기에 따른 외화 유출, 환율 폭락, 은행의 대량 예금인출 사태로 IMF에 구제금융을 신청하였다. 우크라이나는

톤에 그쳤다. 이러한 부진은 국제 철강시장의 경쟁심화 및 수출환경 악화에 기인한다.

〈표 3〉 2000년대 우크라이나 거시경제 지표

구 분	2001년	2002년	2003년	2004년	2005년	2006년	2007년
GDP(억$)	380	424	501	649	817	1,102	1,415
1인당GDP($)	783	883	1,055	1,381	1,745	2,046	3,063
경제성장률(%)	9.2	5.2	9.6	12.1	2.4	7.4	7.4
소비자물가상승률(%)	12	0.8	5.2	9	13.5	10.5	12.7
환율($/HRN, 연말)	5.3	5.33	5.33	5.3	5.05	4.85	4.78
수출(백만$)	17,091	18,669	23,739	33,432	35,024	38,800	46,700
수입(백만$)	16,893	17,959	23,221	29,691	36,159	42,400	54,500
외환보유액(백만$)	2,955	4,241	6,731	9,302	19,110	21,843	31,100

자료 : EIU, State Statistics Committee : www.ukrstat.gov.ua 종합하여 재구성

2008년 하반기 이후 주력 수출품인 철강 가격이 폭락하는 동시에, 월 10% 이상의 살인적인 인플레와 자국통화인 gm리브나화 가치가 폭락하면서 10월에는 약 10억 달러의 예금 인출(Bank-Run) 사태가 일어났다.

우크라이나는 2008년 5월 WTO 가입이후 각종 경제지표가 급속하게 악화되어 왔다. 특히 국제원자재 가격 폭등으로 인플레율은 5월에만 전년 동기 대비 31%가 폭등하여 90년대의 하이퍼인플레이션을 재현하였다. 인플레이션이 이처럼 심각하게 진행된 원인은 우크라이나가 국제시세보다 훨씬 낮은 가격으로 제공받던 러시아 가스 수입 가격이 현실화되면서부터이다. <그림 2>에서 보듯이 인플레가 급속하게 진행되면서 흐리브나의 가치가 9월부터 20% 가량 하락하자 유센코 정부는 360억 달러의 외환보유고를 동원해 환율 폭등을 막으려고 하였지만, 결국 외환보유고가 급감하면서 IMF에 구제금융을 신청하지 않을 수 없었다. gm리브나의 달러 대비 환율은 수출 급감에 따른 외환보유고 하락의 영향 속에 10월 23일에는 6.01 흐리브나까지 오르

〈그림 2〉 2008년 우크라이나 환율 추이($/UAH)

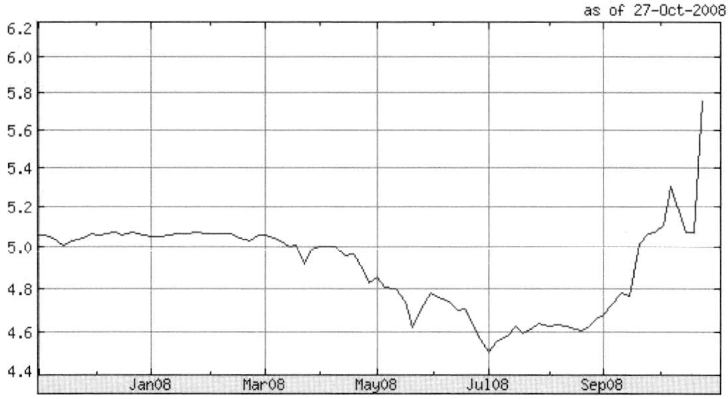

자료: http://finance.yahoo.com. 2008년 11월 23일 검색.

며 사상 최고치를 기록했다.

1980년대 남미나 동아시아 사례에서 알 수 있듯이, 경제개방이 곧 경제성장으로 연결되지는 않는다. 경제개방을 실질적인 경제성장으로 연결하기 위해서는 효과적인 국가의 집행 능력과 내부 자본, 산업 경쟁력을 갖추어야 한다.[19] 예를 들어 우크라이나의 WTO 가입은 국제수준의 경제 규범의 도입과 수입관세의 완화, 그리고 외국 상품의 국내 유입 등으로 국내 제조업 부문에게는 심각한 위기로 작용하였으며, 낙농, 채소 등 일부 농업 부문은 엄격한 안전과 품질 기준으로 생산이 일시적으로 감소하였다. 따라서 우크라이나 정부는 경쟁력이

19 Wade(1990)는 경제개방이 곧 경제성장으로 직접적으로 연결되지는 않으며, 보다 중요한 것은 개방 정책을 집행하는 국가의 능력, 즉 발전국가(developmental state)론 모델을 제시하였다. 전략적 개방론의 입장에서는 경제개방의 과정에서 정부정책의 역할을 중요하게 간주한다. 특히 후진국이나 체제전환국의 정부들은 산업정책 및 선별적 자유무역정책, 기술정책 등의 측면에서 자신의 제도 및 경제발전에 가장 적합한 정책을 수행하여야 한다(Chang 2002).

취약한 자동차, 조선 등 국내 제조업의 생산성을 향상시키고 필요하다면 강력한 구조조정을 적기에 취해야 하며, 농업 등 저소득층에 대한 사회보장제도도 시급하게 도입했어야 했다. 정부조직도 방만한 공공부문의 축소, 행정의 투명성 강화 등 우크라이나에 고질적인 부패를 최대한 구조적으로 억제하는 과제를 전혀 해결하지 못하였다.

반대로 우크라이나 정부는 WTO 이후 방만한 경제 운용과 2010년 예정된 대선을 앞두고 인기 영합주의 정책을 지속하였다. 전자, 자동차, 건자재 등 수입 소비재의 규모는 확대되는 반면, 우크라이나의 주력 수출품인 중저가 철강제품은 중국과 러시아의 경쟁력에서 밀려나기 시작하였으며, 외국인 투자는 단기적 포토폴리오와 금융시장에 국한되었다. 이에 따라 물가가 연간 30% 규모로 상승하고 무역수지 적자는 가속화되었다. 특히 민간 기업들의 금융 조달 비용과 민간부채가 급등하였다. 2008년 말 기준 외환보유고가 348억 달러인데 비해 국가와 민간의 부채는 800억 달러를 넘어 섰으며, 보다 심각한 것은 민간의 단기 부채가 400억 달러나 된다는 점이다.

2009년 대선을 앞두고 인기 영합주의적 정부 정책도 우크라이나의 경제위기를 가속화시켰다. 유센코 대통령 집권 이후 친서방파와 친러시아파의 갈등뿐 아니라, 친서방파의 내부 권력 다툼으로 지난 5년간 수차례 총선을 치르는 등 극심한 정국혼란을 겪어왔다. 이에 따라 경제개혁보다는 선거 승리를 위한 인기영합주의 정책이 난무하였으며, 특히 2007년 총선 이후 연정을 구성한 유센코 대통령과 티모센코 총리는 국유자산 처분, 예산 편성 등 경제운용 문제로 사사건건 대립했고, 결국 금융위기가 찾아온 2008년 9월 연정이 붕괴했다가 12월, 여야 3당이 간신히 연정 구성에 합의했지만, 대통령과 총리의 갈등은 경제위기를 심화시켰다.

Ⅳ. 우크라이나 경제체제전환의 특징과 전망

2009년 우크라이나 금융위기의 원인은 1997년 정부 재정적자에서 시작한 것과 달리 몇 년에 걸친 경상수지의 과도한 적자로부터 시작되었다. IMF 구제금융 신청 당시 외환보유고는 200억 달러 이상이 되었고, 공공부문 부채도 GDP의 10%선에 머물렀다. 그러나 주요 수출품인 철강 가격의 폭락과 외환 유입 중지로 2008년 GDP의 4.2%였던 경상수지 적자는 2008년 말 9%를 넘어 섰다. 경상수지 적자와 더불어 우크라이나 민간은행이 국제외환시장에서 빌린 과도한 민간부채가 구제금융을 불러 일으켰다. 이 시기 IMF 구제금융을 신청한 국가들은 대부분 경제개방과 차입을 통한 성장을 추구한 국가들이다.[20] 반면 에너지 자원이 풍부하여 현금 유동성을 확보한 아제르바이잔, 카자흐스탄 등은 IMF 구제금융까지는 가지 않았으며, 또한 폐쇄적인 금융정책과 시장을 개방하지 않는 우즈베키스탄, 말레이시아 등은 금융위기 국면에서도 오히려 성장하였다.

우크라이나 경제구조는 시장의 규모가 작으면서 시장이 개방되어 있는 '소규모 개방경제(Small Open Economy)'라는 성격을 갖고 있다.[21] 이들 국가들은 내수시장의 한계 때문에 개방을 통해 성장을 추

20 IMF에 따르면 2008년 국내총생산(GDP) 대비 경상수지 적자 비율은 불가리아 22%, 에스토니아 18.1%, 라트비아 22.8%, 루마니아 13.7%, 헝가리 4.9% 등으로 매우 높다.

21 우크라이나의 인구와 면적은 결코 SMOPE 국가의 범주를 넘어선다. 그러나 2000년대 기준으로 우크라이나의 GDP, 무역 비중, 국내시장의 개방 기준으

구하고, 현금 자원화 할 수 있는 에너지 등을 갖고 있지 못하기 때문에 주로 차입을 통한 성장을 추구해 왔다. 따라서 소규모 개방경제 국가들은 대외의존도가 높아 국제 금융시장의 변화에 민감할 수밖에 없다. 특히 국내 금융시장이 외국자본의 입출입에 용이하게 설계되어 있을 경우, 국제 투기자본의 직접적인 영향에 놓이게 된다.

개방적인 경제구조에서는 상품 경쟁력이 중요한 변수로 부각된다. 우크라이나가 수출하는 철광 및 화학제품은 국제시장에서 중저가 품목으로 취급되고 있으며, 가격 이외에는 사실상 경쟁력을 갖추지 못하고 있다. 경제구조의 고도화와 산업제품의 국제 경쟁력 없이는 우크라이나 경제의 지속적인 성장은 불가능하며, 개방화는 오히려 국내 산업의 종속과 경기 침체로 연결될 수 있다. 개방화를 통해 산업을 고도화하고 상품 경쟁력을 갖추어 나가야 하는데, 우크라이나는 이러한 기회를 갖지 못한 채 외부에 섣불리 경제를 개방하였던 것이다.

우크라이나가 성급하게 개방화를 추진하게 된 근본적인 이유는 앞에서 보았듯이 우크라이나의 체제전환의 초기 조건과 이행 전략에서 살펴 볼 수 있다. 우크라이나는 1990년대 다소 혼란스러웠던 급진적인 체제전환은 보수적인 쿠츠마 정권에 의해 좌절되고 지역과 산업에 기반을 둔 경제족벌의 등장을 초래하였다. 일종의 러시아식 올리가리키인 경제족벌은 경제개혁과 개방화를 반대하였으며, 서구와의 통합보다는 러시아와의 느슨한 연합을 선호하였다. 2004년 오렌지혁명을 통해 집권한 유센코는 이러한 경제족벌을 견제하고 서구와의

로 본다면 SMOPE 국가로 분류할 수 있을 것이다. 대부분의 SMOPE 국가와 마찬가지로 우크라이나도 계속되는 경상수지 적자가 IMF 구제금융을 초래한 중요한 계기가 되었다. SMOPE 모델에 대해서는 Daniel Van Den Bulcke and Alain Verbeke (2009), *Globalization and the small open economy* 참조.

통합과 시장경제로의 체제 전환을 위해 다소 급진적이며 준비되지 않는 개방전략을 선택하지 않을 수 없었던 것이다. 유센코의 신자유주의적 개방 전략은 정부의 정책집행능력과 내부적 자본과 시장, 국제적 조정 능력이 필요하다는 교훈을 주었다.

유센코의 준비되지 않는 개방전략으로 2009년 은행들은 예금 지급을 유예하면서 주택모기지를 중단하였고, 그 결과 모든 민간 건설이 중단되기 시작했다. 자동차나 전자제품에 대한 할부 금융도 모두 중단되면서 내수 경기가 얼어붙었다. 국제적 경쟁력을 갖춘 공산품 생산 기반이 전혀 없는 우크라이나는 결국 IMF와 두 차례에 걸친 구제금융 지원협정에 합의하고 이에 대한 대가로 고통스러운 예산 축소 및 재정개혁을 수행하였다. IMF는 우크라이나에 대해 방만한 정부재정을 축소하라는 공여조건을 내세웠고 야누코비치 집권 이후 다소 완화되었지만 가스, 전기, 수도 등 유틸리티 가격 인상과 연금제도 개혁, 그리고 세수 확대를 위한 제도개혁이 시행되었다.

2009년 마이너스 15.1%라는 혹독한 경기침체를 겪었던 우크라이나는 야누코비치 정권이 등장하면서 어느 정도 안정을 찾아가고 있다. 우크라이나 경제는 2010년과 2011년에 이어 2012년에도 4% 내외의 완만한 경제성장을 이어갈 것으로 예상되는 가운데 야누코비치는 신자유주의적 개방보다는 국내산업 보호에 초점을 맞춘 다소 보수적인 성장전략을 추진할 것으로 예상된다. 야누코비치 정권은 다행히 러시아와의 극적인 합의를 통해 러시아산 가스 가격 동결 및 흑해함대의 주둔 연장 등 러시아의 직간접적인 재정지원을 통해 경제를 안정화시키는데 성공하였다. 가스 자원 공급을 통해 우크라이나의 목줄을 쥐고 있는 러시아와의 원만한 외교관계는 우크라이나의 지속적인

경제성장의 충분조건이라고 할 수 있다.[22]

우크라이나는 CIS 국가 중 인구 2위, 영토 3위의 국가로 석탄, 철 등 풍부한 광물자원과 비옥한 농토를 보유하고 있으며, 인구도 5천만 명에 육박하여 내수시장의 성장 가능성도 상당히 높다. 실제로 2005~2007년 중 우크라이나의 소매부문(retail sector)은 임금상승, 소비심리 호조 등으로 연평균 25% 이상 성장하였으며, 2006년 기준 소매부문의 시장규모는 약 470억 달러로 추정되고 있어 향후 성장의 주요 동력으로 작용할 것으로 예상된다. 여기에다 우크라이나는 제조업 기반이 풍부하고 지정학적으로 동과 서를 중계할 수 있는 물류 기반도 갖추고 있다.

야누코비치는 유센코와 달리 경제정책의 우선순위를 개방화보다는 국내산업 발전과 일자리 창출 등의 경기활성화 정책에 두었다. 이것은 야누코비치 정권의 존립 자체가 동부지역의 철강, 화학제품, 석탄 등 수출 산업계의 이해관계를 대변하고 있기 때문이다. 유센코가 선불리 유통과 금융 분야까지 전면적 개방을 선택한 것과 달리, 야누코비치는 철광, 에너지, 교통 물류 등 대규모 자원 투자 분야 등에서 기술과 자본력을 갖춘 외국인 투자를 선별 유치할 것으로 보인다. 야누코비치는 러시아·벨라루스·카자흐스탄 3국 관세동맹에 대한 옵서버 가입 문제도 이러한 관점에서 적극 검토하고 있다. 우크라이나 경제의 미래는 결국 성장을 추진할만한 산업의 경쟁력 확보, 경제체제

---

22 북유럽의 핀란드는 안정적인 경제성장과 높은 복지 수준을 자랑하고 있는데, 러시아 가스 의존도가 100%에 달함에도 불구하고 러시아와의 안정적인 외교관계를 통해 지속적으로 경제성장을 하고 있다. 우크라이나가 최근 가스 분쟁처럼 러시아와의 갈등이 제도화되지 못하고 에너지 분쟁이 계속 발생한다면 이것은 경제성장의 가장 큰 외부 장애 요인이 될 가능성이 높다.

의 현대화, 그리고 러시아를 포함한 전략적 투자의 확보와 이를 위한 안정적인 경제정책을 어떻게 효과적으로 추진하느냐에 달려 있다고 볼 수 있다.

참고문헌

Aslund, A., 2006. et McFaul, M., ed. *Revolution in Orange: the origins of Ukraine's Democratic breakthrough.* Washington, D.C.: Carnegie Endowment for International Peace.

Aslund, A., 2009. *How Ukraine Became a Market Economy and Democracy,* Peterson Institute for International Economics, Washington DC.

Baker & McKenzie. 2008. *Doing Business in Ukraine.*

Chang, H.J. 2002. *Kicking Away the Ladder: Development Strategy in Historical Perspective*, 형성백 옮김. 『사다리 걷어차기』. 부키, 2004.

Grossman, Gene M. and Elhanan Helpman. 1992. *Innovation and Growth: Technological Competition in the Global Economy,* (MIT Press, Boston, MA.

Pogrebynskii. M., et Tolpygo. A., ed. *Ukraina bez Kuchmy* (Kyiv: Optima, 2007)

Przeworski, Adam. 1991. "A Prologue: The Fall of Communism" in *Democracy and the Markets: Political and Economic Reforms in Eastern Europe and Latin America.* Cambridge: Cambridge University Press.

Romer, Paul M., 1986. "Increasing Returns and Long Run Growth," *Journal of Political Economy,* No., 94.

Sengupta, Jalt K., 1994. "Empirical Tests of New Growth Theory: Openness and Growth," *Journal of Economic Integration* 9(3), September.

Solchanyk, Roman. 1992. "Ukraine: The Politics of Economic Reform," *REF/RL Research Report,* Vol.1 No.46.

Sushko, O, Prystayko, O. et al., 2006. "Western Influence", Aslund, A., et McFaul, M., ed. *Revolution in Orange: the origins of Ukraine's mocratic breakthrough,* Washington, D.C.: Carnegie Endowment for International Peace.

Wade, Robert. 1990. *Governing the Market in East Asia: The Role of Government in in East Asian Industrialization.* Princeton: Princeton University Press.

Yekelchyk, Serhiy. 2007. *Ukraine: birth of a modern nation* (New York: Oxford University Press.

김경순. 1998. "우크라이나 국가형성과 정치변화."『슬라브연구』 13권 2호.

김영진. 2009. "카자흐스탄의 체제전환과 경제발전 : 초기조건, 전략, 경제실적." 『슬라브연구』 25권 1호.

박정호. 2006. "슬라브 형제국의 두 길: 우크라이나와 벨라루스."

신범식 엮음. 『21세기 유라시아 도전과 국제관계』. 한울 아카데미.

허승철. 2008.『나의 사랑 우크라이나』. 뿌쉬킨하우스.

홍석우. 2007.『우크라이나: 코자크와 오렌지 혁명의 나라』. 한국외대 출판부.

8

우크라이나 정체성의 재건

— 신화, 민족사, 민족의 건설

홍 석 우

I. 들어가는 말

벨라루스와 함께 동슬라브 민족을 구성하는 우크라이나는 역사상 독립된 주체로 인식되기보다는 러시아의 일부로서 이해되어 왔다. 이와 같은 오해는 기본적으로 다음의 두 가지 측면에 원인을 두고 있었다. 첫째는 우크라이나와 러시아가 10세기에서 13세기 중반 사이에 존재했던 키예프 루시(Kyiv Rus') 국가를 공통된 역사의 기원으로 삼고 있다는 점이다. 둘째는 몽골 타타르의 침입으로 키예프 루시가 멸망한 이후 20세기 초까지 현재의 우크라이나 지역에 완성된 형태의 민족 국가가 존재하지 않았다는 사실이다. 이러한 점들 때문에 키예프 루시의 정통성은 정치권, 종교권, 법제권을 유지해 온 러시아가 계승한 것으로 해석되었고, 리투아니아, 폴란드, 오스트리아-헝가리제국, 러시아제국, 그리고 소련에 의해 지배를 당했던 우크라이나인들은 독립된 정체성을 가진 민족으로 취급받지 못해 왔다.

그러나 이와 같은 러시아 중심적, 소비에트 중심적 역사관은 1991년 우크라이나가 독립하면서 전면적으로 재평가를 받게 되었다. 우크라이나의 민족주의 역사학자들과 해외 우크라이나 출신의 역사학자들을 중심으로 우크라이나는 러시아와 다른 역사 발전 경로를 밟아왔다는 사실이 강조되고 있다. 우크라이나 정부와 민족주의자들은 독립이후 새로운 민족 신화를 창조하면서, 민족주의적 역사관에 입각하여 역사서를 새롭게 쓰고 있다. 또한 이들의 논거에 따르면, 우크라이나 민족의 정체성은 동슬라브 문화와 서유럽 문화를 종합하여 성립된 독특한 것으로 설명되고 있다. 결국 우크라이나 민족주의자들은 러시아와 구별되는 자신들의 고유한 정체성을 확립하면서, 새롭게 펼쳐지는 세계정세 속에서 독립된 정치체로서 역할을 추구하고 있는 것이다.

본 소고는 우크라이나 정체성의 재긴을 신화, 민족사, 민족의 건설 과정을 통해 조명해 보려 한다. 1991년 소련으로부터 독립한 이후 모든 신흥 독립국들은 민족과 국가의 존재기반을 유구한 역사 속에서 설명하면서 신화창조에 나섰으며, 기존의 러시아 중심적, 소비에트 중심적 역사관을 민족사관으로 교체하기 시작했다. 우크라이나에서도 제2대 대통령 쿠츠마는 "역사는 과거에 대한 사람들의 태도/입장에만 관계된 것이 아니다. 역사는 현재에도 계속해서 진행되고, 미래를 형성하는데 중요한 영향을 미친다"[1]라고 언급했다. 이와 같이 구

1 *Uriadovyi Kurier* (November 13,1997)

공산당 출신인 쿠츠마도 정체성 형성에 있어서 역사의 중요성을 인식하였다. 그는 우크라이나에서 역사기록은 민족으로서의 '우리'를 생성하고 유지시키는데 중요한 역할을 해왔으며, 신화, 전설 등과 더불어 민족정체성의 형성에 있어 필수적인 요소가 된다고 보았다.

우크라이나 정부는 민족사와 더불어 새로운 시대에 걸맞은 상징체계를 세우고, 영웅과 의례, 가치체계를 새롭게 하면서 민족건설이라는 과업을 수행해 왔다. 이와 같은 민족건설 과업은 우크라이나의 역사에 지대한 영향을 미쳤던 러시아를 '타자'로 규정했으며, 러시아와 다른 '자아'인 우크라이나를 설명해 나가는 방식으로 수행되었다.

콘젠(Conzen)에 따르면, 정체성은 자신이나 자신이 속한 그룹을 정의하는 것으로 실제 존재하지 않는 것들을 모아놓은 것이 아니라, 이미 존재하는 공동의 산물이나 문화적 특성, 역사적 기억들을 통합하고, 빌려오며, 증폭시켜서 만들어지는 것이다.[2] 또한 정체성은 이미 만들어져 있는 것이 아니라, 계속해서 변화되고, 건설되고, 또한 창조되는 과정에서 이해되어야 한다는 점을 그는 특히 강조했다. 이와 같은 정체성의 특성에 주목하여, 본 소고는 독립 이후 우크라이나가 어떻게 민족/국가정체성을 형성해왔고 발전시켜 왔는지를 설명하는데 연구의 초점을 맞추고 있다.

서론에서 문제제기 및 본 연구의 목표와 범위를 제시한 이후, 제2장에서는 정체성 재건의 조건으로서 '자아'와 '타자'의 관계를 설명하고, 우크라이나는 왜 그동안 형제국가로 이해되었던 러시아를 '타자'로 상정하면서, 정체성의 차별성을 강조해야 했는가에 대해 논의하겠

2 Conzen, K. N. et als. (1992) 3-39.

다. 제3장에서는 역사관과 역사기술에 대해 논의하면서, 키예프 루시와 우크라이나를 바라보는 기존의 제국주의, 사회주의, 서방의 역사관을 비판한 우크라이나주의 역사관의 성립배경과 주장을 소개하고자 한다. 이와 함께, 민족, 민족정체성 재건을 위해 우크라이나 정부가 수행한 상징, 영웅, 의례, 가치체계의 변화에 대해 논하고, 실제로 키예프 도시를 중심으로 발생하고 있는 민족건설작업을 사례연구로 제시할 것이다. 결론적으로 마지막 장에서는 역동적으로 형성되어 가는 우크라이나의 정체성이 어떠한 방향으로 우크라이나 국가발전전략에 영향을 미칠 것인가를 전망하고 예견할 것이다.

Ⅱ. 정체성 재건의 조건과 필요성

1. 정체성 재건의 조건: 자아와 타자의 구분

정체성을 연구하는 많은 학자들에 따르면, 정체성이란 '자아'를 정의하는 것으로 '타자'와의 차이를 밝힘으로써 '자아'만이 가지는 특성과 가치를 밝히는 것이라고 설명한다.[3] 1991년 소련으로부터 독립한 우크라이나 정부는 새로운 정체성을 수립해야 하는 막중한 임무를 갖게 되었는데, 우크라이나의 경우 민족과 국가 정체성을 함께 건설해야 하는 어려운 상황에 처하게 되었다. 키예프 루시 이후 통일된 민족국가를 형성해 보지 못한 우크라이나에서 동부와 서부 지역은 서로 다른 민족과 국가들에 의해 지배를 당하게 되면서 상이한 수준

3 알론소(Alonso)는 민족과 국가건설 프로젝트는 정치형태를 형성하는 과정 속에서 자아와 타자를 생성해 낸다고 설명했다 .Alonso, A. M. (1994)

과 성격의 정체성을 발전시켜왔다. 특히 동부 지역은 오랜 기간 동안 러시아화가 뿌리 깊게 진행되어 '우크라이나 민족정체성'에 대한 개념이 매우 약한 상태이다. 결국 우크라이나 정부는 '우크라이나인' '우크라이나 민족'이 누구인가에 대한 공감대 형성뿐 아니라, 우크라이나 국가의 정체성도 함께 수립해야 하는 이중고를 안고 있었다.

그렇다면 민족/국가정체성을 형성하기 위해 필수적인 조건들은 무엇이 있는가? 헐(Hull)과 영(Young)은 민족정체성의 건설을 위해서는 대조적인 '타자'의 존재가 필요하다고 주장했다. 그 이유는 경계 내에 속하는 그룹의 구성원들이 결속력과 소속감을 갖기 위해서는 다른 집단과 구별되는 독특함과 차별성이 실제로 존재해야 되기 때문이다.[4] 브루크물러(Bruckmuller)와 두아라(Duara)에 따르면, 실제 민족정체성은 '타자'와의 관계 속에서 생성되며, 민족들은 다른 민족들과 경계를 짓는 방법을 통해 자신의 정체성을 획득해 나간다.[5]

타성(他性)과 민족정체성은 매우 밀접하게 관련되어 있는데, 왜냐하면 양자는 모두 '우리'가 누구인가, '그들'이 누구인가를 정의하기 때문이다.[6] '그들'은 바로 '타인', 즉 자(自)국가의 시민으로서 혹은 정치적 공동체, 민족의 일부로서 여겨지지 않는 '타인'을 말하는 것이다. 따라서 시민국가/민족의 건설은 두 과정을 모두 포괄하는데, 이는 '타인'의 배제와 '우리' 시민들의 포함을 의미한다.[7] 결국 '타성' 없이는 외부와 구분되는 내부집단은 형성되기 어려우며, 정체성은 '자아'와 '타자'와의 관계 성립 없이는 이해하기 힘들다고 볼 수 있다.

---

4 Hall, S (1996b) 345; Young, I. M. (1997) 161.
5 Bruckmuller, E. (1993) 200; Duara P. (1996) 163
6 Connor, W. (1993) 386
7 Nieguth, T. (1999) 345.

뉴만(Newman)의 지적을 통해 다시 강조하자면, '정체성은 차이가 없이는 얻어질 수 없는 것이다.' 그리고 새로운 정체성을 건설함에 있어 민족주의자들과 지배 엘리트는 새로운 정체성이 무언가 다르다는 것을 강조하게 된다.[8] 암스트롱(Amstrong)에 따르면, '그룹들은 자신들을 정의할 때 그들 자신이 가진 특성에 의해서라기보다는 자신들과 다른 것을 제외시킴으로써, 다시 말 해 '타인'과의 비교를 통해 자신들을 정의하게 된다고 한다.[9]

국가와 민족 건설자의 임무는 바로 포함과 배제를 성문화하고 유지시켜 나가는데 있다.[10] 그와 같은 구분과 표시 없이는 새로운 민족 정체성은 생성되지 않을 것이다.[11] 알랜 핀레이슨(Alan Finlayson)에 따르면, "자신이 되기 위해" 민족은 심지어 적대적인 타자를 항상 생산해 내기도 한다.[12] 따라서 독립 이후 우크라이나는 그동안 형제 국가로 알려졌던 '러시아'에 대해 새로운 관계성을 내세우며, 때로는 적대적 입장을 표명하기도 하는 것이다.

2. 정체성 재건의 필요성

우크라이나에서 정체성의 재건이 필요하며, 또한 이 과정에서 '타자'로서 '모스크바' 혹은 '러시아'를 상정해야 하는 이유를 다음의 두 가지로 요약해 볼 수 있다.

---

8 Newman, I. B. (1993) 350.
9 Armstrong, J. A. (1982) 5.
10 James, P. (1996) 33
11 Hall, S. (1996a) 4-5.
12 Finlayson, Alan (1998) 116.

첫째, 우크라이나와 러시아는 기존의 제정러시아, 소비에트, 서방의 역사학자들에 의해 같은 민족으로 이해되어 왔다. 또한 내부적으로 국민들 사이에 러시아와 다른 우크라이나의 정체성에 대한 합의가 이루어지지 않은 상태였다. 이와 같은 상황에서 우크라이나의 지배 엘리트들은 독립된 우크라이나 정부의 존재 이유에 대해 설명할 필요성이 있었으며, 이를 위해 우크라이나가 러시아와 다른 정체성을 소유해 왔다는 사실을 강조해야 했다.

쿠지오(Kuzio)에 따르면, 민족정체성은 두 가지 과정을 통해 정의되고 만들어진다. 다시 말해 민족정체성은 첫째 집단 내부 구성원들의 공통점 혹은 유사성을 강조하는 과정을 통해, 둘째 자신들과 구별되는 다른 집단의 차별성을 강조하는 과정을 통해 형성된다.[13] 서로 간 다르다는 인식이 절실히 필요하게 되는 때는 양측이 모두 매우 가까운 종족의 기반 위에 있을 때, 그래서 서로가 서로의 존재를 독립적인 것으로 분리하기 어려울 때이다. 이와 같은 상황에서 '타자'와의 차이를 강조하면서 민족정체성을 정의해야 하는 필요성은 더욱 절실히 요구된다. 러시아인들은 우크라이나에 대해 이와 같은 관점을 갖고 있는데, 대부분의 러시아인들은 우크라이나인들을 러시아인들과 다른 민족으로 보기 보다는 러시아 종족의 한 부류로 받아들인다.[14]

결국 독립한 우크라이나를 타자인 러시아가 여전히 다른 민족으로 인정하지 않으며, 동부와 남부 우크라이나인들도 자신의 정체성을 러시아와 구별하지 못할 경우 우크라이나가 독립정부를 유지해야 하는 이유가 불명확해지는 것이다. 따라서 우크라이나 정부는 러시아를 '

---

13 Kuzio, Taras (2001) 343.

14 Kuzio, Taras (1998b)

타자'로 상정하고, '타자'와의 차별성을 강조해 나가야만 했다. 우크라이나는 자신이 중동부 유럽의 일원임을 강조하면서 유럽과의 통합을 통해 자신의 새로운 정체성을 형성하려고 노력했다. 이와 같은 우크라이나 정부의 정책적 노력은 소비에트와 현재의 러시아를 우크라이나에 대한 타자로 규정하고 있는 것이다.

둘째, '타성'은 비록 두 사회가 문화적, 종족적 차이가 크게 없어도 발생할 수 있다. 특히 이 두 사회가 영토적으로 매우 가까울 경우 오히려 한 사회가 다른 사회의 핵심 정체성을 위협할 수 있다고 여겨질 수 있다. 이 경우 '강력한 타자'는 다른 집단의 차별성을 약하게 만들면서, 그 집단의 정체성을 위협하게 된다.[15] 트리얀다필리도우(A. Triandafylliodou)에 따르면, 우크라이나에서도 이러한 경향이 분명하게 나타나고 있으며, 실제로 경쟁 상대인 러시아는 영토, 역사, 문화 등에 있어서 우크라이나와 공통된 특성을 가지며, 자신들의 역사 속에서 동일한 신화, 상징, 조상 등을 공유한다고 주장하고 있다.[16]

이는 새로 독립한 우크라이나에게 있어 매우 신각한 위협이자, 도전인 것이다. 이와 같은 위협 때문에 우크라이나인들은 자기 민족의 독특성, 정당성에 대한 내부적 공감대를 형성하기 힘들다. 이 경우 내부 집단은 문제가 되는 상징과 신화들이 자기 자신들의 문화적 유산, 소유물이라고 주장하면서 자신들의 정체성을 새롭게 정의하게 된다.[17]

우크라이나는 러시아와의 대결 구도 속에서 선택할 수 있는 여지

---

15 Kuzio, Taras (2001) 346

16 Triandafyllidou, A. (1998) 602; Kuzio, Taras (2001) 346 에서 재인용.

17 Triandafyllidou, A. (1998) 602; Kuzio, Taras (2001) 346 에서 재인용.

가 그다지 많지 않았다. 제정러시아와 소련의 역사편찬 시각은 우크라이나 민족의 존재 자체를 부정하고 우크라이나의 등장을 일시적인 역사적 일탈로 여긴다. 결국 우크라이나는 기존 러시아와 소련의 역사적 시각을 전면 부정하며 새로운 역사관을 통해 자신의 정체성을 새롭게 정의 내려야 했다.[18]

만약 '타자'에 대한 우크라이나인들의 합의가 부재할 경우, 역사적 신화의 선택과 과거 역사의 서술은 일관되지 못할 것이다. 러시아를 '타자'로 상정하면서 우크라이나 엘리트들은 다음과 같은 역사문제에 대해 러시아와 논쟁을 벌이게 되었다.

첫째, 키예프 루시 국가는 최초의 우크라이나 국가인가, 아니면 최초의 러시아 국가인가, 혹은 동슬라브족의 공동유산인가?[19] 둘째, 1654년 페레야슬라브조약을 두 러시아인들의 재통합으로 보아야 하는가? 아니면 하나의 국가에 의한 다른 국가의 병합으로 봐야 하는가? 또는 일시적 동맹관계의 성립으로 보아야 하는가? 셋째, 1917-21년 공산주의 러시아가 우크라이나를 침입했던 사건을 볼쉐비키의 우크라이나 공격으로 보아야 할 것인가? 다시 말해 1920년 우크라이나가 독립을 잃게 되었던 사실의 책임을 러시아 민족에 지워야 하는가? 아니면 공산주의 이데올로기에 책임을 물어야 하는가? 마지막으로 소련정권은 우크라이나에 불행을 가져다 준 적으로 해석되어야 하는가? 아니면 러시아 민족 또는 공산주의 이데올로기가 이와 같은 책임의 원인으로 보아야 하는가?[20]

---

18 Janmaat, J.G. (2000)

19 Kuzio, Taras (2001) 346-347.

20 모스크바가 키예프 보다 600년 늦게 건설되었어도, 소비에트시기 키예프 루시(Kyiv Rus)의 역사연구는 러시아에서 수행되는 것으로만 허용되었다. 그

1994년 이래 러시아주의(Russophile)에 더 가까웠던 쿠츠마의 권력 아래서도 우크라이나는 크라브추크(Leonid Kravchuk)시기(1991-1994)에 구상된 민족건설 프로젝트의 주요 방향을 여전히 추구해 나갔다.[21] 이는 우크라이나 통치 엘리트들의 전략적 사고에 기초를 두고 있다. 이들은 우크라이나가 독립된 국가로 유지되기 위해서는 '독특한' 우크라이나의 역사를 이용해 이웃인 러시아와 다르다는 의식을 형성하면서, 고유한 민족건설정책을 추진해 나가야 했다. 독립 국가를 유지시키는 작업에 관여하는 통치 엘리트들의 경우 결국 '타자'와 다른 '자아'를 계속 만들어낼 필요가 있었다.

'타자'에 대해서 '자아'의 차별성을 만들어가는 중요한 요소 중 하나는 '언어'이다. 언어는 항상 차별성을 만들어 내는 유일한 조건은 아니지만, 우크라이나에서 우크라이나주의를 강화시키는데 중요한 역할을 한다. 우크라이나에게 있어 러시아는 '막강한 타자'로 존재하며, 우크라이나인들로 하여금 집단의 소속감을 강하게 느끼게 하고 정치적 영토 및 민족, 문화의 경계를 명확하게 구분하는 역할을 한다.[22] 러시아가 언제든 우크라이나의 독립을 방해할 수 있다는 인식이 존재하며, 이는 우크라이나의 엘리트로 하여금 우크라이나의 주권을 지키는 수호자의 역할을 담당하게 해준다.[23] 또한 '우크라이나어'는 '타자'에 대한 '자아'의 차별성을 담보해내는데 좋은 도구로서 쉽사리 포기할

이유는 우크라이나의 역사는 14세기에 비로소 시작된 것으로 여겨졌기 때문이다. 우크라이나 독립 국가는 스스로를 신화화 하면서 '타자'에 1000년 동안 방해를 받아왔던 목표가 드디어 달성을 했다고 주장한다. Kuzio, Taras (2001) 348

21 Janmaat, J.G. (2000); Kuzio, Taras (2001) 348 에서 재인용.

22 Triandafylidou, A (1998) 603; Motyl, A. J. (1998) 30-31.

23 D'Anieri, P. (1999)

수 없는 부분인 것이다. 이와 같은 이유에서 유셴코 이후 야누코비치 정권에서도 예상과는 달리 기존 우크라이나주의적 언어정책에 대해 전면적 수정을 하지 못하고 있는 실정이다.

Ⅲ. 신화, 역사, 정체성의 재구성

1. 역사학파와 역사기술

이전 소련에 속했던 모든 지역에서 소비에트 국가가 선전하고 또한 국민들에게 믿게 하려 했던 러시아 중심적 역사관, 신화, 전설들이 오늘날 큰 도전을 받고 있다. 우크라이나에서 제정러시아와 소비에트 사료편찬의 시각은 1980년대에 공격을 받게 되었고, 이와 동시에 민족의 부흥과 정치적 반대자들의 응집 현상이 일어나게 되었다.[24]

민족의 역사를 새롭게 쓰고자 하는 민족주의자들과 엘리트들, 정치인들은 20세기 초 우크라이나의 민족사를 새롭게 정립하였을 뿐 아니라, 1918년 우크라이나 중앙 라다정부(Central Rada)의 초대 대통령이었던 미하일로 흐루쉐브스키(Mykhailo Serhiyovych Hrushevsky, 1866-1934)의 역사관을 추종하게 되었다.[25] 결국 그의 역사관은 우크

24 우크라이나의 역사는 과거 크게 두 개의 역사학파에 의해 주도적으로 해석되었다. 즉, 우크라이나, 벨라루스를 동슬라브족으로 묶고 동슬라브족을 러시아와 일치해 해석하려는 러시아학파, 그리고 우크라이나의 역사적 목표를 소비에트 통합으로 해석한 소비에트학파가 그 대표적인 예이다. 그러나 1991년 이후 다음과 같은 두개의 다른 역사학파가 등장했다. 첫 번째는 우크라이나주의학파이고 다른 하나는 러시아학파와 우크라이나주의학파의 중간적 입장으로 새로운 복합적 정체성을 찾으려는 '다원적 정체성'학파이다. 자세한 설명은 홍석우 (2010) 124-127 참조.

라이나의 공식적 입장으로 발전하였다. 1996년 쿠츠마는 흐루쉐브스키를 일컬어 세계적으로 유명한 역사가이자, 20세기 부활한 우크라이나 국가의 창설자라고 칭송했다. 그에 따르면, 흐루쉐브스키의 중요성은 우크라이나 '민족 부활', '민족기원에 대한 기억의 재생', '우크라이나 역사의 깊은 이해'에 대한 그의 헌신에 있다.

흐루쉐브스키는 우크라이나인들의 역사발전 개념을 발전시켰으며, 우크라이나인들이 자신만의 역사기원을 가지고 있다는 사실을 증명하려고 노력했다. 결국 서방의 러시아사가들에 의해 무시되고 또한 소비에트사가들에 의해 비난받았던 흐루쉐브스키의 저작, 즉 11권으로 구성된 우크라이나-루스 역사(History of Ukraine-Rus)는 쿠츠마에게 있어 '우크라이나 백성들의 역사 바이블'로 여겨졌다.[26]

흐루쉐브스키의 구상에 기반을 둔 우크라이나 민족주의적 사료편찬의 부활은 키예프 루시 국가를 '우크라이나 국가의 원형'으로 주장한다. 이에 대한 중요한 근거 중 하나는 키예프 루시가 현재의 우크라이나 영토 위에 존재했다는데 있다. 또한 이 역사관은 우크라이나가 유라시아가 아닌 유럽의 한 부분임을 강조하며, 우크라이나가 역사적으로 모스크바, 러시아와는 다르게 발전되어 왔음을 주장한다.[27]

흐루쉐브스키 역사관의 부활은 기존의 제정러시아, 서방, 소련의 역사관에 중대한 문제를 제기했다. 기존의 이들 주류 역사관들은 우

---

25 민족주의자였던 흐루쉐브스키는 중앙라다의 붕괴 이후 1920년대 좀 더 자유주의적 환경이 지배적이었던 소비에트 우크라이나에서 역사가로서 활동을 했다. 그의 일생에 대한 자세한 정보는 다음의 자료를 참조: Prymak, Thomas M. (1987) *Mykhailo Hrushevsky: The Politics of National Culture* (Toronto: University of Toronto Press).

26 Kuchma, L. (1996) Interview.

27 Hrushevsky, M. (1952), 355-364..

크라이나의 존재에 대해 많은 부정과 왜곡된 시각을 갖고 있었기 때문이다. 결국 독립 이후 포스트소비에트 우크라이나의 새로운 역사관, 신화, 전설이 발전되기 시작했다. 러시아 제국주의자와 국가주의 학파는 우크라이나인들과 벨라루스인들이 스스로 자신들의 국가를 세울 수 없었으며, 단지 러시아 민족의 한 부류로서만 존재한다고 믿게 했다. 따라서 러시아 사료편찬에서 긍정적으로 설명되는 부분들이 우크라이나에서는 부정적으로 해석되고, 러시아의 역사에서 위대한 것으로 설명되는 것들이 우크라이나의 역사에서는 비극으로 묘사된다.

러시아의 지배는 더 이상 발전된 시스템과 체제의 혜택을 받을 수 있는 긍정적 기회로 여겨지지 않으며, 러시아화와 제국주의 통치는 비난을 받게 되었다. 이전 반역자로 받아들여졌던 우크라이나의 인물들은 동상, 우표, 메달, 화폐 도시이름 등을 통해 다시 새로운 의미를 부여받고 재조명되었다.

우크라이나 코자크의 수장인 헤트만(Hetman) 이반 마제파(Ivan Mazepa)는 1709년 러시아에 대항해서 스웨덴과 동맹을 맺은 바 있는데, 제정러시아와 소련의 사료편찬에 의해 가장 비난받았던 인물이었다. 그런데 그의 초상이 1996년에 소개된 새로운 우크라이나화폐에 사용되었고, 그의 동상이 키예프에 건립되었다.

새로운 화폐 흐리브나(hryvnya)는 키예프 루시에서 사용되던 화폐의 단위였으며, 이후 1917-1918년 우크라이나 인민공화국(Ukrainian People's Republic: Українська Народна Республіка)의 화폐이기도 했다. 화폐와 민족상징, 현대 우크라이나 국가를 키예프 루시와 우크라이나 인민공화국에 연결시킴으로써 우크라이나가 1000년의 국가전통을 가지고 있음을 시사해 주고 있다. 우크라이나와는 달리 독립이후 러시아는 키예프 루시 시기의 동상들을 건립하지 않았으며, 대신 피터대제와 같은 역사인물에 집중하는 모습을 보였다.

독립국가의 역사기록은 우크라이나 영토에서 발생했던 태초의 역사까지도 기록을 하고 있는데, 우크라이나에서뿐만 아니라 서방에서 활기를 띠고 진행되었다. 특히 우크라이나 디아스포라의 후손들이 주축이 되어 민족주의적 역사관을 소개했다. 오레스트 서브트늬(Orest Subtelny)와 폴 마고치(Paul Magosci)는 우크라이나에서 선사시대부터 일어났던 모든 사건을 우크라이나의 역사범주에 포함시키고 있다. 특히 마고치는 우크라이나 역사의 최초시기를 기원전 1150년서부터 기원후 850년으로 보았고, 중동부 폴란드, 남부 벨라루스 그리고 북서부 우크라이나를 슬라브인들의 고향으로 보았다.[28]

마고치에게 있어 키예프 루시를 우크라이나 역사와 관련시키는데 아무런 문제가 없는 것처럼 보인다. 그는 루시와 우크라이나, 그리고 루시인과 우크라이나인을 마치 프랭크인들과 프랑스인, 로마인들과 이탈리인들을 대비시키듯 섞어서 사용하고 있다. 실제 그는 이와 같이 과거 그들이 거주했던 지역과 거주인들의 이름이 현재에는 다르게 불리는 경우가 유럽에서는 매우 흔한 일이라고 말하고 있다.

서브트늬(Orest Subtelny)는 흐루쉐브스키와 도로쉔코(Dmytro Doroshenko, 1882-1951)의 입장을 계승하면서 우크라이나인들과 우크라이나의 역사를 연구했다. 그의 역사서 "*Ukraine: A History*" 는 우크라이나에 살았던 여러 민족들의 역사라기보다는 우크라이나 민족의 역사에 가깝

---

28 Magosci, Paul (1996) 25, 36.

다. 거의 700페이지의 분량 중 단지 5페이지만이 비우크라이나인들에 대해 설명하고 있기에 그렇다. 그의 책은 우크라이나에서 역사를 가르치는데 가장 많이 사용되는 역사책이 되었다. 어느 학자는 '이 책이 한 점의 과장 없이 우리의 교육시스템에서 우세를 점하고 있다'고 말했다. 대학의 역사학과들은 우크라이나어와 러시아어로 번역된 그의 책을 아무런 문제없이 사용하고 있다. 서브튼니의 역사책에 대한 인기는 바로 우크라이나 내 국가, 민족건설에 요구되는 우크라이나 역사기술의 급진적 재해석의 반영인 것이다. 서브튼니의 번역본은 800,000부가 팔렸고, 우크라이나에서 가장 인기 있는 역사책이 되었다.

마고치의 "*A History of Ukraine*" 번역본도 얼마 되지 않아 우크라이나에서 소개되었다. 서브튼니의 저서와는 다르게 마고치의 저서는 다른 접근방식을 취하고 있다. 우크라이나의 종족/민족을 강조하기 보다는 우크라이나 영토에서 벌어진 모든 사건과 그곳에 살았던 모든 사람들을 우크라이나의 역사에 포함시킨다. 이는 보통 서유럽의 역사에서 쉽게 발견되는 역사의 영토적 접근 방식에 해당한다. 마고치의 역사책은 무려 800페이지에 달하며 2,500년 동안의 우크라이나 역사를 다루고 있다. 지금까지, 대부분의 우크라이나 역사는 우크라이나 사람들의 역사였다. 이 책은 한편으로는 우크라이나인들의 진화, 발전을 추적하면서도 또한 우크라이나의 경계선 내에서 발전해 온 다른 많은 사람들, 즉 그리스인, 크리미아 타타르인, 폴란드인, 러시아인, 유대인, 독일인, 루마니아인도 사려 깊게 취급하고 있다. 모든 타문화에 대한 이해를 통해서만이 우크라이나 역사에 대한 적절한 소개를 이루어낼 수 있을 것이다. 다른 말로 표현하자면, 이 책은 단지 우크라이나인들의 역사가 아니라, 현대 우크라이나 국가의 경계 내에 포함된 영토에서 과거 2000-2500년 동안 발생했던 광범위하고 다양한 역사발전의 연구인 것이다.[29]

흐루쉐브시키, 도로쉔코, 서브튼니, 마고치와 같이 우크라이나 민족주의 역사시각의 입장을 고수하는 포스트 소비에트 우크라이나 역사가로 톨로츠크(P. Tolochko)를 들 수 있다. 그를 중심으로 한 역사학자들은 두 권으로 구성된『고대 우크라이나사 (Davna Istoriya Ukrayiny)』를 집필하였으며, 우크라이나주의에 입각해 우크라이나 영토에서 발생했던 모든 역사의 민족화를 시도했다.[30] 또한 총 15권으로 구성된 *Ukraine Through the Ages*는 첫 다섯 권에서 최초의 역사 시기서부터 할리치-볼히냐 공국까지의 역사를 다루고 있으며, 특히 제3권에서 우크라이나 역사의 기원을 설명하고 있고 키예프의 역사를 제4권에서부터 시작한다.[31] 이들 역사서들의 공통점들은 앞서 설명한 마고치와 같은 영토적 접근방법에 입각해서 우크라이나에 거주했던 종족들을 우크라이나의 조상으로 포함하고 있으며, 우크라이나에서 발생했던 모든 역사를 우크라이나화 시키고 있는 것이다.

상기한 민족주의사관은 키예프 루시를 다음과 같이 두 가지 방식으로 바라보고 있다. 첫째, 키예프 루시의 역사는 진정으로 우크라이

29 마고치의 A History of Ukraine 은 1996년에 제1판이 인쇄되었으며, 2010년 The Land and Its People이라는 부재를 가지고 제2판이 출간되었다.

30 이 책의 지은이와 책명은 다음과 같다 Tolochko, P. P. et. als (1994) *Davna Istoriya Ukrainy* 2 vols (Kyiv: Lybid)

31 전체 15권의 저서중 제5권까지의 저자와 제목은 다음과 같다: Buniatyn, K. et. als, (1998) *Na Svitanku Istorii* 1; Kryzhytskyi, S. D. et. als. *Antychni Derzhavy Pivnichnoho Prychornomoria,* 2; Baran, V. D. *Davni Sloviany,* 3; Tolochko, O. P. *Kyivska Rus*, 4; Kotliar, M. F. *Halytsko-Volynska Rus*, 5 (Kyiv: Alternatyvy)

나 역사 내에 포함시켜야 한다는 입장이다: 엔트족(Antes)은 우크라이나 국가의 원조가 되는 최초 국가를 설립했는데, 이 국가가 기반이 되어 후일 키예프 루시가 건립되었다는 것이다. 비록 이와 같은 사상이 서유럽과 러시아의 학자들에 의해 무시되어 왔지만, 우크라이나학계에서는 이미 오랜 전통으로 이어져 왔다. 1846년 모스크바에서 출판된 익명의 저서인 "*History of Rus'*"(Istoriia Rusov)는 키예프 루시가 우크라이나 역사의 일부로 취급되어야 한다고 주장하고 있다.[32]

흐루쉐브스키는 키예프 루시의 거주자들인 루시니('루시'단어에서 만들어짐)는 시간이 흐르면서 루테니안이 되었고, 19세기 후반부에 자신들을 우크라이나인이라고 재차 이름지우며 러시아인들과의 차이를 분명히 하였다고 보고 있다. 결국 우크라이나 학자들은 종족, 인구, 그리고 영토적 측면에서 우크라이나인들과 키예프 루시의 관계를 규정짓고 있다. 반면 러시아와 서방의 학자들은 왕조의 연속과 계승을 강조하면서 키예프 루시와 러시아의 관계를 강조하고 있다.[33]

루테니아인(Ruthenians)이라는 용어(우크라이나어로는 루시니)는 지금도 동슬라브인들에 의해 사용되는데, 주로 북동슬로바키아의 외진 곳에 살고 있는 사람들을 일컫는다. 루테니아인은 우크라이나인 혹은 벨라루스인을 일컫기도 하는데 그들은 자신들을 오늘날 러시아인들의 조상을 말하는 모스크바인(Moscovites, Moskali)과는 구별짓는다. '러시아'라는 용어는 초민족주의적인 용어로 18세기에 피터대제에 의해 만들어졌는데, 구성 종족집단을 일컫기 위해서라기보다는 그

32 『루스 혹은 작은 러시아의 역사』(*Istoriia Rusov ili Maloy Rossiy*)는 1846년 모스크바에서 출판되었으며, 이후 1991년에 우크라이나어로 재 출판되었다.

33 Kuzio, Taras (2001) 125.

의 왕국을 부르기 위해서 만들어진 이름인 것이다. 흥미롭게도 러시아인들은 우크라이나인들과 벨라루스인들과 다르게 자신들을 루테니아인 혹은 루시니라고 부르지 않는데, 이것이 바로 러시아와 키예프 루시가 관계성이 약하다는 증거일 수 있다.[34]

포스트 소비에트 우크라이나 역사기술에 있어 두 번째 경향은 다음과 같은 논의에서 잘 나타난다. 즉 동슬라브족은 키예프 루시의 마지막 시기에 세 개의 다른 민족(러시아, 우크라이나, 벨라루스)으로 발전하기 시작했다. 1136년과 1169년 모스크바의 지배권 내에 있었던 노브고로드와 블라디미르, 수즈달이 각각 키예프 루시의 통치에 대항해 반기를 들었다. 야로슬라브 펠렌스키(Yaroslav Pelensky)는 1169년 키예프 루시에 대항하고 키예프를 약탈한 안드레이 보고류브스키(Andrey Bogolyubsky, 1111-1174)의 정책을 키예프 대 모스크바, 러시아의 대응관계를 증명하는 예로 보았다.[35] 이와 같은 견해를 따르는 학자들은 키예프 루시를 몰락시켰던 1240년 몽골의 침입이 단지 이미 12세기에 진행되었던 동슬라브 내부 분열의 발전과정을 가속화시킨 것에 지나지 않는다고 주장한다. 이 학자들은 또한 키예프 루시는 우크라이나에 기반을 두고 있으며, 따라서 우크라이나는 러시아가 아닌 키예프 루시의 전통을 이어 받은 적자(赤子)라고 주장한다.

키예프 루시에 대한 기존의 러시아, 소비에트, 서방의 역사시각에 대응해 새롭게 성립한 민족주의적 역사시각의 특징을 다음과 같이 요약할 수 있다:

첫째, 우크라이나 민족주의적 역사시각은 러시아, 소비에트, 서방

34 Kuzio, Taras (2001) 125.
35 Pelenski, Yaroslav (1998) 57.

의 역사기록에서 공통적으로 나타나는 제국주의적, 국가주의적 분석틀을 모두 부정하는데, 그 이유는 상기한 세 역사기록은 우크라이나인들과 벨라루스인들의 존재를 완전히 부정하기 때문이다.

둘째, 민족주의 역사시각은 키예프 루시를 우크라이나의 국가 원형으로 본다. 민족주의 역사시각은 키예프 루시가 최초의 러시아 국가였다는 상기한 세 역사기록의 입장을 절대로 받아들이지 않는다.

셋째, 민족주의 역사시각에 따르면, 키예프 루시의 정치제도, 사회, 문화는 러시아보다 우크라이나의 역사전통에 더 긴밀한 관계를 갖는다. 키예프 루시의 정치문화가 블라디미르-수즈달, 모스크바가 아닌 할리치나-볼히냐 (Halychina-Volhynia)에 의해 계승되었다는 사실이 서방과 러시아 역사학자들에게 완전히 무시되었는데, 왜냐하면 이 논리를 받아들일 경우, 러시아의 역사가 키예프 루시에서 시작되었다는 논리를 부정하게 되기 때문이다.[36]

2. 상징체계, 정체성의 재구축

1989년 이후 우크라이나의 학자, 정치가, 언론인 등의 집단들은 주로 서방과 중부 우크라이나에서 기원한 우크라이나의 상징에 대한 논의를 진행해 왔다. 러시아학파와 우크라이나주의학파 사이에 위치한 '다원적 정체성'학파 혹은 동슬라브학파는 우크라이나주의의 사상을 반영하는 민족상징들, 예를 들어 청색과 황색의 깃발, 트리줍(삼지창, trident), 우크라이나 국가 등에 대응하는 다른 상징들을 제시할 수 없었다. 왜냐하면, '다원적 정체성'학파 혹은 동슬라브학파는 우크라

36 Kuzio, Taras (2001) 109-132.

이나주의와 러시아주의 사이에서 두 학파를 절충한 것이기 때문에 자체만의 성격을 반영하는 상징들을 만들어내기 어려웠던 것이다.[37]

동슬라브학파에 의해 제안된 유일한 상징은 우크라이나 코자크의 적색 깃발로서 큰 주목을 받지는 못했고, 다만 경찰과 군대의 유니폼 배지(badge)로 사용되었다. 청/황색 깃발은 처음 소개되었던 1991-1992년에 동부 우크라이나에서는 환영받지 못했는데, 빌릴에 따르면 정부에서 강압적으로 추진되었던 "상투적 민족주의"[38] (banal nationalism)에 의해 수동적으로 받아들여졌다.

질지(Jilge)에 따르면, 동부 우크라이나는 상징에 관한 논의 기간 동안 수동적인 자세를 취했다. 이 지역은 소련정부가 "부르주아지 민족주의자"의 상징으로 취급되었던 것들에 대한 대체물을 제시하지 못했다. 1994-1996년 헌법에 대한 의회와 대통령의 논쟁기간 동안 쿠츠마 대통령은 '민족 문제'에 대해 별다른 주의를 기울이지 않았다. 민족 문제와 상징성에 대한 논의는 대체로 좌파 정당들과 중도 우파들에게 중요시되었다.

상기한 논의에 관여했던 인사들은 키예프 루시를 우크라이나의 국가원형으로, 할리치나-볼히냐(Halychina-Volhynia)공국을 그 후계자로 보는 흐루쉐브스키와 우크라이나주의 학파의 입장을 지지했다. 이와 같은 그들의 관점이 우크라이나 민족 상징의 선택에 중요한 역할을

37 Kuzio, Taras (2005) 42.

38 빌링 (M. Billing) "상투적(평범한) 민족주의"(Banal Nationalism)라는 용어를 사용하면서 일상생활에서 쉽게 볼 수 있는 화폐, 국가, 뱃지, 스포츠 이벤트 등에 민족주의적 의미를 부여하는 상징을 사용함으로써 애국주의와 민족주의를 고취시키려는 현상을 설명했다. 자세한 설명은 빌링의 저서인 *Banal Nationalism* (London: Sage Publications) 참조.

했으며, 결국 우크라이나 국가성의 토대로서 키예프 루시의 중요성을 강조하는 것이 그들의 목표가 되었다.[39]

우크라이나 국기와 트리줍(삼지창, trident)은 1992년 2월 의회의 투표에 의해 각각 253표와 264표의 지지를 얻어 수용되었고, 1996년 6월 헌법에 명시되었다. 한편 우크라이나 국가(國歌)의 채택은 훨씬 더 문제가 많았다. 민속학자 파블로 추빈스키(Pavlo Chbynsky)가 가사를 쓰고 미하일로 베르비쯔키(Mykhailo Verbytsky)가 곡을 붙인 "우크라이나는 죽지 않았다"는 반 러시아적 내용의 가사를 가지고 있었다. 그런 이유로 가사는 보류를 하고 음악만을 쓰기로 합의를 보았다가, 2003년 3월 세 버전의 가사가 의회에 제출되었고, 쿠츠마 대통령이 선호했던 가사가 의회의 투표에 붙여졌다. 결국 공산주의자, 사회주의자가 불참한 가운데 찬성 334표와 46표를 얻어 이것이 우크라이나 국가로 결정이 되었다.[40]

새롭게 탄생한 우크라이나 정부는 국가문장을 볼로디미르 대공의 문장으로 채택함으로써 1000년 세월의 우크라이나 국가 지위에 대한 요구를 합법화하려 했다.[41] 또한 1991년 8월 24일 우크라이나 독립선언은 1000년의 우크라이나 국가지위를 상기시켰으며, 새롭게 채택한 민족/국가상징인 트리줍(삼지창, tryzub)은 키예프 루시로부터 1917-18년 우크라이나 인민공화국, 독립 우크라이나로 이어지는 역사의 연속성을 강조했다.

현대 우크라이나 국가의 역사적 연속성과 정통성을 증명하기 위해

---

39 Jilge, Wilfried (2000) 9; Taras, Kuzio (2005) 42 에서 재인용.

40 Kuzio, Taras (2005) 42-43.

41 *Narodna Armiya* (November 28, 1997)

수도 키예프에 상징과 동상들이 건립되었다. 키예프 루시의 후계자라는 사실을 강조하기 위해 우크라이나 정부는 키예프 루시 시기 공후들의 동상을 지속적으로 세우기 시작했다. 예를 들어 1997년 우크라이나 수도 키예프의 뿌리가 키예프 루시에 있음을 기념하는 행사인 '키예프의 날'에 키예프 루시 시기 가장 현명했던 공후 야로슬라브 무드리(Yaroslav Mudry)의 동상이 황금문(Zolota Vorota)[42] 바로 옆에 세워졌다. 이날 동상의 개막식에서 쿠츠마 대통령은 960년 전 같은 날 야로슬라브 무드리에 의해 우크라이나 역사상 최초의 도서관이 키예프에 설립되었음을 상기시키면서 이는 모스크바가 탄생하기 110년 전의 일임을 강조했다.[43]

이보다 한 해 앞서 1996년에는 키예프 루시에서 최초로 세례를 받았고 기독교 도입의 기회를 열어주었던 올하 공후의 동상이 건립되었다. 이 동상은 성미하일성당과 소피아성당의 가운데 위치하며, 키릴문자를 만든 키릴과 메토디우스 형제의 동상 바로 옆에 세워졌다. 이 동상은 원래 1911년에 세워졌으나, 1919-23년 사이 소실되었다가 "키예프의 날" 행사에 맞추어 다시 설립되었던 것이다. 1997-1998년 사이 올하 공후 동상의 왼쪽 편에 성미하일성당(St. Michael's Golden Domed Cathedral)이 건립되었다. 이 성당은 1108-1113년 스뱌토폴크 2세(Sviatopolk II)가 페체네그(Pecheneg)족과의 전쟁에서 승리한 것을 기념하기 위해 설립되었지만, 1240년 몽골타타르의 침입으로 일차 소실되었다. 그 후 1496년에 다시 건립이 되어 400년 이상을 유지되어 오다가, 스탈린에 의해 1935-36년 재차 붕괴되는 등 뼈아픈 사연을 가

42 10-13세기 키예프 루시로 들어가기 위한 관문.
43 *Holos Ukrayiny* (December 27, 1997).

지고 있었던 성당이다. 이 성당의 재건은 또 다른 큰 의미를 지니는데, 이는 키예프 총대주교 관할의 우크라이나 정교회가 이 성당의 주인이 되었다는 사실이다. 다시 말해, 독립이전까지 모스크바의 관할 아래 있었던 우크라이나의 정교회가 독립과 더불어 키예프를 종교의 중심지로 회복했던 것이다.

성미하일성당의 입구에 있는 종탑은 옛 키예프 도시의 박물관으로 사용되고 있으며, 입구 오른편에는 1932-33년 우크라이나 대기근을 상징하는 기념비가 세워져있다. 특히 우크라이나를 찾는 모든 외빈들의 일정에는 항상 성미하일성당과 대기근 기념비 방문이 포함되어 있다. 예를 들어, 2008년 미국대통령 부시와 2009년 바르톨로메우 세계정교회 총대주교도 이곳을 찾았다. 성당과 대기근 조형물의 바로 오른편에는 예전 키예프 공산당 건물이 웅장하게 서 있는데, 현재 이 건물은 우크라이나 외교부 건물로 사용되고 있어서 공산주의의 종언을 의미하고 있는 셈이다. 성미하일성당 앞 광장에서 맞은 편 거리로 직진을 하면 키예프 루시 시기 건립된 성소피아 성당이 나오게 되는데, 이 사이를 연결해 주는 조형물로 우크라이나 코자크의 헤트만이었던 보흐단 흐멜니츠끼(Bohdna Khmelnytsky) 동상이 서 있다. 소피아 성당에서 좀 더 도심 쪽으로 가게 되면 앞시 설명한 황금문이 나오게 되고, 또한 바로 옆에는 우크라이나 중앙라다의 초대 대통령이자, 민족주의 역사관의 정립자인 흐루쉐브스키의 동상이 나오게 된다. 이 동상은 우크라이나의 독립을 결정해 주었던 국민투표일을 기념하기 위해 1998년 12월 1일에 건립되었다.

이상과 같이 독립 이후 키예프는 새로운 의미를 부여할 수 있는 새로운 상징들로 채워지고 있다. 특히 이와 같은 현상에서 강조되는 점은 이 도시가 키예프 루시 시대의 중심이자, 이후 코자크 시대를 거쳐 현대에 이르는 모든 역사를 품고 있는 전통의 도시라는 사실이다. 결국 현대 우크라이나 국가는 역사적 전통과 정통성을 보유한 키예프를 수도로 하고 있으며, 이는 현대 우크라이나 정체성의 근간을 이룬다고 볼 수 있다.

Ⅳ. 맺는 말

1991년 소연방의 해체 덕분에 새로운 역사의 주체로 등장한 우크라이나는 독립국가로서의 명분과 정당성을 증명하기 위해 정체성 확립작업을 진행해야 했다. 러시아 중심적, 소비에트 중심적 역사관에 의해 독립된 민족국가로서의 존재 자체가 부정되어 왔고, 내부적으로 통일된 정체성을 보유하지 못하는 상황이었기 때문이다. 그래서 우크라이나 지배 엘리트 집단은 형제국가였던 '러시아'를 타자로 삼아 '우리'만의 정체성을 형성해 나갔다. 신화, 전설을 재해석하고 새로운 시대에 걸맞은 상징체계를 세우며, 영웅과 의례, 가치체계를 새롭게 하면서 민족건설이라는 과업을 수행했던 것이다.

우크라이나 통치 엘리트들은 이미 존재하는 공동의 산물이나 문화적 특성, 역사적 기억들을 재해석하면서 통합하고, 빌려오며, 증폭시켜서 만드는 작업이 필요했다. 즉 러시아와 공유하는 초기 역사시기, 다시 말해 키예프 루시의 시기를 재해석하며 이 시기를 우크라이나의 역사로 편입시키고, 당시의 많은 국가상징들, 예를 들어 깃발, 문장, 건축 등을 부활시키며, 공후들의 동상을 세우는 작업을 통해 키예프 루시와 현대 우크라이나의 관계를 설명했다. 또한 우크라이나 정부는 정체성을 이미 만들어져 있는 것이 아니라, 계속해서 변화되고, 건설되고, 또한 창조되는 대상으로 인식하며 의도적으로 재구성해 나가고 있다. 흐루쉐브스키 역사관을 토대로 민족사관을 재정립하고 이에 맞게 모든 상징들을 재건 및 재배치하면서, 교육을 통해 이를 가르치며, 일상생활에서 국민들이 축일, 행사 등을 통해 매일 매일 경험하며 무의식적으로 새로운 정체성을 인지할 수 있도록 유도하고 있다.

초대 대통령 레오니드 크라프추크로부터 쿠츠마, 유센코에 이르기까지 '러시아'를 타자로 삼아 '우크라이나'의 새로운 정체성 형성 작업을 일관되게 진행해 왔다. 2010년 대통령 선거와 함께 새롭게 등장한 야누코비치 정부에서도 우크라이나의 민족/국가 정체성 확립은 매우 중요한 국정과제이다. 여전히 동과 서 간에 정체성의 합의가 필요한 상황이며, 민족, 국가 정체성과 함께 시민 정체성도 함께 이루어야 하는 복잡한 상황에 놓여있기에 그렇다. 이와 같은 상황에서 과연 새 대통령 야누코비치가 어떠한 방식으로 '타자'를 규정하고 러시아와의 관계를 정립해 나갈 것인가는 앞으로 우크라이나의 정체성 확립에 있어서 매우 중요한 변수가 될 것으로 보인다.

참고문헌

홍석우 (2010) "우크라이나의 국가정체성",『유라시아의 정체성』한길사..

Alonso, A. M. (1994) "The Politics of Space, Time and Substance: State Formation, Nationalism and Ethnicity". *Annual Review of Anthropology* 23: 379-405.

Armstrong, J. A. (1982) *Nations before Nationalism.* Chapel Hill: University of North Carolina Press.

Billing, M. *Banal Nationalism.* London: Sage Publications.

Bruckmuller, E. (1993) "The National Idnetity of the Austrians" in M. Teich and R. Porter (eds) *The National Question in Europe in Historical Context*, 196-227. Cambridge: Cambridge University Press.

Conner, W. (1993) "Beyond Reason: The Nature of the Ethnonational Bond", *Ethnic and Racial Studies* 16(3): 373-389.

Conzen, K. N. et als. (1992) The invention of ethnicity: A perspective from the U.S.A. *Journal of American Ethnic History*, 12 (1) 3-39.

D'Anieri, P. (1999) *Economic Interdependence in Ukrainian-Russian Relations*. New York: SUNY Press.

Duara, P. (1996) "Historicizing National Idnetity, or Who Imagines What and When", in G. Eley and R.G.Suny (eds) *Becoming National Redear*, 151-178. New York: Oxford University Press,

Finlayson, Alan (1998) "Ideological Discourse and Nationalism", *Journal of Political Ideologies* 3(1): 99-119.

Hall, S. (1996a) "Introduction", in S. Hall and P. du Gay (eds). *Who needs Identity? Questions of Cultural Identity*, 1-17. London: Sage,

Hall, S. (1996b) "Ethnicity: Identity and Difference", in Geoff E. Suny and R.G.Suny (eds) *Becoming National: A Reader. 339-351.* New York: Oxford University Press.

Hrushevsky, M. (1952) "The Traditional Scheme of Russian History and the Problem of a Rational Organization of the History of the Eastern Slavs", *The Annals of the Ukrainian Academy of Arts and Sciences in the US*, 2/4: 355-364

James, P. (1996) *Nation Foundation: Towards a Theory of Abstract Community*. London: Sage

Janmaat, J. G. (2000) *Nation-Building in Post-Soviet Ukraine: Educational Policy and the Response of the Russian-Speaking Population.* Amsterdam: Netherlands Geographical Studies.

Jilge, Wilfried (2009) "State Symbolism and National Identity in Ukraine since 1991," paper presented to the annual convention of the Association for the Study of Nationalities, Columbia University, New York.

Kuzio, T. (2005) Nation Building, History Writing and Competition over the Legac of Kyiv Rus in Ukraine, *Nationalities Papers* 33(1): 29-58.

Kuzio, T. (2001) "History and National Identity among the Eastern Slavs: Towards a New Framework." *National Identities* 3(1).

Kuzio, Taras (1998) "National Identity and Foreign Policy: The East Slavic Conundrum" in T. Kuzio (ed.) *Contemporary Ukraine: Dynamics of*

Post-Soviet Transformation, 221-44. Armonk, NY: M.E. Sharpe.

Magosci, Paul (1996) *A History of Ukraine*. New York: University of Washington Press.

Magosci Paul (2000) *A History of Ukraine: The Land and Its People*. Toronto: University of Toronto Press.

Motyl, A. J. (1998) "After Empire: Competing Discourses and Inter-state Conflicts in Post-imperial Eastern Europe", in B.R. Rubin and J. Snyder (eds) *Post-Soviet Political Order: Conflict and State Building*, 14-33. London: Routledge.

Narodna Armiya (November 28, 1997)

Neumann, I. B. (1993) "Russia as Central Europe's Constituting 'Other'", *East European Policis and Society* 7(2): 349-69.

Nieguth, T. (1999) "Beyond Dichotomy: Concepts of the Nation and the Distribution of Membership", *Nations and Nationalism* 5(2): 155-174.

Pelenski, Yaroslav (1998) *The Contest for the Legacy of Kievan Rus'*. Boulder, CO: East European Monographs.

Prymak, Thomas M. (1987) *Mykhailo Hrushevsky: The Politics of National Culture* Toronto: University of Toronto Press. *Holos Ukrainy* "Ne mechem yedynym ..." (December 27, 1997)

Triandafyllidou, A. (1998) "National Identity and the Other", *Ethnic and Racial Studies* 21(4): 583-612.

Tolochko, P. P. et. als (1994) *Davna Istoriya Ukrainy 2* vols. Kyiv: Lybid.

Uriadovyi Kurier (November 13,1997)

Young, I. M. (1997) "Together in Difference: Transforming the Logic of

Group Political Conflict", in W. Kymlicka (ed.) *The Rights of Minority Cultures*, 155-78. Oxford: Oxford University Press.

9

기독교 수용 1020주년 행사를 통해 본 우크라이나 종교정체성의 재건

홍 석 우

1991년 독립 이후 우크라이나 정부는 새로운 민족정체성에 기반하여 국가건설을 이루어 나가야 하는 다음의 두 가지 과제에 직면했는데, 하나는 우크라이나 내부의 분열과 동부와 서부 간 역사적 경험의 차이, 정체성의 차이를 극복하여 통일된 민족정체성 아래 새로운 국가를 건설하는 것이고, 다른 하나는 러시아의 지배 하에서 왜곡되었던 과거사를 극복하여 모든 분야에서 진정한 독립된 자주적인 국가를 건설하는 것이었다. 특히 두 번째 과업과 관련된 중요한 임무중 하나는 바로 우크라이나의 종교정체성의 재건이었는데, 그 이유는 독립된 이후에도 우크라이나의 많은 교회들이 러시아 정교회의 관할아래 있기 때문이다. 우크라이나의 종교를 러시아로부터 독립시키려는 우크라이나 정부의 노력의 하나가 바로 기독교수용 1020주년 행사였다. 본 논문은 이 행사를 통해 나타난 우크라이나와 러시아 사이의 대립과 우크라이나 종교정체성 재건의 과정을 다루고 있다.

I. 서 론

2008년 7월 25에서 27일 사이 정교회의 최고 지도자들이 우크라이나의 수도 키예프에 모여 키예프 루시 기독교 수용 1020주년 행사[1]를 기념했다. 표면상 이 행사는 이 지역의 오랜 종교적 전통과 역사를 기리는 매우 통상적이며 종교적인 행사로 보였으나, 이면에는 종교적 갈등과 정치적 대립으로 순수한 종교적 의미를 앞서는 권력 투쟁의 장과 같았다고 평가되고 있다.[2]

우크라이나와 러시아의 정교신자들은 자신들의 믿음의 뿌리를 키예프 루시, 다시 말해 지금 현재 우크라이나를 지배했던 최초의 국가에 두고 있는데, 이는 988년 키예프 루시의 볼로디미르(Bolodymyr) 공후[3]가 국가의 종교로서 기독교를 수용했기 때문이다. 그러나 역사 기원의 동일함에도 불구하고 이후 우크라이나와 러시아는 서로 다른 정체성과 언어를 발전시키며 지금까지 내려오게 되었다.

---

1 이 행사의 공식 명칭은 '키예프 루시의 기독교화 1020주년' (1020 richnytsia khreshchennia Kyivs'koi rusi) 이었다. 우크라이나 교회에서는 키예프 루시 뒤에 우크라이나를 덧붙여 '키예프 루시-우크라이나' (Kyivs'koi rusi-ukrainy)로 표기함으로써 키예프 루시를 우크라이나의 독립된 역사시기로 강조했다.

2 이번 행사를 정치적 목적으로 변형시키려 한다는 관점은 주로 러시아의 신문들에 의해 피력이 되었다.

3 보통 학계에서는 러시아어식 음운 표기로 블라디미르 공후로 표기하나 본 논문에서는 인물들의 이름을 우크라이나어식으로 표기할 것이다.

소비에트 시기동안 모스크바 정교회 총대주교는 우크라이나의 교회들을 통제해 왔다. 따라서 많은 사람들은 지금도 모스크바 총대주교의 권위를 인정하는 반면, 다른 우크라이나인들은 독립된 상황에서 모스크바로부터 독립된 자체의 총대주교를 가져야 한다고 요구하고 있다.

따라서 이번 행사의 진행과정에서 러시아와 우크라이나는 서로 다른 입장을 표명해 왔다. 우크라이나 정부는 이번 행사를 계기로 전세계 정교회의 총대주교인 바르톨로메우 (Bartholomew)에게서 모스크바로부터 독립된 우크라이나 민족 교회의 성립을 공인 받으려 했다. 이에 반해 러시아는 매우 예민한 반응을 보이며 이번 행사를 우크라이나와 러시아 교회간 분열, 더 나아가 전세계 정교회의 분열을 조장하는 정치적 행사로 간주하였다.

본 소고는 이번 기독교 수용 1020주년 행사에 나타난 우크라이나 종교정체성 재건의 방향과 우크라이나와 러시아간 종교와 정치적 갈등에 대해 그 기원과 발전과정, 그리고 의미에 대해서도 논의하도록 하겠다.

II. 우크라이나 종교 갈등의 기원[4]

우크라이나에서 발생하는 종교 갈등의 기원을 이해하기 위해서는 우크라이나 지역에 기독교가 도입되게 된 10세기로 되돌아가야 한다. 당시 남부 우크라이나의 연안과 크리미아 반도가 이미 오래전부터

---

4 '우크라이나 종교 갈등의 기원' 부분은 저자의 "우크라이나의 종교와 민족주의," 임영상, 황영삼 공편, 『소련과 동유럽의 종교와 민족주의』(서울: 한국외국어대학교 출판부, 1996)와 유라시아 지역의 국가-민족정체성 (서울: 한울아카데미, 2010)에 소개된 바 있으나, 본 저서 주제에 관련성을 고려해 다시 소개하는 바입니다.

그리스와 헬레니즘 문화의 영향권에 속해 있었기 때문에, 키예프 국가의 블라디미르가 988년 당시 문화적으로 번성의 절정기에 있었던 동로마 제국의 문명과 종교를 선택한 것은 우연이 아니었다(Rudnytsky, 1987, 7).

당시 키예프에 도입된 비잔틴 제국의 기독교(동방정교)는 콘스탄티노플에 있는 총대주교의 관할 아래 있었고, 키예프에는 대주교가 임명되어 교회업무를 수행하였다. 그러나 점차 키예프 국가의 교회는 민족화 되어 갔으며, 키예프에 도입된 비잔틴 정교와 문화는 키예프 루시를 문명국으로 발전시키면서 13세기까지 접경국이었던 폴란드의 라틴 기독교문화를 앞서갔다.

그러나 13세기 전반 몽골의 침략으로 키예프 루시는 곧 쇠퇴의 길을 걷게 되었다. 키예프 국가가 붕괴한 이후 북동쪽으로 블라디미르-수즈달 공국이 등장하였고, 남서쪽으로 할리치나-볼히니아 공국이 등장하였는데, 키예프에 위치했던 동방정교의 대주교구가 14세기 전반에 모스크바로 자리를 옮김으로써 키예프 루시의 중심은 결국 북동쪽으로 이전되었다.

종교문화 중심이 북동쪽으로 옮겨갔음에도 불구하고 남서쪽 지역에 위치한 할리치나-볼히니아 공국은 계속해서 키예프의 동방정교 문화와 전통을 유지해 나갔으며, 당시 할리치나-볼히니아 공국은 이후 우크라이나 역사학자들에 의해 키예프 국가를 계승한 중세의 우크라이나 국가로 여겨지게 되었다.

키예프 국가의 뒤를 이은 우크라이나의 할리치나-볼히니아 공국도 역시 오래 지속되지 못하고 14세기에 접어들어 각각 폴란드와 리투아니아에 점령되는 비운을 맞게 되었다. 이로써 우크라이나인들은 이후 오랜 기간 동안 폴란드와 리투아니아 민족에게 지배를 받으면서 러시아와는 다른 역사발전의 길을 걷게 되었다. 즉 라틴 기독교 국가였던 폴란드와 리투아니아는 우크라이나에 서방의 요소들을 전달하였으며, 동방정교의 지역인 우크라이나는 지방의 기독교문화를 접하면서 러시아와는 다른 독특한 민족정체성을 형성하게 되었던 것이다.

우크라이나 지역을 점령하고 있던 리투아니아 대공국은 벨라루스와 우크라이나 지역에 정교도들을 모스크바의 영향력으로부터 분리시키기 위해서 1458년에 키예프 수좌대주교구를 설립하였다(Subtelny, 1988, 93). 이와 같은 리투아니아의 종교정책에는 이유가 있었다. 즉 모스크바 공국은 이미 1448년에 독자적으로 모스크바 수좌대주교를 선출해 독립적이며 자치적인 교회로서의 위상을 확립하였고, 1453년 비잔틴 제국의 멸망 이후에는 모스크바를 제 3의 로마로까지 표명하였다. 결국 이와 같은 모스크바의 움직임은 리투아니아에게 있어서 경계의 대상이었으며, 리투아니아는 우크라이나 지역을 모스크바로부터 종교적으로 분리시키는 조치를 취하게 되었다. 이로써 우크라이나와 벨라루스 지역의 정교회는 모스크바와의 관계를 끊고 콘스탄티노폴의 관할 아래로 들어가게 되었으며, 러시아 정교회와 다른 발전경로를 밟게 되었다.

우크라이나에서 종교적 복잡성과 갈등을 야기 시키는 또 다른 사건은 1596년 루블린 연합이었다. 이 연합을 통해 리투아니아와 왕국을 통합하고 과거 리투아니아가 점령하고 있던 우크라이나 영토를 자신의 지배 아래 복속시킨 폴란드는, 리투아니아의 종교적 관용정책과는 대조적으로 우크라이나에 대해 가톨릭과 정교회의 연합을 강요하기 시작했다. 이러한 폴란드의 입장에는 크게 두 가지의 이유가 있었는데, 그것은 첫째, 1054년 종교분열 이후 가톨릭과 정교회의 통일을 이루어 보겠다는 순수한 종교적 열정 때문이며, 둘째, 정교 국가인 모스크바의 위협으로부터 우크라이나와 벨라루스 지역을 완전히 격리시키려는 정치적 의도가 있었기 때문이다(Subtelny, 1988, 99).

이러한 상황 속에서 교회 연합에 대한 폴란드의 계속적인 설득은 일부 우크라이나 정교회 주교들의 사고에 변화를 일으켰다. 즉 일부 주교들은 정교회가 강력한 조직체인 가톨릭교회의 구성 부분이 됨으로써 가톨릭교회와 완벽한 동등권을 획득할 수 있을 것이라고 생각했으며, 폴란드가 지배하는 우크라이나 지역에서 더 이상 종교상의 이유로 불이익을 받지 않을 것이라고 믿게 되었다. 결국 1595년 일부 정교회 주교들이 로마로 갔으며, 이후 1년 뒤에 브레스트 회의에서 대주교와 다섯 명의 주교들에 의해 교회 연합이 선언되었다(Sysyn, 1991, 2). 브레스트 교회 연합의 내용은 로마 교황의 절대적 권위를 인정하는 대가로 정교회는 자신들의 전통적인 그리스 비잔틴의 전례를 보존한다는 것이다(Subtelny, 1988, 100). 이로써 우크라이나 지역에는 정교회 이외에 새로운 우니아트 교회(Uniate, Ukrainian Greek Catholic Church)가 발생하게 되었다.

우크라이나 서부 지역에서 주로 발생했던 우니아트교회의 출현에 대응해서 17세기 우크라이나 동부 지역에서는 정교회 부흥의 계기가 마련된다. 1620년 정교회는 당시 스텝지역에 형성된 코자크(kozak) 군사조직의 보호아래 재건설될 것을 희망했으며, 결국 코자크 군대는 키예프 수좌대주교를 지지하면서 민족전통의 수호자로서, 그리고 우크라이나 문화부흥의 지지자로서 변모하였고, 정교는 코자크 준국가(Hetmanate)를 대표하는 민족종교로 발전하게 되었다.

그러나 이와 같은 발전은 1654년 우크라이나와 러시아간 페레야슬라브조약(Treaty of Pereyaslav)으로 위협을 받게 되었다. 코자크 국가 건설의 꿈이 좌절되고 우크라이나가 러시아에 복속되는 결과를 낳은 페레야슬라브조약으로 키예프 수좌대주교는 다시 한 번 위기를 겪게 되는데, 즉 러시아는 키예프 수좌대주교를 지칭하던 "키예프, 할리치 그리고 전루시"의 명칭을 "키예프, 할리치 그리고 소루시"로 바꿀 것을 요구했으며(Sysyn, 2003, 7), 1685-86년 새로운 수좌대주교의 선출기간 동안에는 압력과 뇌물을 통해 키예프 수좌대주교구를 콘스탄티노플의 관할로부터 모스크바 총대주교의 관할로 이전할 것을 종용하였다. 결국 1720년대에는 이미 독자적인 우크라이나-벨라루스의 정교회가 존재할 수 없게 되었고, 키예프의 수좌대주교마저 러시아 정부의 신성종무원에 의해 지명되는 운명에 처하게 되었다.

19세기에 들어 우크라이나의 종교는 또 한 번 큰 변화를 겪게 된다. 오스트리아의 지배를 받았던 우크라이나 서부 할리치나 지역은 전통적으로 정교 지역이었음에도 불구하고 우니아트 교회가 폴란드인들에 대항하면서 민족종교로 발전하고 있었다. 1848년 할리치나에서 농노해방이 일어나면서, 이 지역 성직자들은 최고 루테니아 의회를 건설하고 할리치나주의 분리를 오스트리아제국에 주장하였다(Himka, 1991, 56). 그러나 이와 같은 행위는 성공하지 못하고 오히려 이 지역 통제권이 폴란드 귀족들에게 넘어가는 결과를 낳게 했다. 이로 인해 우니아트 교회 내에서는 친러시아주의가 발생하면서 동방정화운동, 즉 우니아트 교회에 미친 라틴 가톨릭적 영향을 동방적 전통으로 정화시킨다는 운동이 확산되게 되었다. 이와 같은 행위는 오스트리아와 바티간을 긴장시켰고, 이 지역에 대한 교회 압력이 강화되어 결국 서부 우크라이나에서의 교회운동은 민족운동과 분리되는 경험을 하게 된다.

동부에서는 페레야슬라브조약 이후 지속된 러시아화 정책과 키예프 수좌대주교의 러시아 통제로 정교회는 부패하고 사회변혁에 앞장서지 못했다. 따라서 19세기 지식인들을 중심으로 한 민족운동이 확산되어가는 상황아래 일부 정교회 신부들은 주교회의와 병사-농민회의들을 통해 모스크바로부터 독립된 우크라이나 자치적인 교회를 건설할 것을 제기했다. 이와 같은 사고는 하위 성직자들과 도시 인텔리겐치아들에게 긍정적으로 받아들여졌으며, 결국 1918년 1월에 전우크라이나 종교회의가 결성되어 이러한 목표를 수행하게 되었다(Subtelny, 400). 교회 자치를 이루려던 자치주의자들 (Autocephalists)은 그 기본 모델을 1686년 이전의 수좌대주교 모힐라와 그 계승자들의 통제 아래 있던 키예프 교회의 상대적 자치와 전통의 시기에서 찾았다. 결국 이들이 주장하는 우크라이나 자치 정교회는 본질적으로 민족주의와 반러시아, 반권위주의를 내세웠다.

우그리이나 자치 정교회의 성립은 아이러니하게도 소연방이 성립된 이후에 이루어졌다. 소련은 러시아 정교회로부터 우크라이나 자치 정교회가 분리될 경우 러시아 정교회의 영향력이 약화되고 종교계가 분열될 것이라는 생각아래 1921년 우크라이나 자치 정교회의 분리를 승인하게 되었다(Subtelny, 400).

1921년 10월 21일 64명의 사제를 포함해 약500여명의 대표자들이 참석한 회의에서 대표들은 우크라이나 자치교회의 건설을 확인하고, 기존의 교회법과 계서제를 무시한 채, 바실 리프키프스키(Basil Lypkivsky)를 우크라이나 자치정교회의 수좌대주교로 선출하였다. 이후 자치정교회는 급속하게 성장하여 1924년 30명의 주교와 약1500명의 사제 및

1100개가 넘는 교구를 보유하게 되었고, 신도의 수도 수백만을 헤아리게 되었다. 또한 획기적인 교회 개혁들을 수행해 교회 슬라브어 대신 우크라이나어를 사용하도록 했으며, 성직자들의 외모도 현대화하여 수염과 긴 머리를 짧게 자르고 긴 의복도 간편화 하였다. 더욱이 자치정교회는 민족의식을 고취시키기 위해 민족 언어와 의례를 독려하고 민족독립에 대한 메시지를 전달하였다.

이와 같은 우크라이나화 정책에 긴장한 모스크바 당국은 1930년대에 우크라이나화 정책에 제재를 가하기 시작했고, 1941년 6월 독소전쟁을 계기로 러시아 정교회만을 인정하는 정책으로 선회하였다. 다시 말해 러시아 정교회를 통해 타민족교회를 통제하려는 계략이었다. 결국 우크라이나의 자치정교회, 우니아트 교회는 러시아화의 요구를 받으며 불법화 되었던 것이다.

결국 우크라이나는 역사 속에서 여러 제국들에 의해 지배되면서 종교적 분열을 경험했으며, 자체의 수좌대주교를 두 번이나 잃게 되는 뼈아픈 사건을 겪기도 했다. 이를 통해 현 우크라이나에 존재하게 된 모스크바 수좌대주교 관할의 정교회, 우크라이나 수좌대주교 관할의 정교회, 우크라이나 자치 정교회, 우니아트 교회, 그리고 가톨릭교회 등의 다양한 종파가 공존하게 되었다.[5] 모스크바 정교회 수좌대주

---

5 우크라이나에는 다음과 같은 기독교 교회들이 상존하며, 신자들의 수는 다음과 같다: 우크라이나 정교회(모스크바 총대주교 관할) - 26.13%, 우크라이나 정교회(키예프 총대주교 관할) - 50.44%, 우크라이나 자치 정교회 - 7.21%, 우니아트(우크라이나 그리이스 가톨릭교회) - 8.02%, 로마 가톨릭교회 - 2.19%, 우크라이나 프로테스탄트 교회(장로교, 침례교, 루테란, 메노나이트 등) - 2.19%, 유대교 - 0.63%, 기타 - 3.2%. “Religion in Ukraine” from Wikipedia, the free encyclopedia, http://en.wikipedia.org/wiki/ Religion_in_Ukraine (검색일: 2008.08.24).

교(Patriarch) 관할 하의 우크라이나 정교회는 전체 우크라이나 교인 수중에서 겨우 26.13%만을 가지고 있으나, 우크라이나 교회의 대다수를 여전히 통제하고 있다.[6] 모스크바 정교회의 우크라이나 정교회에 대한 관할권은 1941년 6월 독소전쟁 이후 스탈린이 러시아 정교회와의 화해를 결정하고, 타민족종교를 러시아 정교회의 통제 아래 두게 되면서 시작되었다(홍석우, 1996, 103). 많은 사람들은 지금까지도 모스크바 수좌대주교의 권위를 인정하는 반면, 우크라이나 정부와 키예프 대주교구 관할의 우크라이나 정교회 신자들은 독립된 상황에서 모스크바 수좌대주교구의 통제를 받지 않는 자체의 우크라이나 정교회를 가져야 한다고 주장하고 있다.

Ⅲ. 기독교 수용 1020주년 행사의 전개과정[7]

1991년 민족의 독립을 이룬 우크라이나인들은 이제는 러시아의 영향으로부터 독립된 민족 종교의 설립을 추진하고 있다. 그러나 앞에

6 단지 26.13% 우크라이나 신자만을 보유하고 있으나, 35개의 주교구(eparchy)를 소유하며, 10,875개의 종교공동체(대략 전체 정교회 공동체 중 68%에 해당)를 거느리고 있다. 주로 키예프와 남부, 동부 우크라이나에 위치한다. 2007년 현재 122개의 수도원, 3519명의 수도승과 수녀, 7509명의 신부와 840개의 교회를 가지고 있다. 이에 반해, 키예프 주교회 관할 우크라이나 정교회는 50.44%의 우크라이나 교인을 가지며, 31개의 주교구, 3,721개의 종교공동체, 2,816명의 성직자들을 보유한다. 전체 신자들의 60%가 주로 서부 우크라이나에 거주한다. 키예프 주교회 관할의 우크라이나 정교회는 아직 동방정교회에 의해 승인을 받지 못했다. 이상의 자료는 Religious Information Service of Ukraine 에서 인용했으며 더 자세한 정보는 다음의 사이트를 참조: http://www.risu.org.ua/eng/major.religions/orthodox.mp/ (검색일: 2008.08.24).

7 '기독교 수용 1020주년 행사의 전개과정' 부분은 본인의 저서인 「코자크와 오렌지혁명의 나라」에 일부 소개가 되었음을 미리 밝힌다.

서도 설명했듯이 우크라이나에는 여러 종파들과 교회들이 분리되어 존재하고 있으며, 이는 러시아와의 관계를 떠나서 우크라이나 내에 '과연 통일된 민족종교가 성립할 수 있는가?'라는 의문을 제기하게 한다.

따라서 이번 키예프 루시의 기독교 수용 1020주년 행사는 여러 가지 측면에서 중요한 의미를 지닌다. 이번 행사는 첫째, 과연 우크라이나에서 통일된 민족종교가 출현 가능한가에 대한 답을 제시해 줄 수 있으며, 둘째, 이를 통해 우크라이나는 러시아와의 관계를 종교적, 역사적으로 재정립할 수 있는가를 보여 준다. 키예프 루시가 붕괴되고 정치와 종교의 중심이 북쪽으로 이전하면서 그동안 우크라이나의 역사 정통성은 쉽게 부정당해 왔으나, 만약 러시아로부터 통제받지 않는 민족종교가 수립된다면 이는 다시 한 번 키예프 루시 이후 빼앗겼던 종교와 역사의 정통성을 회복할 수 있게 되는 것이다. 결국 우크라이나는 키예프 루시를 계승한 정당한 민족으로 인정받을 수 있는 것이다.

아래에서는 과연 어떻게 이 행사가 조직이 되어 진행되어 왔는지를 살펴보겠다. 이를 통해 이 행사의 이면에 숨겨진 의미들을 파악하도록 하겠다.

우크라이나를 비롯해 동슬라브 민족들에게 있어 1020이라는 숫자는 특별한 의미를 지닌 것이 아니다. 20년 전 1000주년 행사를 치룬 동슬라브 민족들에게 있어 구지 1020주년 행사를 거대하게 치러야 하는 특별한 이유는 없었다. 다만 1000주년 행사가 모스크바에서 거행이 되었으며, 러시아의 통제를 거부하는 우크라이나의 종교지도자들이 참여하지 못했었다는 이유에서 이번 행사가 조직되었다고 생각

할 수 있으나, 이번에도 키예프 수좌대주교 관할 우크라이나 정교회와 우크라이나 자치정교회 인사들은 행사에 참여하지 못하게 되었다. 따라서 다음과 같은 이유들을 언급해 볼 필요가 있다.

첫째, 키예프 루시 시기에 건설된 후 몽골에 의해 파괴되고 이후 재건되었다가 1930년대 스탈린에 의해 다시 파괴되었던 비운의 성 미하일 성당[8]의 건립 900주년 행사가 금년에 실행되었다. 이 행사를 계기로 우크라이나 기독교의 활성화와 분열된 우크라이나 종교계의 통일을 주도하기 위해 기독교 수용 1020주년 행사를 실시했다고 볼 수 있다. 실제로 1020주년 행사가 있기 바로 일주일 전 성 미하일 성당 앞에서는 키예프 수좌대주교가 이끄는 우크라이나 정교회가 주축이 되어 기독교 수용 1020주년 행사를 미리 거행했다.

둘째, 2010년 1월 대통령 선거를 앞둔 유셴코 대통령은 현재 친 서방의 외교전략을 추구하는 현 정부 아래서 민족종교의 독립을 추진하고 이를 통해서 차기 대통령 선거에서 추락한 인기를 회복하려는 전략이 있었다고 분석할 수 있다.(*Interfax*, 2008.7.27) 이는 주로 친 러시아파들과 러시아에서 주로 바라보는 시각이다. 정치적 목적이 앞선 이번 행사에서 실제로 우크라이나 정교회와 우크라이나 자치정교회 측은 초대되지 못했으며, 오로지 모스크바 관할의 우크라이나 정교회

---

8 이 성당은 스뱌토폴크 2세에 의해 12세기에 지어졌다가 13세기 몽골에 의해 부서지게 되고, 1496년에 다시 재건되었다가, 1935-36년 스탈린에 의해 파괴되었던 대성당이었다. 키예프 중심에 성미하일 성당을 재건한데는 키예프가 러시아에 지배되지 않는 우크라이나 정교회의 중심이라는 것을 보여주는 상징적 의미를 가지고 있는 것이다. 이외에도 키예프에는 많은 역사적 조형물들이 재건되는데 좀 더 상세한 설명은 Taras Kuzio, "Nation Building, History Writing and Competition over Legacy of Kyiv Rus in Ukraine," in *Nationalities Papers*, Vol. 33, No. 1, March 2005, pp. 44-46 참조.

〈2008년 7월 19일 우크라이나의 미하일 성당 앞 - 키예프 주교구관할 우크라이나 정교회가 중심이 된 키예프 루시 기독교 수용 1020주년 행사〉

측만 참석하게 되어 있었다. 따라서 유센코는 본 행사를 종교적이기보다는 국가적, 사회적 행사로 치르려는 의도를 역력히 보였다.

상기한 모든 이유들이 복합적으로 작용하여 이번 행사가 거행되었을 가능성도 있는데, 이번 행사에서 주요 관심을 받았던 인물은 바로 세계 정교회의 대표인 콘스탄티노플 총대주교 바르톨로메우(Bartholomew)였다. 2억 5천만의 정교회 신자를 대표하는 총대주교 바르톨로메우를 우크라이나로 초대한 사람은 바로 우크라이나 대통령이었는데, 2007년 4월 서신을 통해 유센코는 바르톨로메우의 우크라이나 방문을 제의했고(Bratstvo, July 3, 2008), 총대주교가 이를 수용한 것이다. 1020주년 기독교 수용의 기념행사를 모스크바의 수좌대주교가 아닌 우크라이나 대통령이 주도했다는 것은 이 행사의 의도를 의심받는 이유들 중의 하나이다. 바르톨로메우에 대한 유센코의 공식 초청 이후 현 우크라이나 정교회를 총괄하는 블라디미르 주교가 모스크바의 수좌대주교의 이름으로 그를 재차 초청하게 되었다.

〈흐뤠쉬차틱 거리에 걸려진 바르톨로메우-대통령 사진(좌)과 러시아주교(우) 사진〉

행사에 앞서 정부는 키예프 지역 전역에 바르톨로메우의 사진을 게시하며 “우크라이나는 정교회 총대주교 바르톨로메우를 환영한다”라고 홍보를 했으며, 행사 2주전부터 총대주교와 우크라이나 대통령이 함께 있는 사진의 포스터를 거리에 게시하였다. 이를 두고 러시아측에서는 모스크바 총대주교의 사진을 의도적으로 게시하지 않았으며, 일부는 철거하도록 정부가 종용을 하고 있다고 비난을 하면서 신경전을 벌였다.

7월 25일 총대주교의 방문일에 키예프 보리스필 국제공항에는 5개의 우크라이나 방송사가 현지중계를 하는 가운데 우크라이나의 대통령이 직접 총대주교를 영접했다. 정부 각료들과 모스크바 관할 우크라이나 정교회 주교들이 참석한 가운데 영접 행사가 실행이 되었는데, 유센코 대통령은 인사말에서 세계의 정신적 가치를 향상시키는데 큰 영향을 담당한 총대주교의 역할에 감사드린다고 언급했다. 바르톨로메우 총대주교도 답변에서 유센코의 초청에 감사하며 “우리는 우크라이나의 전 기독교인들의 통합을 위해서 기도하기 위해 여기에 왔습니다. 우리는 통일을 기원하는 평화의 천사로서 여기에 도착했습니다"(*Today's Zaman,* 2008.08.03)라고 답변했다.

바르톨로메우와 유센코는 키예프의 페체르스크 수도원을 방문하여 기도와 합창을 동반한 짧은 종교 의식을 가졌으며, 이후 일행은 성미하일 성당 앞으로 이동했다. 건립 900주년을 맞은 성미하일 성당 앞에는 최초로 기독교로 개종한 올하 공후의 동상이 있으며, 성미하일 성당 정문의 왼쪽 편에는 1932-33년 대기근(홀로도모르)으로 사망한 사람들을 추모하는 기념비가 있다. 총대주교와 우크라이나 대통령 내외는 바로 이 홀로도모르 기념비에 헌화를 하는 의례를 가졌다. 이 대기근에 대해 우크라이나 정부는 소련이 의도적으로 일으킨 제노사이드(대량학살)로 규정하고 이에 대한 철저한 조사를 지시했다. 이와 같은 상황에서 대기근 기념비에 대한 총대주교의 헌화는 정치적 성격이 강했던 의도적인 의전이었다고 해석된다.

하루 늦게 7월 26일에 도착한 모스크바 수좌대주교 알렉시 2세는 자신보다 하루 앞선 바르톨로메우 총대주교의 방문일정에도 불만을 나타내면서 우크라이나 정부가 의도적으로 모스크바 정교회의 위상을 실추시키고 교회의 분열을 조장하고 있다고 비난했다. 러시아의 신문 이즈베스찌야에서는 "키예프는 바르톨로메우가 소위 키예프 수좌대주교 관할 우크라이나 정교회와 우크라이나 자치정교회를 인정하기를 바라고 있다"고 쓰면서 "어제 키예프의 시장은 1020년 행사에 참석할 '모스크바와 전 러시아의 수좌대주교'인 알렉시 2세의 사진이 담긴 포스터를 거리에 붙이는 것을 금했다"고 주장했다. 실제로 우크라이나 정부는 바르톨로메우가 공항에 도착하여 도심으로 들어오는 길가에 환영의 표시로 바르톨로메우의 사진을 붙였고, 이러한 과정에서 알렉시 2세의 초상화를 잠시 내렸다고 변명했다. 26일 알렉시 2세의 방문을 위해 그의 초상화는 다시 붙여졌고, 키예프의 주요 거리에는 알렉시 2세의 사진과 함께 "우크라이나는 자신의 수좌대주교를 환영한다"라고 쓰여진 포스터들이 즐비하게 게시가 되어 있었다. 따라서 양국 간의 신경전은 지나치게 과장되어졌으며, 보도 전으로 확대되어 각 신문사들은 제 각기 비판과 비평의 글들을 쓰기 시작했다.

7월 26일 알렉시 2세가 도착하기 전 오전에 성 소피아 광장에서는 엄격한 통제 아래 정치인들과 각료들, 각 지방으로부터 참여권을 부여 받은 일부의 종교인 및 시민들만이 참여한 기념행사가 거행되었다. 본 행사에서 유센코는 "본인은 ... 자치적인 민족 교회가 우크라이나에서 역사적 사실로서 빛을 보게 될 것이라고 확신 한다"(AFP, 2008.7.26) 라고 언급하면서 광장에 모인 천여 명의 우크라이나인들 앞에서 바르톨로메우 총대주교에게 다음과 같이 부탁을 했다: "나는 위대하신 당신께 이와 같은 꿈의 실현과 진실, 희망, 그리고 우리의 국가와 우크라이나를 위해 은총을 내려줄 것을 부탁드립니다." 바르토로메우 총대주교는 직접적인 대답을 피하고 교회의 통일이 정치보다 훨씬 중요하다는 메시지를 전달했다.

7월 27일 드니프로강 언덕에 위치한, 기독교 수용의 주인공인 블라디미르 공후의 동상 앞에서 정교회 총대주교인 바르톨로메우와 모스크바 수좌대주교 알렉시 2세, 그리고 유센코를 비롯한 정부의 각료들은 키예프 루시 기독교 수용 1020주년 행사를 거행했다.

Ⅳ. 결론: 종교정체성 재건 행사의 시사점

우크라이나의 종교정체성을 재건하려는 노력의 일환으로 실행된 키예프 루시의 기독교 수용 1020주년 행사는 다음과 같은 시사점들을 보여주었다고 할 수 있다.

1. 우크라이나와 러시아간 갈등의 표출

1991년 이후 우크라이나는 계속해서 러시아로부터 벗어나려는 대내외적 정책을 추구해 왔다. 물론 쿠츠마 시기 친러 노선으로 선회한 경험도 있으나, 전반적으로 탈러시아화를 추구해 왔다. 이와 같은 경향은 결국 러시아와의 대립을 불러 일으켰는데, 그 예로 2007년 초 가스가격분쟁, 2008년 우크라이나의 나토 가입 시도로 인한 갈등, 그리고 얼마 전 있었던 흑해 지역 러시아의 함대 거취문제로 인한 날카로운 대립 등을 들 수 있다. 이들 양국 간 대립은 정치, 안보, 경제 분야에서 그치지 않고 종교와 정신적 측면에서도 발생했다. 키예프 루시의 기독교 수용 1020 주년 행사는 바로 이와 같은 양 국가 간 갈등을 여실히 보여주는 좋은 예였다.

종교행사를 통한 러시아와 우크라이나의 갈등은 사회 여러 분야에서 발행했는데, 한 예로 우크라이나에서의 종교문제와 종교분열을 취재했던 모스크바 TV 중앙 채널의 리포터는 공항에서 일부 화면을 촬영을 하다 3-4개의 비디오테이프를 압수당했다. 이 사건이 보도되자 모스크바 관할 러시아 정교회 대변인은 우크라이나 정부가 시도하는 무모한 '우크라이나 민족교회 설립 계획'에 대한 사람들의 진실한 목소리를 막으려 한다고 밝히며, 이는 언론자유의 억압이라고 비난했다(The Moscow Times, 21 July 2008).

7월 27일 저녁 우크라이나의 독립광장에서는 기독교 수용 1020주년을 기리는 러시아 록 그룹인 DDT의 공연이 개최될 예정이었다. 그러나 같은 시간 근처에서는 우크라이나 대통령과 콘스탄티노플의 총대주교의 만찬이 있을 예정이어서 우크라이나 정부 측은 당초 독립광장에 예정되었던 무대를 500미터 떨어져 있는 키예프 시장 사무실 쪽으로 변경할 것을 지시했다. 이에 대해 러시아의 신문들은 일제히 우크라이나 정부가 이미 오래전 예약되었던 공연을 취소하려 한다고 보도했다.(Independent Ukraine church sought). 이날 DDT의 공연에는 '연합 러시아 청년 가드'(the United Russian Youth Guard) 대원들이 러시아, 우크라이나, 그리고 벨라루스 깃발을 휘두르며 동참을 했다.

이렇듯 러시아와 우크라이나 국가 간의 갈등은 국가적 차원을 벗어나 사회의 다양한 분야에서 발생하고 있으며, 감정적 차원으로 확대되는 것을 감지할 수 있었다.

2. 우크라이나 민족종교의 성립 가능성

앞에서도 설명했듯이, 우크라이나에는 모스크바 관할의 정교회뿐만 아니라 키예프 관할의 우크라이나 정교회와 우크라이나 자치정교회가 존재한다. 유센코 대통령의 바람처럼 모스크바의 관할로부터 벗어난 자치적인 우크라이나 민족교회의 성립 가능성도 없지 않다. 그러나 우크라이나 종교 자체 내에 존재하는 차이를 과연 극복할 수 있을까도 중요한 문제로 제기된다. 우크라이나 자치 정교회의 수좌대주교였던 볼로디미르가 1995년 서거하고 그의 시신을 우크라이나 정교회 건물인 성 소피아 성당에 묻으려 했으나 우크라이나 정교회의 반대로 여러 명이 사망하고 부상을 당하는 사건이 발생했었다. 결국 볼로디미르 대주교는 성 소피아 성당을 들어가지 못하고 정문 바로 앞에 묻히게 되었다. 이와 같이 우크라이나 정교회와 자치 정교회 간 갈등의 소지들이 엄연히 존재하며, 이들 두 교회간의 통합도 쉽지 않을 것으로 예상이 된다.

러시아 프로파일 잡지의 주요 편집인인 안드레이 졸로토브(A.Zolotov)에 따르면, 역사적인 관점에서 우크라이나 정교회가 자주성을 획득하는 것, 다시 말해 완전한 종교적 독립을 이룩하는 것은 결국 시간문제일 것이라고 한다 (PR-inside.com). 그에 따르면 비록 콘스탄티노플에서는 부인을 하지만 2008년 6월 이미 우크라이나 정교회와 자치정교회의 대표들이 비밀리에 총대주교를 방문한 것으로 알려졌다. 어떠한 계기로, 얼마나 빨리 우크라이나의 교회들이 독립을 할 수 있을지는 알 수 없으나, 결국은 모스크바로부터 분리될 것으로 예측하고 있다.

3. 종교 영역의 정치화 및 국가주도하의 기념행사

이번 행사는 국가가 의례, 의식을 이용하여 종교와 국민들의 사고를 정치적 목적을 위해 사용할 수 있다는 사실을 여실히 보여주었다. 유센코는 종교행사를 국가, 사회 행사로 전환시켜 '민족종교의 수립'과 '모스크바로부터의 독립'이라는 목표를 설정하여 종교기관 뿐만 아니라 국민적 차원에서 이를 추구하도록 만들어 갔다. 도시 곳곳에 자신과 총대주교의 사진을 동시에 보여주고, 방문한 종교 지도자를 홀로모도라는 우크라이나 역사 사건의 기념비에 참배시키는 의전을 기획했다. 모든 신문들과 미디어, 국민들의 일상 대화 속에서 종교 문제를 가장 중요한 이슈로 만들어 놓았다. 그러나 문제는 과연 정부의 의도에 대해 얼마나 국민들이 호응을 하고 이번 행사에 대해 동감을 하고 있는가라는 문제이다. 본 저자가 만난 많은 시민들은 우크라이나 교회가 러시아로부터 독립해야 한다는 데에는 동감을 하지만, '과연 누구를 위한 독립인가?'라는 의문을 던졌다. 민족교회의 설립보다 종교계 내부에 존재하는 부정부패, 종교와 정치세력간의 결탁 등이 오히려 시민들의 관심을 끄는 주요 문제로 보였다.

참고문헌

Alexandrova, Lyudmila. "Contradictions between Russia, Ukraine marring jubilee of Kievan Rus baptizing." *Itartass*. July 26, 2008.

"Church Tensions Aggravated By Ukraine's Seizure of Video." *The Moscow Times.com*. July 25, 2008.

Dyshkant, Vadym. "Sumne Sviato." *Den'*. July 8, 2008.

Himka, John-Paul. "The Greek Catholic Church in Nineteenth-century Galicia," in Geoffrey A. Hosking (ed.), *Church, Nation and State in Russia and Ukraine*. New York: St. Martin's Press, 1991.

"Independent Ukraine church sought." *Routers*. July 28, 2008.

"Moscow, Kiev both claim victory in Ukraine church dispute." *International Herald Tribune*. July 28, 2008.

"Khrest I veslka: Pravoslavni ukraintsi perekonani, shcho nevdovzi matymut' pomisnu tserkvu." *Ukraina moloda*. July 29, 2008.

"Nechestyna polityka." *Kyiv Post*. Serpen' 1, 2008.

"Orthodox leader says 'no' to Ukrainian split." *Russian Today*. July 27, 2008.

"On the 1020th Anniversary of the Baptism of Rus'-Ukraine." *Religious Information Service of Ukraine*. July 21, 2008.

"Orgngies may ban Rock Concert to Celebrate the 1020th Anniversary of the Baptism of Russia." *Interfax*. July 21, 2008.

"Political, religious battles loom between Ukraine, Russia over Orthdox baptism celebration." *PR-inside.com,* July 25, 2008.

Rudnytsky, Ivan. L. "Ukraine between East and West." in Peter L. Rudnytsky (ed.) *Essays in Modern Ukrainian History. Edmonton: Canadian Institute of Ukrainian Studies*, 1987. p. 7.

"Ukrainian Churches Not to take Part in Celebration of Kievan Rus Christianization." MIGnews.com.ua. July 24, 2008.

Stickgold, Emma, "Ukraine, Russia Face Off Over Chrisitan Orthodox." July 27, 2008.

Subtelny, Orest. *Ukraine: A History.* Toronto: University of Toronto Press, 1988.

Sysyn, Frank E. "The Formation of Modern Ukrainian Religious Culture: The Sixteenth and Seventeenth Centuries" in Geoffrey Hosking (ed.), *Church, Nation and State in Russia and Ukraine*. New York: St. Martin's Press, 1991.

"Tserkovne sviato I polityka." *L'vivska hazeta.* Lypnia 28, 2008.

"Ukrainian Orthodox(UOC-MP) Continue Unity Dialogue with Autocephalous." *Religious Information Service of Ukraine.* July 21, 2008.

"Vselens'kyi patriarkh Varfolomij pryyide v ukrainu naprykintsi lypnia." *Bratstvo*. July 03, 2008.

"V MZS Ukrainy vvazhaiut' neadekvatnoiu ta nepryjniatnoiu peaktsiiu rosijs'koi storony na vykrevle ni fakty sviatkuvannia 1020 - richchia Khreshchennia Kyivs'koi Rusi." *Relihijno-informatsiina sluzhba Ukrainy.* July 29, 2008.

"Yushchenko asks Ecumenical Patriarch to back separate Ukraine church."

Ukrainian Journal.Com, August 3, 2008.

Zygar, Mikhail. "Russian Orthodox Rock Cocert Maidan." *Kommersant: Russia's Daily Online*. July 28, 2008.

홍석우. "우크라이나의 종교와 민족주의." 「소련과 동유럽의 종교와 민족주의」. 서울: 한국외국어대학교 출판부, 1996.

홍석우. 「코자크와 오렌지혁명의 나라 우크라이나」. 서울: 한국외국어대학교 출판부, 2009.

찾아보기

[ㅈ]

[ㅊ]

[ㅋ]

[ㅌ]

동과 서 사이에서:

우크라이나의 국가발전전략과 대외정책

초판 인쇄 2012년 10월 20일
초판 발행 2012년 10월 30일

지 은 이 홍완석, 홍석우, 윤성학, 박정호
기 획 한국외국어대학교 러시아연구소
449-791 경기도 용인시 처인구 모현읍 왕산리 산89
국제지역연구센터 연구동 412호
전화 031)330-4852
팩스 031)330-4840
홈페이지 http://www.rus.or.kr/
전자우편 hufsirs@hufs.ac.kr
발 행 인 박 철
발 행 처 한국외국어대학교 출판부
130-791 서울특별시 동대문구 이문로 107
전화 02)2173-2495~7
FAX 02)2173-3363
홈페이지 http://press.hufs.ac.kr
전자우편 press@hufs.ac.kr
출판등록 제6-6호(1969. 4. 30)
편집·디자인 (주)이환디앤비 02)2254-4301
인쇄·제본 SM C&P 02)468-6100

ISBN 978-89-7464-770-4 94920 정가 15,000원
ISBN 978-89-7464-650-9 (세트)

* 잘못된 책은 교환하여 드립니다.